Leben
mit der
Neuen Energie

Djwhal Khul / Marianna Kehrwecker

Leben
mit der
Neuen Energie

ch.falk-verlag

Originalausgabe
© ch.falk-verlag, seeon 2014

Umschlaggestaltung: Dirk Gräßle
Satz: Druckerei & Verlag Steinmeier, Deiningen
Druck: Druckerei Sonnenschein GmbH, Hersbruck

Printed in Germany
ISBN 978-3-89568-262-9

INHALT

Zur Einleitung:
Vom Wirken der Weissen Bruderschaft

Was ist die Weiße Bruderschaft? Die Bruderschaft der Aufgestiegenen Meister?

Wir können euch Erklärungen liefern, doch wäre Erspüren, Wahrnehmen besser. Durch dich klären wir vieles mit Worten, doch wirst du kein neues theoretisches Gebäude geliefert bekommen. Jeder Kanal hat seine Aufgaben – sein Gebiet. Du bist für uns ein Bindeglied zur Umsetzung auf Erden. Gerade weil du immer wieder an deiner Erdung arbeiten musst, wird das auch zu einer Stärke, einer Gabe. Du hast quasi ein Bein auf jeder Ebene.

Ihr nennt uns die *Weiße Bruderschaft* – wir haben also mit der sogenannten weißen Magie zu tun, im Gegensatz zur schwarzen Magie. Letztere lässt die Menschen nicht frei, sondern versucht sie zu manipulieren, und führt nicht zur Erleuchtung, auch nicht zu lebensunterstützenden Taten. Doch sind die Übergänge manchmal fließend. Manch einer hat auf der „weißen" Seite angefangen, doch war sein Ego nicht genügend geläutert, sein Machttrieb nicht geheilt. So prüft eure Motive!

Djwhal Khul, der zu dir spricht, hat seinerzeit viel von unserm Wissen an Alice Bailey durchgegeben, in einer Sprache, die damals verständlich war, Inhalte, die nötig waren. Zurzeit legen wir Wert auf die Aufgabe, die Verantwortung jedes Einzelnen, die Umsetzung der Inhalte und dass jeder an sich arbeitet. Auch auf das Gemeinsame, nicht das Trennende, auf die Verbindung zu uns und unter euch. Denn gereinigte Perlen ergeben eine glänzende, gereinigte Kette. Dafür habt ihr heute die Techniken. So kommt denn oft erst mal ein Rahmen durch, ein theoretisches Konzept und Gefüge – die Schublade quasi –, die dann langsam gefüllt werden kann. Wir drücken uns heute auch aus in einer Sprache, die euch geläufig ist, und benutzen auch moderne Begriffe, eure modernen Apparate und bei euch gängige Bilder.

Doch sind wir nicht interessiert daran, als Individuen allzu sehr in den Vordergrund zu treten, weil es uns wirklich um die Sache geht, um die kosmische und globale Entwicklung. Davon seid ihr Menschen allerdings ein wichtiger Teil. So gewissermaßen als Gesandte des Universums, des Zentrums allen Seins. So ihr das annehmt und erinnert.....doch auch da gibt es verschiedene Bewusstseinsstufen, verschiedene Ebenen und Klassen. So wird ein Buch gelesen auf der Ebene des Lesers, auch mit seinem Filter, der oft dann zur Projektion wird. Der Autor aber kann nur die Botschaft möglichst gut herüberbringen als möglichst reiner Kanal. Und das soll ihm auch Verpflichtung sein, nämlich die gechannelten Texte zu integrieren und selbst daran zu wachsen. Sie schulen ja auch ihn und strukturieren seinen Körper um, damit seine Kanäle unsere Frequenz aufnehmen können, ohne Schaden zu nehmen. Macht er doch den Spagat zwischen verschiedenen Schwingungsebenen.

Wer aber sind die Aufgestiegenen Meister?

Einiges könnt ihr bei Aura-Soma nachlesen, auch dienen die Quintessenzen zur Einstimmung. Wir haben da nämlich schon ein bisschen mitgemischt! Wir könnten sagen, wir sind eure Brüder und Schwestern und sind genauso gestolpert, hingefallen und wieder aufgestanden. Doch das ist wichtig: Immer wieder aufgestanden und dem Brennen in unserer Seele Raum gegeben. Unser Sehnen nach dem Ursprung war besonders stark, und wir haben nie aufgegeben, nie!

So machten denn auch wir die irdischen, leidvollen Erfahrungen und beleuchteten ein Thema von allen Seiten. Um dann irgendwann den Erfahrungsweg hinter uns zu lassen und in die Erkenntnis zu gehen, ins Dienen auch. Oft draußen in der Welt, oft aber auch zurückgezogen an heiligen Orten. Immer wieder glaubten wir daran, dass Entwicklung möglich sei –

Entwicklung zu mehr Liebe,
was letztlich Gedeihen für alles und alle wäre und ist.

Wie jeder Lehrer hatten und haben wir auch Schüler, mit dem Unterschied, dass wir jetzt von der feinstofflichen Ebene her wirken. Somit sind wir nicht für jedermann sicht- und erfahrbar. Doch ist das gut so – der Schüler muss ja auch fähig sein, dem Unterrichtsstoff folgen zu können, und er muss die Verbindung wollen. Er muss – wie im Märchen – die richtigen Fragen stellen und sein inneres Sehnen wieder spüren und zulassen. Wie sagt ihr doch: „Wenn der Schüler bereit ist, kommt der Meister." Vorher wird dieser nicht erkannt oder missverstanden. Auch ein Meister kann übrigens vom Weg abkommen – das Ego versucht auf jeder Stufe zu stören – dann soll der Schüler dies erkennen. Der Meister mag klar und auch mal streng sein, aber nie lieblos, nie verurteilend, nie gewalttätig und nie missbräuchlich.

So sind wir denn Wegweiser, Helfer und Transformatoren. Ist doch die Energie der Quelle im menschlichen Sein nicht so direkt aufnehmbar. Die Schwingungen würden euch aus dem Körper lösen. Auch wenn ihr das Göttliche direkt anruft und alle Mittler ablehnt – die geistige Hierarchie nämlich –, werden doch gnädige Helfer die Schwingungen so anpassen, dass sie euch nicht schaden und integriert werden können. Das sind nicht Götter, sondern eben Lehrer und Mittler. Auch wenn ihr die Wesenheiten in der Natur wiedererkennen würdet, kämt ihr nicht auf die Idee, die Natur auszusparen. Das hat nichts mit Pantheismus zu tun.

So sind wir denn Lehrer, und jeder ist spezialisiert in seinem Fach, analog seiner Ausbildung und seinem Weg auf Erden. Da wir diesen kennen, können wir eben Brücke sein und wissen, was wann wo nottut. Wir werden die *Weiße Bruderschaft* genannt, weil wir uns dem göttlichen Licht verpflichtet haben und der Aufgabe, dieses Licht auf Erden zu verbreiten und zu nähren durch die Menschen, die dort wandeln. Somit seid ihr wirklich Mitarbeiter! Analog eurer Aufgabe und eurem Weg fühlt ihr euch mehr zum einen oder andern Lehrer hingezogen. Das hat auch damit zu tun, auf welchem Seelenstrahl ihr inkarniert habt, welches Thema ihr näher betrachten wollt, was ihr in seiner ganzen Breite, Größe und Tiefe ausloten wollt. Was nicht heißt, dass man die andern Strahlen nicht aufnehmen kann oder gar in Konkurrenz dazu gehen müsste.

Da ist eine Wechselwirkung: Je mehr Menschen sich auftun, desto näher können wir kommen. Schwingungen werden also kompatibler. Ihr erhöht die eure, und das erleichtert es uns, die unsere herabzumindern und euch näher zu kommen. Ich, Djwhal Khul, war lange Zeit nicht so tätig in eurer Hemisphäre. Aber ihr habt die Lehre von den Farbstrahlen verfeinert und wendet sie praktisch an durch unsere geliebte Mitarbeiterin Vicky Wall und ihre Nachfolger. Ihr habt die moderne Psychologie ausgebaut. Darin aber manchmal die Verbindung zu Spirit hintangestellt. Die Psychologie ist eine Technik, die euch zu Erkenntnis führen und euch helfen kann, neue Wege zu beschreiten, nicht in alten Dogmen und Verhaltensweisen steckenzubleiben.

Doch letztlich kommt Heilung immer von der höheren Ebene,
die dann die untere überspielt.
Heilung – wirkliche Heilung und nicht nur Flickwerk –
kommt aus der geistig-spirituellen Sphäre,
aus der großen Liebe.

Ich habe auch viel zu tun mit *Raum*. Das ist ja ein großes Thema jetzt bei euch. Elemente, die ihren Raum verlassen und daher schaden, Menschen, die ihren Raum verlieren und flüchten müssen, Raum, der durch Krieg und Gewalt bedroht wird, Raum, den ihr einander aus diversen Gründen absprecht. Raum für euer Gedeihen. Der globale Raum, der Raum des Universums, der so lange vernachlässigte innere Raum, aus dem letztlich äußerer Raum gestaltet werden sollte. Innerer Raum, der den äußeren bedingt und möglich macht. Das ist nicht ortsgebunden –

diesen inneren Raum könnt ihr mittragen,
wo immer ihr euch befindet.
Denn dort ist euer wahres Zuhause.

Bei sich zu Hause sein kann man mit der Verbindung zu uns. Dann seid ihr nie heimatlos und verloren. Und natürlich könnt ihr euch auf die Christuskraft einstellen, die alles umfasst, könnt ihr Moslem, Hinduist oder Buddhist sein…es geht um diesen inneren Raum. Wenn ihr aus dem – so er gereinigt ist – kreieren würdet, könntet ihr äußerem Raum nicht schaden. Oft aber ist dieser innere Raum verstellt durch Dogmen, leider auch durch Angst und Groll, gar Hass. Dann versucht man den äußeren Raum mit Waffen zu verteidigen.

Wisst ihr, dass ein Tyrann eigentlich geliebt werden möchte und sich durch sein Unwert-fühlen diese Liebe erkauft, erstreitet? Und wenn er sich nicht mehr geliebt fühlt – er wird ja höchstens gefürchtet –, weil sich Menschen abkehren von ihm, sich gegen ihn erheben, dann bringt er diese Abtrünnigen lieber um. Er mag Gott anrufen und im Munde führen, aber er fühlt sich auch von dort nicht geliebt. Das ist ja doch eines der größten Probleme bei euch. Darum sagen wir immer wieder:

Zeigt euch gegenseitig diese Liebe,
damit ihr wieder lernt, sie aufzunehmen.

Da sind Eltern, Lehrer in der Verantwortung und gefragt. Immer auch könnt ihr sie bei uns abholen, wenn sie euch mal auf Erden nicht gegeben wird. Das ist Transformation: Auch wenn ihr diese Liebe und Akzeptanz nicht erfahren habt, könnt ihr sie weitergeben, ohne in ein Burn-out zu fallen, weil ihr sie ja von uns bekommt. Das ist eine Art Recycling. Nebst allem andern, was wir euch zu vermitteln trachten, ist das unser größtes Anliegen. Und zu uns könnt ihr nicht sagen: „Der hat gut reden!" Nein, wir wissen, was es heißt, auf Erden zu wandeln, was das birgt an Schönheit, an Glück, aber auch an Leiden.

So geht es denn bei deinem Freund und Lehrer Djwhal Khul um Raum im engeren und weiteren Sinne. Euch Raum geben. Denn jedes nicht geliebte und nicht respektierte Element nimmt sich diesen Raum. Das sind Gesetze. Darum sagen wir euch ja auch: „Liebt die Elemente, liebt auch eure technischen Apparate, damit sie mit und nicht gegen euch arbeiten. Und liebt auch die Atomkraft dafür, was sie euch aufzeigt. Eure Grenzen nämlich, euer nicht nachhaltig Denken und Planen. Das heißt nicht, dass ihre eure Länder übersät mit Atommeilern. Wir beten dafür, dass das nicht geschehen möge! Doch könnt ihr sagen: „Ihr habt uns gedient, aber wir sehen, dass die Negativwirkungen stärker sind und wir die nicht im Griff haben. Wir werden jetzt andere Wege gehen – Wege der Zusammenarbeit mit der Natur, nicht der Unterjochung. Nicht Wege der Trennung und Spaltung, sondern Wege der Fusion. Denn Trennung und Spaltung ist Krieg. So wie Krebszellen ja ein Krieg im Körper sind. Sagten wir schon einmal: „Liebt alles frei?" Doch sind auch wir noch im Werden.

Euer freier Wille erlaubt es euch auch, unsere Energien zu verfälschen, mit dunklen zu mischen. Doch kehrt sich das letztlich gegen den, der mischt. Sei es aus Unkenntnis, sei es aus Machtstreben. Liebe aber ist Konsequenz und kann auch mal bedeuten, dass Wege auseinander laufen. Weil der andere noch nicht versteht, was man ihm sagen will, es vielleicht missdeutet oder euch schaden möchte. Dann müsst ihr nicht ins Opfer gehen und euch schaden lassen. Segnet ihn und geht weiter! Doch gebt die Energie nicht dort hinein, wo sie nicht aufgenommen wird. Ihr mögt in Liebe dieses Menschen gedenken,

aber seht zu, wo diese Liebe auch
aufgenommen und gemehrt werden kann.

Manchmal kann Licht zu schicken des andern Energie verstärken und somit ungewollt Dunkles mehren. Wenn wir sagen: „Schickt auch den Tyrannen Liebe, dann meinen wir, schickt sie quasi auf ein Konto, wo sie diese abholen können, wenn sie sich auftun für Licht und Liebe. Es gibt leider Menschen, die sich so verstrickt haben, dass sie gerade durch Licht und Liebe nur noch aggressiver um sich schlagen. Denn sie spüren das als Angriff. Ihr könnt das ihrer Seele schicken, aber nicht ihrem irdischen Tun. Ihr könnt Licht und Liebe in das Geschehen hinein senden, damit es sich zum Guten wandeln kann, damit Frieden und Gedeihen möglich werden. Damit der Schrei nach Freiheit gehört und lebensvoll umgesetzt werden kann.

Manchmal ist es nötig, einen Schutzschild um etwas herum zu machen. Um diese AKWs zum Beispiel – einen Schutzschild auch um Menschen, die andern so sehr zusetzen. Damit ihre Gewalt nicht Gewalt zeugt. Ihr könnt darum bitten, dass ihre Hingabe an eine zerstörerische Sache sich irgend einmal wenden möge in eine Hingabe an Lebensvolles, Liebevolles. Denn Hingabe haben sie.

So stehen wir euch denn zur Seite. Immer mehr auch können wir zu euch und durch euch sprechen. Jeder findet in diesen Botschaften das, was er jetzt braucht, und übersetzt sie analog seines Standes. Wir werden immer mehr Menschen kontaktieren und aufwecken. Ihr könnt gewissermaßen einen Kurs bei uns buchen, der euch dann häppchenweise durchgegeben wird. Ihr könnt Mitarbeiter sein, und einige sind auch unsere Sprecher. Denen sind wir besonders dankbar.
Es gibt Menschen, die wähnen sich der Weißen Bruderschaft zugehörig, und sind es in ihren Herzen nicht. Und andere sind es und wissen nichts davon. Wir aber kennen euch! Seid gewiss, wenn ihr in unserem Mitarbeiterstab seid, seid ihr geführt, geleitet und geschützt.

Und Türen werden aufgehen,
wo ihr früher nur Wände saht –
auch ohne Rütteln.

Aber Vertrauen braucht es – Vertrauen auch in neue Lösungen, und Mut braucht es. Aber auch das könnt ihr ja erbitten, und wir stärken euch darin.

13

Ich aber – Djwhal Khul – habe wieder einen Lehrauftrag gefasst und kann ihn nur ausführen, wenn ihr mitmacht. So sind denn gesegnet die Mitarbeiter der Weißen Bruderschaft, auch die Sprecher, und ihr alle, die ihr sucht und einmal auch findet. Immer wieder ein Stück, eine Facette der großen Wahrheit.

Immer wieder habt ihr diese Momente, wo ihr plötzlich „drin" seid und dann halt doch wieder die irdischen Dinge bewältigen müsst. Aber gelassener, friedlicher, froher. Und das wünschen wir euch!

So grüßen wir euch aus dem Raum,
der euch nie genommen werden kann.

Ich bin dein Engel ...

Wir wissen wohl – wenn auch nicht aus eigener Erfahrung –, dass Erdenschwere drückt. Doch seid froh, wenn der Unterschied von Erdenschwere und Engelwelt spürbar ist. Denn dann könnt ihr euch mit der Engelwelt verbinden und sie hereinholen in die Erdenschwere. Wohingegen andere in dieser versinken und das als alleinige Ebene annehmen und verstehen.

Dieses Versinken bringt sie dann in Verzweiflung oder Trauer – oder ins Ausagieren. Wahre Freude, wahres Glück sind dort nicht beheimatet. So sie sich sehnten nach dem Licht, das sie leugnen, wäre ein Weg aus der Dunkelheit offen. Doch Mitgefühl mit sich und ihrer Seele ist nicht beheimatet in jenen Gefilden und jener Verdunkelung der Seele. Ist oft auch nicht beheimatet bei denen, die alles haben.

Auch im Glanz, in einem scheinbar leichten Leben, kann Verdunkelung der Seele herrschen. So verzagt denn nicht:

Oft ist der Engel verhüllt.

Damit ihr geht die Pfade, die ihr gehen sollt und gewählt habt. Damit ihr lernt, unerschüttert im Vertrauen zu bleiben, denn nötig wird es sein. Damit ihr eure Zweifel als Gespenster erkennt.

Ich bin ein Engel. Der *Geburts- und Auferstehungsengel,* der bei all euren „Geburten" dabei ist. Und viele haben schon viele Geburten gehabt in diesem euren Leben. Und auch Geburtsschmerzen und Schwangerschaften. Würde das Baby geboren nach kurzer Zeit, wäre es nicht lebensfähig.

Ich bin dein Engel – der du dies liest –
dein Auferstehungsengel!
Ich bin dein Engel
und zugleich ein Teil von dir –

der Teil, der weiß und erkennt und im Vertrauen vorwärtsschreitet. Der Teil, der die Laterne trägt, wenn du es mal nicht vermagst.

Ich bin dein Engel und umhülle dich.

Ich bin dein Engel, der weiß, wann du Schonung brauchst und Aufbau. Wenn Frequenzen sich ändern und du schwanger bist. Doch gib dem Kind Zeit, immer wieder Zeit. Und weiß man denn genau, wie das Kind aussehen wird?

Ich bin dein Engel, in steter Liebe.

Bitte mich um Kraft und Stärke, Zuversicht und inneres Glück. Und bitte Mutter Erde, dass sie ihre Schätze mit dir teilt. Dir das ermöglicht und zukommen lässt, was du materiell brauchst.

Beansprucht eure Göttlichkeit.

Das beinhaltet auch, dass es euch in der Materie leichter fällt, das, was das Leben braucht, zu manifestieren.

Sollten denn die Arbeiter im Weinberg des Herrn
nicht ihren Lohn kriegen?

Ihr werdet entlohnt – geistig – ihr werdet aber auch entlohnt mit den Dingen, die ihr in der Erdenschwere braucht… Häuft nicht unnötige Schätze an, die euch träge machen und nur belasten.
Doch gehören Existenzsorgen nicht zu eurer Pflicht.

Wir singen deinen Namen,
der/die du dieses liest.

Und warten geduldig darauf, bis du uns wahr-nimmst,
bis du wieder hörst…

und das ist dann unser Lohn und unser Glück!

Von alter und neuer Energie

Wieder sprechen wir aus dem Zentrum allen Seins – dem Ewigen Jetzt – und diesmal von alter und neuer Energie, der Verbindung der beiden oder auch dem Sprung über den Graben, den manch einer benötigt, um in der neuen zu landen.

Lange konntet ihr gewissermaßen auf ebenem Boden wandern. Er hatte vielleicht mal eine Steigung, war mal steiler, mal weniger steil, doch verlief der Weg mehr oder weniger auf derselben Ebene. Man konnte sich auf diesem Weg gemütlich einrichten oder auch sich gar nicht bemühen, und irgendwann einmal führte er dann vielleicht hinunter. Und oft sind es Bequemlichkeit und Unbewusstheit, die dann hinunter statt hinauf führen. Wir müssen diese Worte benutzen – wie denn sollen wir das ausdrücken in der Dualität?

Es ist so, dass die neue Energie – nämlich eine geistigere Energie, aber auch eine, die die Materie liebevoll durchpulst und mit einbezieht – die andere überlagern sollte. Wir sagten schon einmal, dass ihr oft noch auf dieser drittdimensionalen Schiene fahrt, obwohl sie eigentlich nicht mehr vorhanden ist. Ihr fahrt auf einer Illusion.

Nun waren da schon lange diejenigen, die den neuen Weg spürten und offen waren für unsere Mitteilungen. Sie sehnten sich nach dieser Energie, weil die alte ihnen nicht entsprach, die alte Energie von Trennung und Gewalt und schierem Materialismus. Sie wurden davon nicht genügend unterstützt in ihrem Bestreben, sich zu entwickeln und ihre weiter entwickelten Teile aus früheren Leben zu integrieren. Ja, sich mit dem Hohen Selbst besser zu verbinden.

In den verflossenen Jahrhunderten war die Diskrepanz so groß, dass ihnen nichts anderes blieb, als sich in Tempel, Klöster und Höhlen zurückzuziehen. Um dort diese höhere Energie zu manifestieren, herunterzuladen. Draußen in der Welt konnten diese Seelen nicht gut überleben. Aber sie haben natürlich all das, was heute passiert, energetisch vorbereitet. Heute seid ihr, wie ihr so sagt, auf dem Marktplatz und nicht mehr in Tempeln und Klöstern – die meisten von euch. Und da ist für euer materielles Überleben nicht unbedingt gesorgt. Immer dann, wenn ihr von einer Frequenz in die nächsthöhere wechselt, kann das reibungslos gehen, oft aber nicht. Denn es müssen alle eure Körper und Zellen mitkommen, und es entsteht ein Ungleichgewicht.

Es ist Schonzeit, und ihr seid wiederum im Vertrauen gefordert, und oft auch kommt dann etwas Neues. Es ist nicht so, dass die neue Energie die alte einfach so nahtlos ablösen würde. Sie könnte es, wenn schon mehr Menschen dafür bereit wären. Doch haben allzu viele noch ihre Pfründe in der alten. Solange die alten Wege noch irgendwie taugen, man genug Geld verdient – jedenfalls in euren Breitengraden –, man sich doch Etliches leisten kann, was soll man sich da um etwas anderes kümmern, was man nicht kennt und wo vielleicht ein paar Privilegien wegfallen würden? Das macht Angst, oder man ignoriert es einfach und tut das Neue, Andere, als Spinnerei ab. Es wäre gemeint, dass man von der alten Schiene bewusst auf die neue hinüberwechselt. Vielleicht, dass man da ein Stück zu Fuß gehen muss, vielleicht sogar durch Geröll, aber man weiß ja, was man vorhat, und vertraut sich diesem neuen Weg an.

Seid gewiss, ihr, die ihr schon lange auf diesem Weg seid und darum wisst, ihr mögt wohl Durststrecken haben und Brachzeiten und von Sorge auch mal geplagt sein, es mag dazwischen eine unwegsame Strecke sein, doch wisst ihr, wie ihr sie überwinden könnt,

und dass ihr auch im Dunkeln, und scheinbar weglos,
geführt seid auf dem Weg des Lichts,
irdischem Auge unsichtbar.

Noch fährt ja der neue Zug langsam – lange stand er in der Bahnhofshalle, setzt sich langsam in Bewegung, man kann ihn noch erreichen, man ist schon eingestiegen oder man kann noch aufspringen. Aber das wird nicht mehr so lange möglich sein. Bald werdet ihr euch sputen müssen, um ihn noch zu erreichen. Und je länger ihr auf altem Gleise beharrt und verharrt und nicht wahrhaben wollt, dass eine neue Zeit anbricht, wird eine Kluft dazwischen entstehen, wie eine Gletscherspalte oder eine Spalte in einem Erdbebengebiet. Sie aber wird sich verbreitern, je länger ihr euch sträubt. Da würde dann nur noch ein kühner Sprung helfen, ein Mut- und Vertrauenssprung, wenn ihr wenigstens eine Ahnung habt vom Neuen und das auch wünscht, nämlich eine Welt, die friedlicher ist und liebevoller. Ein Sprung der Verzweiflung, wenn die alten Schienen brechen und bröckeln.

Oder ihr könnt beharrlich auf der alten Schiene sitzen bleiben und euch sträuben, irgendetwas davon auch nur zu hören. Denn mit hören ist es nicht getan, es werden dann doch Samen gesetzt – Samen, die keimen und sprießen.

Doch habt ihr eure Illusion so sehr manifestiert,
dass sie euch immer noch feste Wände vorgaukelt,
obwohl da höchstens noch ein Gazevorhang ist.
Und an einem Vorhang kann man sich nicht sehr gut halten.

Ihr aber klammert euch an Wände,
die es so gar nicht mehr gibt.
Es gibt die Wände in euch, die schon!

Sich auf energetische Hilfsmittel einlassen, sich damit behandeln zu lassen, weckt ja etwas, außer ihr sperrt euch vollkommen zu. Und ihr müsstet euch ja nicht zusperren, wenn ihr nicht ahntet: Wenn ich mich da drauf einlasse, das erlaube, dann kann ich nicht mehr ganz so weiterwursteln wie bisher. Dann mögen sich die Inhalte ändern, vielleicht sogar die Menschen um mich herum, kurz: *Dann wird da Veränderung sein*. Und die meisten Menschen fürchten das. Euer Leben mag eine andere Richtung nehmen – es mag sich mehr von Tag zu Tag erfüllen, und die scheinbare Sicherheit kann wegfallen. Und da steht ihr nun wirklich mit bloßen Händen da, wenn ihr nicht gelernt habt, eine andere Sicherheit in euer Leben hereinzuholen, das Manna, könnten wir auch sagen.

Was aber macht man, wenn man einen Sprung nicht wagt, nicht wagt, durch diesen Vorhang zu schreiten? Man klammert sich am Alten fest. Das mag für eine Weile gut gehen. Allerdings wackelt es da und dort, man kriegt vielleicht körperliche Symptome – aber da gibt es ja genug Tabletten, womit man die unterdrücken kann. Und man fährt und fährt auf altem, bröckeligem Gleise. Man klammert sich an nicht-existente Wände, und die Kluft verbreitet sich. Der Sprung aber, der nötig wäre, wird immer größer. Wollt ihr euch da nicht zeitig aufmachen?

Gewiss, es gibt Brücken über diese Kluft. Das wären eben die spirituellen Heiler, die Brückenbauer. Doch müsste man einsehen, dass man vielleicht Unterstützung braucht. Ihr holt euch doch für alles, was ihr lernen wollt, eure Lehrer und Trainer. Warum denn hier nicht? Wo es um *Alles* geht? Wenigstens sollten die Heiler die Sache in einem Mal hinkriegen. Ja, wie oft geht ihr denn in eine Massage, in die Physiotherapie, wie viele Antibiotika müsst ihr schlucken, damit sie wirken, und habt erst noch unerwünschte Nebenwirkungen? „Es kann nicht sein – ich sehe das nicht, und ich spüre ja auch nichts." Kunststück, wenn du dich verschließest. Wenn du nie deine Sensitivität geschult hast, die verpönt war in der harten Welt. Und weil du doch ahnst, dass sich dann die Dinge ändern würden in deinem Leben. Bei den einen würde kein Stein auf dem andern bleiben. So wartet ihr denn, lebt in der alten Welt, die immer mehr zur Scheinwelt wird, und die Kluft verbreitet sich.

Wenn ihr aber die neue Energie herbei wünscht
und Frieden und Wohlergehen für alle,
wenn ihr euch wünscht, dass die Dinge sich ändern mögen,
weil die Welt, so wie sie ist, weit weg vom Ideal ist
und nicht dem göttlichen Bilde entspricht,

dann legt sich die Regenbogenbrücke über diese Kluft.

Dann könnt ihr darüberschreiten ins Unbekannte,
und je ein Engel stützt euch auf jeder Seite.

Wenn ihr aber im materiellen Denken steckenbleibt, auf dem Status quo, werden die alte und die neue Energie immer mehr in eurem Leben auseinanderdriften. Irgendwann wird dann der Sprung zu weit. Irgendwann trägt euch die alte, „sichere" Energie nicht mehr, aber die neue Frequenz würde es tun.

Was aber, wenn die Heiler den Eindruck haben, zwischen allen Stühlen zu sitzen?

Vielleicht winkt ja eine neue Tätigkeit, eine andere Art, die alte auszuführen. Einmal mehr braucht ihr Geduld, bis die Menschen einsehen, dass sie die Brücken brauchen. Das hat nichts mit Abhängigkeit zu tun. Bis sie ja sagen zum Vorwärtsgehen, sich endlich eingestehen, dass das alte, satte Leben sie doch zu wenig nährte, ihre Seele und ihren Geist nämlich. Dass man manchmal etwas verlieren muss, um die Angst vor dem Verlust abzulegen. Um stark zu werden, um die Ressourcen in sich zu spüren. Was ich freiwillig loslasse, muss mir nicht entrissen werden. Oder ich kann diesen „Entreißdiebstahl" segnen und daran glauben und darauf vertrauen, dass etwas Besseres winkt.

Es gibt die Heiler, die noch am alten Ufer ausharren und den Gang ins Neue nicht wagen, weil es ihnen am alten Ufer ganz gut ging. Es gibt diejenigen, die schon über die Brücke gegangen sind und am neuen Ufer sitzen, aber wenig Arbeit haben. Weil die Klienten noch am alten Ufer verharren. Und nicht wahrhaben wollen, dass sie eine Brücke bräuchten, eine Hand, die sich ausstreckt. Eine energetische Unterstützung, die ihnen hilft, den Ballast zu sichten und ins Neue zu gehen.

Da kann es dann sein, dass der Heiler auf dem neuen Ufer sitzt und doch noch nicht in der Fülle. In der innern Fülle zwar, aber noch nicht in der äußern, und vielleicht sogar um seine Existenz bangen muss. Aber ihr habt euch ja dazu bereit erklärt, auf die Nachzügler zu warten und nicht einfach davonzustürmen. Ihr habt Ja gesagt dazu, in *diesem* euren Körper zu transformieren, ohne euch von höheren Schwingungen hinaustragen zu lassen. Das bedingt, dass jede Zelle des physischen Körpers eben umgepolt und angepasst wird. Diejenigen, die das nicht wollen oder können, werden ausgeschieden, und es kommen neue dazu. Dieser Zellaustausch aber passiert dann auf viel schnellerem Wege als früher. Bittet darum, dass er auf gesundem Wege geschieht und nicht alte Angstzellen als Krebsgeschwür wuchern. Sondern heißt die neuen, höher schwingenden Zellen willkommen.

Denn es ist so, dass wir euch sorgfältig führen –
euch, die ihr Ja gesagt habt.

Dass wir überblicken, wenn ihr Schonzeit braucht, wenn ihr nicht so gut drauf seid. Denn bei eurer Arbeit, wo ihr ja auch soviel spürt, nehmt ihr manchmal zuviel auf und transformiert es bei euch. Das aber geht nur, wenn euer Feld stark ist. Und während eurer eigenen Transformationszeiten ist es das oft nicht. Diese Arbeit wird dann vorübergehend gestoppt – euretwegen und eben auch, weil so viele noch auf der alten Schiene sitzen bleiben und im Kreis herum fahren. Ihr könnt dann nur immer wieder um Kraft, Vertrauen und Mut bitten, den Moment genießen und auch, dass euch physisch geholfen werde. Ihr könnt um sogenannte Wunder bitten – heißt, dafür im voraus danken. Es heißt nicht, dass eure Arbeit nicht gut ist. Es mag heißen, dass sie sich wandeln wird, ihr auf ein neues Energieniveau kommt. Es heißt nicht, dass ihr nicht mehr in unserm Programm seid, aber es heißt, dass ihr in Umwandlung seid. Dass ihr da seid, um die Hand auszustrecken für jene, die den Sprung über den Abgrund wagen. Doch ist es ein Abgrund in ihnen drin. Es ist der Sprung aus dem alten Sicherheitsdenken heraus, was gerade in deinem Land so verbreitet ist und ja auch lange Zeit kaum erschüttert wurde. Es ist die Umklammerung der dritten Dimension, und ihr macht den Spagat zwischen dieser dritten und der höheren, in der ihr eigentlich schon seid.

Doch auch wenn es nicht so aussehen mag: Ihr seid unbeschadet von der einen in die andere Energie gelangt, wenn auch nicht ohne Schwierigkeiten, oder sagen wir besser: Herausforderungen. Die, die allzu lange warten, deren Sprung wird unangenehmer sein und vielleicht nicht glücken. Oder sie beharren auf alter Schiene, treten ab auf alter Schiene – wozu aber haben sie dann in dieser Zeit inkarniert? Da hatte sich die Seele doch wohl etwas anderes vorgenommen? Da haben sie doch wohl etwas Spannendes verpasst! Oder aber sie bringen einfach noch etwas in der alten Energie zu Ende. Vielleicht geht es beim einen oder andern nicht anders, und sie brauchen die Erholungs-und Schulungszeit bei uns, um im nächsten Anlauf den Sprung zu wagen…..wer weiß?

Aber glaubt uns, auch wenn ihr Pioniere es oft so schwer habt, ihr seid tausendmal besser dran als diejenigen, die auf Altem beharren. Denn es ist der Preis der verpassten Entwicklung. So sie in Liebe leben und Liebe geben, kann ihnen das die Brücke bauen. Dann mögen sie vielleicht sogar gewählt haben, am alten Orte zu bleiben, um dort in Liebe abzuschließen. Andere können sogar in dieser Illusion weiterleben, so sie das wünschen.

Ihr aber, die ihr auf neuem Ufer seid, verzagt nicht, wir bitten euch! Die Momente des Einsseins, die ihr spürt, die Glücksmomente, die ihr habt, die Momente des Verbundenseins, des sich weltweit Vernetzens, auch wenn das „nur" auf dem Seelenplan ist, das wiegt alles andere an Schwierigkeiten auf – glaubt es uns!

Glaubt einfach, dass die neue Lösung die bessere ist für euch,
auch wenn es durch Schmerzen geht.

Ihr kennt ja schon lange nicht mehr die Nacht der gefangenen Seele, die Gewalt und Exzesse braucht, um sich zu betäuben – sei es mit Drogen, Alkohol, Sex, Macht, was immer. Es ist in ihnen manchmal so dunkel, so dunkel.

So haltet denn eure Laterne hoch,
und wenn sie nur eines Menschen Dunkel wieder zu erhellen vermag
und ihm leuchtet auf dem Weg der Seele,
dem Weg über den Abgrund,
dann hat es sich allemal gelohnt.

Denn dieser Mensch wird seinerseits seine Laterne hochhalten, seine wiedergefundene und wieder angezündete, und sie wird leuchten. Es ist eine Kettenreaktion, und ihr habt schon soviel erreicht – das könnt ihr nicht überblicken. Auch wenn es aussehen mag wie früher, die Herausforderungen groß, die Mittel klein…ihr sitzt am neuen Ufer und eure Laternen strahlen heller denn je. Das ist nicht Schönfärberei, das ist Tatsache.

Es braucht sie, die Fackelträger.

Nicht immer ist der Job leicht, und manchmal ist er voll Verzicht. Auf Dinge, die ihr im Leben auch gerne haben möchtet. Mehr Freiheit in irdischen Dingen, einen Partner, der mit euch geht. Wir ehren euch, dass ihr das auf euch nehmt. Und ihr wisst ja selbst:

Das Brennen eurer Seele ist nicht irdisch zu löschen!
Und eher könnt ihr auf diese Dinge verzichten als darauf,
dieses Brennen mit dem Wasser des Lebens zu löschen.

Es gibt einen Moment auf dem Weg, wo man nicht mehr zurück kann – und eigentlich tief unten auch nicht mehr zurück will. Auch wenn man sich hin und wieder auflehnt dagegen und sich fragt, ob es anderweitig nicht doch leichter wäre.

Es sind Zeiten, wo ihr euren Körper stärken sollt. Ein Spaziergang kostet nichts und im Sommer ein Bad in der Sonne auch nicht. Vernetzt euch, verbindet euch und stärkt euch gegenseitig, wenn einer von euch den Mut verliert. Ihr sitzt schon auf dem neuen Ufer – viele von euch jedenfalls. Und eigentlich wisst ihr das, tief in euch wisst ihr es. Erlaubt euch auch mal die Mutlosigkeit und schimpft euch nicht aus deswegen. Es gehört zum Menschsein.

Was ist denn Mut anderes als Angst überwinden
und trotzdem schlotternd auf dem Weg vorwärtsgehen?

Sagten wir nicht schon mal:
Hie und da haltet ihr die Laterne in zitternden Händen,
und die Tränen tropfen darauf.

Aber diese Tränen können Tränen der Freude werden,
diese Tränen bewässern euren Lebensgarten.

Aufgestaut blockieren sie den Fluss. So erlaubt euch denn auch mal ein Tief, auch mal eine Wut auf uns, doch bleibt nicht darin stecken. Tief innen wisst ihr doch, dass ihr gehalten und geführt seid, und wie oft schon ihr nicht wusstet, wie die Lösung aussehen würde, und doch ist sie irgendwo schon da, wartet nur auf günstige Umstände. So starrt nicht auf das Problem, sondern öffnet euch für die Lösung, die noch unbekannt ist. Dann zieht ihr sie hinein in euer Leben.

Wir aber ermuntern jeden, von der alten in die neue Energie zu gehen, auch wenn es erstmal ein Erdbeben auslösen mag. Aber es kann auch sanfter vonstatten gehen, wenn ihr nicht allzu lange wartet. Und wir segnen jeden, der es wagt und schon gewagt hat und die Laterne hochhält für die, die noch zögern. Und auch für die, die momentan nicht weiter wissen, wenn der Weg mal wieder nicht so deutlich aufscheint. Er ist da – das können wir mit Bestimmtheit sagen. Und ihr kreiert ihn mit jedem Schritt. Die neue Energie wird stärker und manifester werden und euch mehr Boden bieten, und der Boden der alten wird immer mehr bröckeln.

Wir sind bei euch – wir sind mit euch! Und den Laternenträgern sind wir besonders nah. So wie wir auch jenen nah sind, die im Vorangehen straucheln. Wir sind auch denen nah, die im Alten verharren, wenn sie es nur zuließen…

Und immer ist unser Segen da –
immer besser können wir euch erreichen –
immer ist auch unser Dank da für die,
die trotz allem vorwärtsgehen.

Unsere Hände sind immer nach euch ausgestreckt,
und unsere Freude ist es, wenn ihr sie ergreift.

Von Übergängen, Brüchen und Brücken

Da sind wir wieder – und gingen nie weg –, denn das Zentrum allen Seins ist unverrückbar da, wiewohl auch Wandlungen und Schwingungsveränderungen unterworfen oder daran mitbeteiligt.

Du aber und viele andere spüren dann bis in die physischen Zellen diese Veränderungen. Und das fühlt sich oftmals erst gar nicht so gut und positiv an. Es hilft dann allerdings, wenn man weiß, worum es geht. Denn:

> *Dinge müssen werden,*
> *Dinge müssen reifen –*
> *das habt ihr etwas vergessen in eurer hektischen Zeit.*

Ihr seid alle in einer Übergangszeit – der Planet ist in einer. Und was es schwieriger macht und anspruchsvoller: Das neue Ufer ist für diese Brücke ja nur skizziert, nicht genau definiert, und physisch manifestiert erst zum Teil.

Es geht also darum, eine Brücke zu schlagen, einen Übergang zu machen – von einem zwar bekannten Teil, einem leidvollen Teil auch, zu einem „gelobten Land". Das war auch damals schon nicht bekannt und bot viel Unwegsames. Daher könnt ihr oft nur von Tag zu Tag planen und müsst wenigstens, wenn ihr längerfristig plant, vieles offen lassen oder für Änderungen flexibel sein.

Dieses neue Ufer ist nicht definiert. Ihr könnt euch aber energetisch vorbereiten, und das sind eure Gedanken, Worte, Visionen, Meditationen, Taten. Wie möchtet ihr denn, dass es dort drüben aussieht? Eine Wüste, wo nichts gedeiht? Überschwemmtes Land, wo alles ertrinkt? Feuer, das alles zerstört? Sturm, der alles knickt?" Kurz: die jetzt zum Teil entfesselten Elemente, die sich jetzt halt aufbäumen gegen Missbrauch und mal wieder ihre Kraft zeigen.

Ihr könnt sie zähmen, aber nicht bezwingen. Ihr könntet nur versuchen, mit ihnen zu leben und zu kreieren. Dann machen sie in der Regel ja auch mit und unterstützen euch. Die Altvorderen haben sich dieser Unterstützung versichert, haben die Elemente gebeten, sie zu unterstützen, sie gebeten, ihnen nicht zu schaden. Ihr braucht sie nicht anzubeten deswegen, aber sie wahrnehmen in ihrer Größe und Kraft. Sie nicht missbrauchen und unterjochen, ja, sie bitten, mit euch zusammenzuarbeiten, im Dialog sein mit ihnen. Es gab wirklich diese weisen Männer, die Regen herbei beschwören konnten oder Regen auch abstellen.

Ihr dünkt euch so gescheit mit all eurer Technik. Doch blieben die wesentlichsten Dinge auf der Strecke. Die Dinge des Geistes nämlich. Und euer Planetenboot so zu steuern, dass es gedeihen kann mitsamt seinen Bewohnern. Damit meinen wir alle: Mensch, Tier, Pflanze und die Naturgeister. Auch die hattet ihr nicht mehr angesprochen. Nicht im Sinne von dem, was ihr Heidentum nennt, von Pantheismus, nein, aber sie mit einbeziehen, das meinen wir.

Übergänge!

Was wollt ihr mitnehmen an Altem ins Neue? Ihr tut das vielleicht bei einem Umzug. Die einen nehmen allerdings auch da das ganze Gerümpel mit. Ihr überlegt euch, was nehmt ihr mit bei eurem Umzug? Es ist eine gute Gelegenheit, um zu entrümpeln auf allen Stockwerken. Und damit meinen wir euer Leben, alle eure Körper und Umstände. Physisch, emotional, mental. Was ist Ballast, hat euch mal gedient und ihr braucht es nicht mehr? Was am meisten den Rucksack beschwert, sind alte Verletzungen.

Darum ist ja Verzeihen so wichtig –
es ist nämlich zu euren Gunsten.

Was der andere damit macht, ist ja nicht eure Verantwortung. Aber es erleichtert *euch* den Rucksack. Was war die Quintessenz, war die Erfahrung, was konnte ich lernen? Kann ich verzeihend und segnend weitergehen? Dann lösen sich Steine im Rucksack auf.....und ihr könnt ja immer unsere Hilfe erbitten bei diesem Auflösungsprozess. Was nehme ich mit an Tätigkeiten? Es mögen liebgewordene Dinge, die durchaus richtig waren, sich ablösen. Vielleicht seht ihr die neuen noch nicht, aber trotzdem. War da nicht vielleicht schon länger ein Gefühl von Missbehagen? Sich nicht mehr ganz wohlfühlen damit? Waren da vielleicht Stimmen, die ihr überhört hattet, Winke, die ihr nicht wahrgenommen hattet? Oder nicht wahrhaben wolltet?

Was wollt ihr von euch mitnehmen?
Von euren Eigenschaften nämlich.

Von euren Automatismen, von den Knöpfen, die ihr euch immer wieder drücken lasst? Von alten Konzepten … Ja – was wollt ihr körperlich mitnehmen? Dienen euch die alten Leiden noch? Wollt ihr noch genau so aussehen? Könnt ihr damit umgehen, wenn ihr euch plötzlich anders benehmt, euch anders ausdrückt? Anders aussehst, euer Körper sich verändert? Ist das ein Schritt in Richtung eurer Authentizität, eures wahren göttlichen Kerns? Womit seid ihr identifiziert, mit etwas, das euch schmälert, hemmt und blockiert? Am Vorwärtsgehen nämlich.

Die Brücke ist nämlich nicht aus Eisen und Beton. Sie erträgt keine tonnenschweren Lasten. Und wenn der Rucksack zu voll ist, kann es eben zu einem Bruch kommen. Wir sprachen schon davon, nicht?

Dass die Brücke im Entstehen ist, wenn ihr geht,
obwohl sie feinstofflich schon da ist –
so wie ein Regenbogen eben.

Und das letzte Stück Vertrauen ist
und ein inneres Erschauen der Hand,
die wir euch entgegenstrecken.

Brücke ans neue Ufer – Übergang in ein Neues, das noch nicht so genau definiert ist. Aber es hat Platz für Wünsche. Was wünscht ihr? Aus welcher Ecke eures Selbst' wünscht ihr? Das dürfen durchaus Wünsche für euer Wohlergehen sein, denn nur dann könnt ihr ja wahrhaft wirken. Auch dass eure ökonomischen Belange abgedeckt sind, eure Gesundheit, Wünsche für die Welt. Doch da seid vorsichtig.

Seid überhaupt vorsichtig beim Wünschen.

Möchtet ihr ein Land, wo Friede herrscht und Transparenz, Gedeihen für alle, Kraft, aber nicht diese alten Machtstrukturen?

Es gibt Menschen, die vorangehen, obwohl sie vielleicht im Außen nicht mal so sehr tätig sind. Sichtbar oder weniger sichtbar vorangehen. Und die spüren alles stärker an sich, an ihrem eigenen Körper. Das ist nicht unbedingt ein leichtes Los, aber kann ein befriedigendes, glücklich machendes sein. Wenn ihr einen Kontrakt dafür habt, seid ihr nur dann tiefinnerlich zufrieden, wenn ihr ihn erfüllt, und möglichst gut erfüllt.

Diese Brücken spüren auch viel an ihren eigenen Körpern –
sie tragen viel, wie eine Brücke immer viel trägt.

Und manchmal in ihren Fugen ächzt. Sie sollen nicht in alter Opferhaltung für die andern die Rucksäcke tragen – es sei denn vorübergehend –, aber sie gehen mit Mut und Laterne voraus. Sie wagen den Schritt ins Neue, sie verbinden in diesem Übergang Altes und Neues.

Sie erahnen das gelobte Land.

Da gibt es die jüngeren Menschen, die schon anders antreten, und fast möchte man die manchmal beneiden. Sie sind Pfeiler in der neuen Welt. Aber es braucht die Brücken, die verbinden vom Alten ins Neue. Und das sind die alten Seelen und oft auch die älteren Menschen. Die noch aus dieser leidvollen Opfer-und Gewaltzeit kommen und viel davon erlebt und durchlitten haben. Aber es segnenderweise hinter sich lassen und den Weg beleuchten ins Neue. Sie sind wichtig – diese Brücken! Aber die Umwandlung ihres Körpers ist nicht einfach. Doch auch das wird sich plötzlich besser anfühlen nach einer langen Schwangerschaft.

Darum: Verzagt nicht!
Gebt die Hoffnung nicht auf,
habt das Ziel vor Augen!

Manchmal auch müsst ihr vorangehen, und jemand, der euch lieb war, bleibt am alten Ufer. Es ist nicht an euch, zu entscheiden und zu wissen, ob das nun für ihn so stimmt oder ob er seinen Kontrakt nicht erfüllt. Auch darauf liegt kein Urteil. Höchstens vielleicht Bedauern.

So sind diese Übergänge denn Zeiten, wo wir zur Vorsicht mahnen. Zum innerlich immer wieder Erspüren und auch Erfragen: Soll ich, kann ich das tun? Soll ich dahin reisen? Ist das im Einklang mit dem, was jetzt passiert auf einer größeren Ebene? Bin ich dort gefährdet? Manchmal ist Aktivität gut, manchmal ist Ruhe gut. Dann segnet auch diese. Nicht immer ist da beides im Einklang. In eurer Gesellschaft ja sowieso nicht und auch in Übergangszeiten nicht. So seid denn gut zu euch – geht pfleglich mit euch um!

Wenn ihr euch aber vorgenommen habt, es mit uns abgesprochen,
dass ihr am neuen Ufer landen werdet,
*dann **werdet** ihr dort landen,*
mit erneuerten Körpern und frohem Gemüt!

Wir haben kein Interesse daran, dass ihr, die ihr Brücke seid, zusammenbrecht. So packt denn immer wieder euren Rucksack aus, dass er euch nicht belastet. Was ist so wesentlich, dass ich es mittrage? Und auch: Schleppe ich da einen anderen mit? Damit ich ihm einen Weg ermögliche oder aufzwinge, der nicht seinem höchsten Selbst, seiner Entscheidung entspricht? Kurz: Mach ich mich weiterhin zum Opfer oder zerre ich jemanden mit, der da gar nicht hin will?

Lasst zurück, was euch nicht mehr dient auf dem Weg ins Neue!
Blickt vorwärts, auch wenn ihr das Land noch nicht kennt.

Freut ihr euch auf einer Reise nicht auch auf Unbekanntes? Haltet weiterhin die Vision einer liebevolleren Welt – eines gesunden Planeten mit einer gesunden Menschheit.....vor allem psychisch gesund! Der Rest wird nachkommen.

Wisst, dass ihr viel tut! Auch wenn das Resultat nicht immer gleich sichtbar ist. Auch viel tut, wenn es nicht immer im Außen sichtbar ist. Und wenn ihr nur in diesen schwierigen Zeiten nicht verzweifelt, nicht in eine Depression fallt, nicht aufgebt. Es braucht jene, die dranbleiben, die hindurch tragen und sich nicht beirren lassen. Wie sagt doch der Kryon: „Es ist nicht alles so, wie es scheint."

Das Licht ist trotz allem gewachsen.

Geht sorgsam um mit euch und diesem Übergang! Damit es nicht zu Brüchen kommt. Sondern ihr *Brücke* seid.

Es ist noch eine Schwebebrücke, und manchmal schwankt sie und schaukelt. So verankert euch in eurem inneren Kern, dass ihr stabil bleibt trotz dieser Schwankungen und nicht von der Brücke stürzt, sondern darauf geht. Die ihr aber Brücke seid: Bittet um unsere Verstärkung.

Ihr schwankt nicht, ihr bewegt euch nur mit dem Fluss des Lebens,
und der ist nun mal keine schnurgerade, betonierte Autobahn.
Manchmal mäandert er, aber er findet seinen Weg.
Ihr könnt euch dagegen stellen oder mit ihm fließen.

Wenn ihr euch aber auf der Schwebebrücke starr und steif macht oder vor Angst so werdet, euer Gepäck zu schwer ist, besteht die Gefahr, dass ihr stürzt.

Leichtfüßig sollt ihr darübergehen, als Teil von ihr, könnt euch den Bewegungen der Brücke anpassen und doch in eurer Mitte bleiben. Schwebebrücken schwanken mit dem Wind, finden aber immer wieder ihre Mitte und sind tragfähig und unverwüstlich. Jene aber aus Stein und Eisen brechen eher im Sturm. Denn sie schwingen nicht mit den Elementen und nicht mit dem Fluss des Lebens. Schwebebrücken scheinen instabil, können aber sehr dauerhaft sein. Vielleicht sollte man bei allzu großem Sturm nicht darübergehen, sondern abwarten. Und es braucht Vertrauen.

Doch wenn ihr genau hinblickt,
seht ihr links und rechts die Engel, die euch stützen,
und oben seid ihr an unsichtbarem Faden verbunden
mit eurem hohen Selbst, das euch geleitet.

Es ist nicht immer leicht, Brücke zu sein, und Übergänge sind nicht einfach. Aber es braucht euch Brücken! Und ihr seid unterstützt und wichtig! So ihr vertrauensvoll nach vorn blickt ins Unbekannte, werdet ihr das andere Ufer erreichen, könnt es erreichen in erneuerten Kleidern – und damit meinen wir eure Körper.

Gesegnet seid ihr, die ihr den Übergang wagt,
die ihr auch nach Brüchen wieder aufsteht,
die ihr Brücken seid!

Und wenn ihr nicht wisst,
was ihr euch für das unbekannte Land
am andern Ufer wünschen sollt,
dann sei es Liebe,

Licht,

Frieden und

Wohlergehen für alle!

Von alten und neuen Brücken

Wie immer grüßen wir euch aus dem Zentrum allen Seins, das euch
Brücke sein kann ins Neue.

Es bricht jetzt auf und kommt hervor, was dem inneren Meister nicht entspricht, was dem wahren Menschen nicht entspricht. Zustände, die in alter Energie manifestiert wurden und jetzt im Übergang zur neuen nicht mehr taugen. Sie waren nie geschaffen nach göttlichen Gesetzen, doch vermochte ihre Illusion lange Zeit zu tragen. Jetzt aber brechen Geschwüre auf, Fehlentscheidungen rächen sich, und es entzündet sich, was schon lange gebrodelt hat. Ist es doch eine Phase der Reinigung.

Ihr könnt nun neuen Wein wieder in alte Schläuche gießen, doch sind diese alten Schläuche leck. Ihr könntet aber auch realisieren, dass diese Schläuche nicht mehr taugen, eure alten Methoden nicht mehr taugen. Dass die Jugend ihr Recht einfordert – das Recht auf ein menschenwürdiges Leben. Nicht immer mit tauglichen Mitteln. Aber seht euch eure Fernsehprogramme an: Kaum ein Film, wo nicht Gewalt vorkommt, Lügen, emotionale Verstrickungen und Manipulation an der Tagesordnung sind, kurz – alte Muster.

Wenn ein Gericht nach fehlerhaftem Rezept immer wieder misslingt, könnte man doch meinen, man würde das Rezept überprüfen! Ihr aber habt nach altem Rezept wieder und wieder gekocht und wart dann verwundert, wenn es wieder und wieder nicht gelang. Es gelang ja scheinbar für die einen, die sich bereichern konnten. Aber wenn die Masse sich auf ihre Würde besinnt, steht sie auf. Und die Gefahr besteht, dass sie sich nimmt, was ihr nicht gegeben wird, das Risiko, dass auch sie mit alten Waffen kämpft, mit Gewalt und Zerstörung nämlich. Statt nur die Revolten niederzuschlagen, tätet ihr gut daran, euch zu besinnen.

Wie können zum Beispiel eure Finanzmärkte gesund sein, wenn die, die am meisten scheffeln, am wenigsten beisteuern – analog zu ihren Mitteln – nicht genug abgeben ans Kollektiv? Wenn Bildung gekürzt wird? Und soziale Ausgaben gestrichen? Wenn die Verteilung dermaßen hinkt? „Es war nie anders", werdet ihr sagen. Doch entspricht es nicht mehr dem „Tanz um die Mitte", wenn ihr nur auf äußeren Erfolg getrimmt seid, notfalls über Leichen.

Die Aus-Richtung hat nicht gestimmt,
und dann stimmen auch die Ein-Richtungen nicht.
Die Zielvorgabe entsprach nicht dem wahren Menschen
und seiner Bestimmung.

Und nun reibt es sich – reibt sich an der neuen Energie.

Es lehrt euch Solidarität. Ihr könnt einen Staat nicht mehr einfach nur fallenlassen, weil alles zu sehr vernetzt ist. Ihr müsst gemeinsame Lösungen finden, doch sollten es Lösungen sein und nicht nur Notfallpflaster.

Dazu müsst ihr euer Menschenbild revidieren
und das Bild seiner Bestimmung,
seiner Herkunft und seines Ziels.
Den Sinn seines Weges neu definieren.

Wenn aus diesem Chaos, das jetzt an so vielen Orten herrscht, eine neue, lebensbejahendere und gerechtere Welt entstehen soll.

Wie könnt ihr erwarten, dass eure Jugend friedlich sei, wenn ihr sie immer wieder in Kriege hetzt? Wo Morden plötzlich eine Heldentat sein soll, ist es ja nur der Feind, den man umbringt, und der wird immer wieder anders definiert. Ja, sie kommen traumatisiert aus diesen Kriegen zurück – und wer hilft ihnen dann?

Auch in euren privaten Leben werdet ihr Altlasten sanieren müssen, Forderungen erfüllen, die ihr irrtümlicherweise eingegangen seid. Ihr mögt eine Arbeit verlieren, die euch nicht mehr entspricht, euch nicht mehr dient oder weil ihr Erholung braucht oder Zeit für den Weg nach innen. Es wird an Beziehungen rütteln, die diesem wahren Menschen nicht entsprechen. Und es werden lang vertuschte Dinge ans Tageslicht kommen. Aber das ist auch Chance. Im Licht kann nicht mehr geschummelt werden, nicht betrogen, nicht gelogen. Krieg basiert immer auf dunklen Machenschaften.

So versucht denn auch in eurem persönlichen Leben, von Tag zu Tag aufzuräumen. Ordnung ins Chaos zu bringen, aber in eine neue Ordnung. Pendenzen zu erledigen und alte Forderungen abzugleichen. Daraus zu lernen und frei in die Zukunft zu schreiten. Und so mögen diese Zeiten unangenehm sein, weniger oder mehr. Durchschreitet sie mit Mut und Blick nach vorn. Wenn ihr nicht die alten Dinge in alte Schubladen stopft, sondern vielleicht gar entsorgt, alles neu ordnet oder zumindest sichtet, was geordnet sein sollte, was noch taugt, dann fällt ja auch Ballast weg.

Ihr könnt auch dafür um Hilfe bitten. Dass wir euch Dinge und Situationen klären helfen, damit ihr den Durchblick habt und die Kraft, Dinge zu erledigen, und euch nicht entmutigen lasst.

Sollte aber im Außen nichts zu ordnen sein, gibt es ja auch diese inneren Schubladen. Wo oft noch haufenweise Pendenzen lagern: alte Wut, alter Groll, alte Angst, alte Verletzungen auch, Schuldgefühle. Dann habt ihr Zeit und Muße, dort aufzuräumen. Sichtet also:

Was wollt ihr mitnehmen in die neue Energie?
Was lässt sich wandeln,
was passt noch dazu und was nicht mehr?
Was beschwert den Rucksack bloß?

Auch da könnt ihr um Klarheit bitten. Doch ist Klarheit nicht immer nur angenehm, ist oft ein Scheinwerfer. Ihr könnt auch Hilfe erbitten, wenn es schwerfällt, euren Verpflichtungen nachzukommen, weil ihr vielleicht aus Angst heraus Entscheidungen traft, die nicht weise waren. Oder die ihr damals nicht interpretieren konntet, wo die Wahl nicht förderlich war. Ihr habt gelernt, so bittet uns jetzt darum, dass ihr mit diesen – auch materiellen Verpflichtungen – zurande kommt. Nämlich, dass euch das zufließt, war ihr braucht, um jenes abzudecken. Vorausgesetzt, dass ihr euch selbst rührt und die nötigen Schritte tut.

So bittet denn auch darum, dass wahrhaft neues, lebensvolles, nach göttlichen Gesetzen ausgerichtetes Leben erwachsen möge aus all diesem Chaos. Wir sagen es wieder: Ihr braucht nicht mehr zu wiederholen! Ihr könnt neu gestalten. Ihr könnt den Schamanen, den Heiler, den weisen Menschen in euch wieder erwecken und darauf zugehen. Und ihr könnt bitten, dass ihr in diesem Flächenbrand jedweder Art an sicherem Orte seid.

Denn die Brücken vom Alten ins Neue brauchen sichere, starke Pfeiler, brauchen einen Untergrund, der trägt.

Diese Pfeiler können nicht in der Schusslinie sein. Auch wenn ihr eine Zeit in eurem Leben haben solltet, wo nicht viel läuft im Außen – Pfeiler werden und sein könnt ihr. Euren Untergrund festigen, das könnt ihr. Ihr könnt an dieser Brücke bauen, daran, ein starker Pfeiler zu werden, damit neue Brücken da sind, wenn die alten fallen.

Brücken, die einen Pfeiler an beiden Ufern haben –
Brücken ins Neue.
Brücken aus göttlicher Energie,
die auf einem Untergrund aus Vertrauen stehen.

Doch nicht alle sehen diese Brücken. Sind sie doch feinstofflicher Art. Viele werden über die alten gehen und mit ihnen kollabieren. Denn die neuen Brücken ertragen nicht allzu viel Ballast.

Leichter aber werdet ihr,
je mehr ihr in der Liebe seid.

Hass und Gewalt aber bringen die alten Brücken zum Einstürzen.

So baut denn an den neuen, die göttliche Menschen tragen werden. Und dazu muss euer Gepäck leichter sein. Das heißt ja nicht, dass ihr nichts besitzen dürft. Doch nehmt es an als Geschenk, als Leihgabe, die ihr durchaus genießen dürft, aber nicht daran gefesselt sein sollt. Nicht ausbessern sollt ihr alte Brücken, die einstürzen werden und sollen. Sondern eure Energie da hineingeben, wo neue entstehen.

Brücken von Herz zu Herz –
Brücken, wo jedes Wesen an jedem Ufer
ein menschen-engelwürdiges Leben haben kann.

Das wünschen wir euch, und darauf schreitet zu! Wir sagten es schon:

dass ihr verbunden seid mit uns als Rettungsanker,
und zu beiden Seiten ein Engel geht.

38

Von Wandlung und erhöhter Strahlung

Wir grüßen dich – o Kind des Lichts – wie immer aus dem Zentrum allen Seins, das da war, ist und immer sein wird, und möchten weiter sprechen über Schwingungsveränderungen.

Denn ihr habt heute oft körperliche Unannehmlichkeiten und Störungen, die damit zu tun haben, und nicht unbedingt mit Krankheit. Doch werden diese Veränderungen benutzt werden, um Angst zu säen. Es wird dann in alter Manier ein „Feind" bekämpft mit chemischen Mitteln, die das Immunsystem eher schwächen als stärken, oder Impfungen blockieren den Prozess. Vor allem die heutigen Impfungen, wo lange nicht alles, was darin ist an Stoffen, deklariert wird – wohlweislich nicht! Die Pharmaindustrie würde sonst in arge Schwierigkeiten geraten. Wer nur Geschäft und Eigengewinn im Auge hat, ist kaum an Wandlung interessiert. Frühere Impfstoffe waren nötig und vor allem sauberer.

Wandlung aber braucht Wandel –
braucht Flexibilität, braucht Mut und ein Wissen darum,
warum und wozu man sich wandeln soll.

Ein sich Besinnen auch, und sich erinnern daran, was denn eigentlich Schöpfung ist und möchte, wie Erde und Mensch sein könnten – nicht als Utopie, sondern als Realität – wie das alles gemeint war – wohin die Reise gehen sollte und könnte, und

dass Liebe keine naive Utopie ist,
sondern die einzige wahre Realität im Universum!

Doch sind die Dinge zu sehr in die Dichte gefallen, und das hat euch blockiert. Denn zugleich habt ihr euch gegen diese Dichte gesträubt; wohl wissend, dass der Abstieg in die Materie ursprünglich nicht gar so tief gemeint war. Ihr habt euch verstrickt in Dichte und Materie, euch in Angst festgekrallt und seid immer steifer geworden, habt eure Flexibilität verloren. Was dann Wendigkeit war, war oft eher die Wendigkeit des Wendehalses, andere zu übervorteilen, um seine eigene Haut zu retten. Das meinen wir nicht mit Flexibilität. Zugleich aber habt ihr das Dasein hier abgelehnt mit allen seinen Leiden und wart nicht verwurzelt.

Wenn ein Baum nicht verwurzelt ist in der Erde und nicht verbunden mit dem Himmel, muss er sich verkrampfen, wird starr und steif, damit der Wind ihn nicht wegbläst.

Wäre er im guten Sinne verwurzelt und verbunden –
wohl wissend aber, dass seine Krone dem Himmel gehört,
dass er mit dem Himmel und seiner Herkunft verbunden ist,
seiner geistigen –
wäre er eingespannt zwischen Himmel und Erde,
verwurzelt und ausgerichtet;

er könnte den Wind durch sich hindurch blasen lassen
und sich wieder aufrichten.
Er müsste sich nicht versteifen,
was zum Zersplittern und Brechen führen kann,
sondern würde mit dem Leben schwingen.

Nein, nicht das Mitschwimmen aus Egoismus, aus einem niederen Selbsterhaltungstrieb auf Kosten anderer, sondern wie ein Seil, das an beiden Enden gehalten ist, und sich in der Mitte bewegen kann. Das wird nicht so schnell reißen. So spiegeln sich denn in vielen euren Gelenken und Beschwerden diese Themen. Abgesehen von Themen der Ernährung, Bewegungsmangel usw. – die aber auch damit zusammen hängen, nämlich mit der Erde und ihren Früchten. Wenn ihr richtig mit ihr verbunden wärt, würdet ihr euch anders ernähren, würdet anders anbauen, wie es ja schon vielerorts geschieht.

Man kann, wenn man auf Erden lebt,
nicht gegen die Elemente leben.

Was bei euch als gesund gilt, ist oft gerade mal noch knapp funktionsfähig. Der Betrieb wird noch so einigermaßen aufrechterhalten. Es fehlt also die Verwurzelung, die Verbindung mit der Erde, die Ausrichtung auf den Himmel, einfach gesagt. Und da kann keine Stabilität, keine flexible, lebendige Stabilität entstehen. Da müsst ihr euch krampfhaft festhalten, wenn der Wind bläst. Da versucht sich jeder zu retten, wenn das Schiff schaukelt. Wenn ihr die Erde bitten würdet, euch zu tragen, ihr danken, dass sie euch nährt und kleidet, den Himmel bitten würdet, euch zu stärken, den Sinn aufzuzeigen (nach dem ihr allerdings erst mal fragen sollt und bereit sein, ihn zu finden), wenn ihr euch die Hände reichen würdet,

da ihr wirklich und wahrhaftig alle im selben Boot sitzt,
nämlich auf dem einen Planeten,
und da nicht schnell einen Ersatzplaneten hervorzaubern könnt…

dann wären die Zustände nicht so geworden, wie sie jetzt sind. Dann hättet ihr euch und Mutter Erde viel Leid ersparen können. Denn das meiste davon ist haus- und menschengemacht! Nun braucht ihr darüber nicht in Schuldgefühle zu verfallen, was eure Energien nur absorbiert, sondern besinnt euch auf das, was „Buße tun" eigentlich heißen würde: Umkehren! Einsicht, Erkennen, weise unterscheiden, einen andern Weg einschlagen. Oder sich um 180 Grad drehen, weil man dann nämlich eine andere Aussicht hat. Und auf etwas anderes zuschreitet.

Es heißt nicht, dass ihr alle im selben Dorf oder in derselben Stadt wohnen sollt, wo ihr euch vernetzen und verbinden könnt. Ihr habt ja das Inter-Netz geschaffen, das Gleichgesinnte über Kontinente und Meere hinweg zusammenbringt. Das ist der wahre Segen davon. So lehnt nicht das Ganze ab. Sondern wählt, ein Gegenwicht zu sein zu dem, was da auch an Lebensfeindlichem und Trennendem darauf ist.

Wisst ihr denn, wie viel ein einzelnes,
von Herzen kommendes, echtes Gebet
für das Wohl des Ganzen an
Negativem neutralisieren kann?

Lernt wieder zu beten, doch nicht in Egomanier, nicht: das will ich und jenes ..... so wie ihr eure Kriege bebetet habt, nein, bittet darum, dass ihr die Zeichen erkennt, ihr sie würdig und lebensvoll umsetzt, dass eure Wahl, die ihr täglich trefft, geheiligt sei. Dass ihr Balance findet zwischen eigenem Wollen und erkennt, aus welchem Teil von euch dieses Wollen herkommt, und zwischen der Führung eures göttlichen Selbst. Dass dieses immer mehr euer Wollen bestimmen möge.

Doch ist es mit dem Mailen so wie mit dem Sprechen. Schnell ist ein Wort gesagt, das Unheil anrichtet, und schnell ist ein solches Wort geschrieben. Da wünschen wir uns mehr Bewusstsein, denn beides ist in die Welt gesetzt und ist Energie und zieht seine Kreise.

Bedenkt, was ihr sprecht –
bedenkt, was ihr schreibt –
bedenkt, was ihr absendet –
und die Voraussetzung dafür ist,
dass ihr bedenkt, was ihr denkt!

Das Praktische ist, dass es für Gedanken nun ja doch eine Delete-Taste gibt! Man kann sie noch zurückrufen, ehe sie sich in Wort, Schrift und Tat manifestieren.

Bedenkt auch, was ihr fühlt!

Nicht im Sinne von Verdrängen, Gefühle nicht zulassen und sie rosarot übertünchen, wenn ihr nun mal traurig und verzweifelt oder wütend seid, aber erkennt eure Gefühle und ihren Ursprung. Und versucht dann, einen andern Blickwinkel einzunehmen, eine andere Perspektive. Seht auch, wofür ihr dankbar sein könnt – „count your blessings" – oder lasst das Gefühl einfach mal stehen. O.k. ich bin traurig heute, heute sehe ich nicht weiter, da ist zuviel Nebel. So wie ihr – hoffentlich – einem Kind seine Gefühle erlaubt. Aber erkennt sie, und dann braucht ihr nicht in ihnen zu versinken, sie zur Seite schieben, sie überspielen und übertünchen mit Arbeit, Drogen, kurz: mit Ablenkungen, mit gespieltem, falschem Frohmut. Die Trauerzeit, die früher nach einem Todesfall eingehalten wurde, hatte ihren Sinn. Ich erlaube mir, so und so lange traurig zu sein, und dann ergreife ich das Leben wieder. Es ist wichtig zu trauern. Aber als Übergangsphase, die einmal zu Ende kommen soll.

Denkt wieder mal daran, dass ihr nicht das Ganze überblickt und überblicken könnt aus irdischer Warte. Und dass es auch in eurer schnelllebigen Zeit Dinge gibt, die Zeit brauchen. Noch benötigt ein Baby so ca. 9 Monate bis zur Geburt. So brauchen auch Entwicklungen Zeit, und die langsamen sind nicht unbedingt die schlechtesten. Sondern oft Vorbereitung für einen Quantensprung.

Ja – es braucht heute mehr Flexibilität, weil Dinge sich rascher entwickeln, weil so Vieles sich ändert und ändern muss, wenn ihr den Sprung in eine höhere Dimension schaffen sollt. Weil Altes weg muss, wenn Neues Platz haben soll. Oder es sollte sich zumindest wandeln. Es bläst ein starker Wind, und darum ist es ja so wichtig, dass ihr Wurzeln habt, ausgerichtet seid, zentriert seid. Eigentlich müssten die Menschen, die Hilfestellungen dafür anbieten, überrannt sein von Kunden. Doch noch halten sich viele an der Materie fest, auch wenn sie zerbröckelt. Und ja – wir spüren jetzt die Frage: „Wie verwurzle ich mich, wenn sich auch die Erde schüttelt und mich scheinbar nicht mehr trägt?"

Erstens einmal hat euch niemand geraten, gerade in gefährdeten Gebieten Millionenstädte und Hochhäuser zu bauen. Zweitens gibt es Bauweisen, die dem mehr entgegenzuhalten haben. Drittens hat auch die Natur ein Frühwarnsystem – die Tiere nämlich, die das vorher spüren und ein merkwürdiges Verhalten an den Tag legen – und es gab Menschen, die das Ohr an die Erde legten und das Grollen hörten, bevor das Unheil losbrach. Wenn dann die Erde bebt – was total verunsichernd ist – dann wäre das Verbunden-Sein mit dem Himmel wichtig, und eben diese Flexibilität und Zentriertheit. Es sind sehr, sehr abrupte Umwandlungen, Eruptionen, Ausbrüche. Zum Teil habt ihr die selber angestoßen durch Mangel an Weisheit im Umgang mit der Erde, paradoxerweise auch mit eurer Entwicklung, da ihr Altes loslassen wollt.

Und dann gibt es diese großen Zyklen, wo Dinge sich auch im Kosmos verändern und umwälzen. Ihr lest jetzt wieder mehr von Sonneneruptionen, von Gammastrahlen, die wie ein Scheinwerfer auf die Erde gerichtet seien, diesen ganz großen Umlaufzeiten, wo euer ganzes Universum sich um das Zentrum eurer Galaxie bewegt, wie eure Forscher festgestellt und errechnet haben. Und da seid ihr jetzt gewissermaßen in der Schusslinie von ziemlich heftigen Strahlen. Ja – die haben oft ein Artensterben verursacht – ihr seid doch aber eigentlich ganz froh, dass nicht plötzlich ein Dinosaurier in eurem Garten aufkreuzt, so er darin Platz hätte! Umwälzungen, die weniger schmerzlich waren, weil der Planet weniger bewohnt war. Es sind Energieeruptionen, welche die Arten, die nicht mutieren wollen, nicht verkraften.

Was sich nicht wandeln will, bricht.

Der Mensch ist jetzt daran, sich zu wandeln, zu mutieren und gewisse niedere Dimensionen in sich loszulassen oder auf eine neue, erhöhte Schwingung zu bringen. Ein Bild: Eine Überschwemmung, und was in den untern Stockwerken ist, wird hinweggespült. Ihr rettet euch dann in die obern Stockwerke oder auf einen Berg, nicht? Wo die Fluten nicht hinkommen. Das heißt: so ihr eure Schwingung erhöht – das Ego in die Schranken weist, Kriege, Grausamkeit und Machtstreben hinter euch lasst, Hass in Liebe wandelt – das wäre der Berg.

Wenn ihr plötzlich – wie du oft sagst – mehr Strom durch eure Leitungen lasst, nicht die üblichen Voltzahlen, dann geht das nicht gut, dann zerstört das die Leitungen. Also müsst ihr diese erst verändern und ausbauen, euer Stromsystem anpassen, dass es höhere Frequenzen erträgt. Und das genau gilt auch für eure physischen Körper, ja, für alle eure Körper. Da ist es nicht nur ein frommer Luxus, eine esoterische Mode, nein, es ist überlebensnotwendig, mit eurem hohen Selbst verbunden zu sein – das quasi euer höheres Stockwerk ist – verbunden zu sein mit den höheren Chakren. Aber diese auch wieder mit den untern zu verbinden, damit diese sich mitentwickeln können. Die Kirche hat sie lange verteufelt und abgespalten, was auch nicht sonderlich gut ging. Also, seid ihr bereit und fähig, diese größeren Strahlungen aufzunehmen und zur Wandlung zu benutzen?

Zu einer neuen Spezies Mensch,
die dem Urbild wieder mehr gleicht,
nämlich dem Engel auf Erden!

Die sich wieder an die ursprüngliche Absicht erinnert und an das „Woher" und das „Wohin." Und wie setze ich das dazwischen um? Da ist wiederum *Intent, Absicht* enorm wichtig. Ich kann diese erhöhte Strahlung als Gefahr sehen, als Todesbringer. Ich kann auf Panik machen, Angst schüren, und dann wird sie todesbringend sein. Ich kann sie als Unterstützung eines neuen Lebensmodells sehen, als Unterstützung zu einer Höherentwicklung. Wir lieben das Wort nicht sonderlich; es bedeutet ja nicht, sich von der Erde weg zu entwickeln, sondern eine umfassende Entwicklung, eine Weiterentwicklung eher. Zu Neuem, zu mehr Licht, mehr Liebe. Und dann meinem Körper helfen, sie unbeschadet aufnehmen zu können – diese Strahlung nämlich.

Damit wären wir wieder beim Reinigen des Gefäßes auf allen Ebenen, beim Entgiften, beim Zuführen von den *Nährstoffen, die dann in erhöhtem Maße benötigt werden,* beim bewusst leben und auf sich hören, Körper und Geist unterstützen. Dann könnt ihr euch entschließen und sagen: Ich bin gewillt, diese Strahlung zu nutzen zur Weiterentwicklung der Spezies Mensch, die endlich begreift:

dass es außerhalb der Liebe nichts gibt,
das zählt, welches Leben wirkt und zeugt,
das den Namen Leben verdient.

Es mag sein, dass ein paar eurer Körper das nicht schaffen und eine Zwischenphase brauchen, weil ihr irdisches Gefäß schon zu verbraucht war, nicht mehr elastisch genug. Es muss keine lange Zwischenphase sein, bevor ihr erneuert und gestärkt, mit den neuen Möglichkeiten versehen, wiederkommt. Vielleicht als Christal Child – als Kristallkind. Es ist sogar irgendwie ein leichterer Weg, als hierzubleiben und seinen Körper so zu wandeln, dass er durchchristet werden kann. Und das hat nichts mit einer bestimmten Religion zu tun, sondern mit den Attributen des Kristallkindes. Mit all' dem, was dazugehört, einem Zuschalten der DNS-Stränge etc.

Konkret gesehen: Ihr braucht eine erhöhte Zufuhr von Mineralien,
auch Vitaminen, aber vor allem die ersteren. Von Spurenelementen,
auch Proteinen für die Bildung neuer Zellen.

Manchmal ist es noch nötig, das mit tierischen Produkten aufzubauen, wenn ihr fühlt, dass ihr euch gewissermaßen beschweren müsst. Es gibt diejenigen, die sich im Vegetarismus eher lösen sollen von irdischer Haftung, und andere brauchen es wieder, sich mehr zu verbinden. Wägt jeden Tag ab! Es gibt keine allgemein verbindlichen Diäten mehr – vielleicht gab es sie nie…Fragt eure Körper: Was brauchst du heute? Ihr braucht Bewegung – ihr braucht auch Ruhe. Und oft ist Krebs einfach, dass diese Umwandlung Angst auslöst und die Zellen dann auf das alte Rezept des Raffens und Um-sich-Schlagens zurückgreifen, da sie vor der Wandlung Angst haben. Nämlich abzusterben und sich durch neue Zellen ersetzen zu lassen, wenn sie sich nicht wandeln mögen oder diesen Prozess mittragen.

Es gilt in all' dem, was immer gilt:

Es ist das, was ihr daraus macht!
Ihr seid die Schöpfer – doch wäre es weise,
sich auf den göttlichen Bauplan zu besinnen.

Auch den habt ihr in eurer DNS, in euren Zellen, in eurem Blut, ja – in euren Herzen! Aber nur der Blick auf das Ganze, auf die Einheit erhellt diesen Plan – Hass und Trennung können kein Schlüssel dazu sein, wohl aber Respekt, Würdigung allen Lebens, Wohlwollen und Güte. Sagten wir nicht schon einmal, dass
Liebe das Öl des Universums sei?

Staunen und Dankbarkeit gegenüber der Schönheit der Schöpfung können euch leiten – gegenseitige Hilfestellungen, eure Herzen öffnen – und das Wissen darum, dass *ihr* die Etiketten wählt: *Katastrophe* oder *Weiterentwicklung.* Je bewusster ihr aber das Letztere wählt, desto weniger braucht ihr Katastrophen, um euch aufzurütteln. „Er (Jesus) gebot den Wellen und dem Wind"…auf dem See Genezareth, als das Schiff in einen Sturm geriet. Aber Er war im Einklang mit den Elementen. Ihr könnt das auch wieder sein…Seid ihr denn nicht ein Teil von ihnen?

So liebt denn auch die Elemente wieder frei,
wie ihr alles freilieben sollt.

Liebt euren göttlichen Ursprung wieder frei,
damit eure Reise leichter werde

und die Erde ein leuchtendes Beispiel dafür,
dass Rückkehr in die Einheit
inmitten des Lebens möglich sein kann und ist.

Wir aber möchten euch immer freilieben – doch zulassen und erlauben müsst ihr es. Doch: Es bewirkt Wandel – *wie Liebe immer Wandel bewirkt.* Ein Wandel oft zu Unbekanntem, aber ein Wandel, der Heimat auf eurer Seite des Schleiers erbauen kann. Und dann ist der Schleier, der euch vom Licht trennt, transparenter. Empfangt das Licht, heißt es willkommen und fürchtet es nicht!

Denn aus göttlichem Licht seid ihr geboren,
und als solches könnt ihr die Erde und eure Leben erhellen.
Und das strahlt dann weit hinaus ins Universum – unvorstellbar
für euch.

Denn alles ist verbunden,
und jede Tat der Liebe erhöht die Schwingung des Ganzen.
Wobei wir wieder bei der „Antwort" auf die Schöpfung wären…

VON VERÄNDERUNGEN UND NACHHALTIGKEIT

Wir grüßen euch aus dem Zentrum allen Seins, das unabänderlich da ist, war und sein wird – aus dem Ewigen Jetzt.

Das als Konstante wirkt, doch aufgrund dieser Konstante, dieses Bodens, sich jetzt so vieles ändert. Doch habt ihr gewählt, in dieser Umbruchszeit hier auf Erden zu sein und zu wirken. Wisst um euer Ziel, doch seid bereit, immer wieder die Route zu ändern. So wie ihr jeden Morgen den Finger in den Wind halten würdet und seht, woher dieser Wind jetzt bläst. Erkennt die Zeichen – erkennt die Gelegenheiten und ergreift sie. Und erkennt auch, wo ihr zurückstehen und abwarten sollt, wo ihr euch in limitierenden Mustern wiederholt oder sinnlosen Gefahren aussetzt. Aufmerksamkeit im Jetzt ist jetzt gefordert wie vielleicht nie zuvor – doch seid ihr gerüstet, könnt gerüstet sein, habt ihr genug Werkzeuge, um gerüstet zu sein. Ob ihr sie ergreift, ist eure freie Wahl.

Doch seid ihr eine starke Kraft, die zusammen wirkt, auch wenn ihr manchmal Tausende von Kilometern örtlich getrennt seid. Das macht nichts. Ihr könnt trotzdem zusammen wirken. Nachts, und manchmal wirkt auch ein Teil eures Selbst' am Tag. Ihr mögt dann plötzlich müde und schläfrig sein, weil da gerade ein Teil von euch anderweitig tätig ist. So aber könnt ihr auch Teile von euch anfordern, die in Parallel-Inkarnationen da sind – sei es auf diesem Planeten, sei es anderswo. Zum Beispiel wenn ihr bei irgendetwas Hilfe braucht, wenn das Wesen hier in irgendeiner Sparte noch nicht so effektiv manifestiert. Irgendein Talent nicht so ausgeprägt ist. Da gibt es einerseits die Möglichkeit, dieses Talent eventuell in euren früheren Inkarnationen zu finden und herüberzuholen oder in euren Parallel-Inkarnationen ein Wesen zu kontaktieren, welches dieses Talent hat. Das z.B. mit Electronics sehr gut zurechtkommt. Oder ganz gut Finanzen manifestieren kann oder Wohnorte etc. Das z.B. einen gesunden Körper hat, der schmerzfrei ist. Es braucht nicht genauso ein physischer Körper sein wie der eure. Es geht da um die Energie. Dann könnt ihr dort Hilfe anfordern: „Du bist schon Experte in diesem und jenem, du weißt, wie es sich anfühlt, ohne Schmerzen zu sein – mehr Mut zu haben…..hilf mir doch mal dabei, auch dorthin zu kommen."

Oder ihr habt in eurer eigenen karmischen Laufbahn jemanden, der eine enorm starke Physis hatte – ihr könnt jede Energie herholen. Es ist nichts mehr in Stein gemeisselt, nichts. Das mögt ihr mit Angst und Sorge betrachten oder als Chance wahrnehmen.

Noch nie konntet ihr so viel verändern.

Ihr seid nicht mehr an Kontrakte, an Geburtstraumata und – Schäden und anderweitige spätere Beeinträchtigungen gebunden. Ihr mögt eine gewisse Konstitution haben, und die mag zu tun haben mit eurem Auftrag, dass ihr diesen Auftrag ergreift, weil ein paar andere Dinge nicht so drinliegen, aber ihr könnt so viel verändern. Auch eure genetischen Merkmale sind nicht auf immer und ewig in Stein gemeisselt – ihr könnt ererbte Schwächen überwinden. Und wir bitten euch: Verändert es zum Guten und Leichteren!

Noch nie waren eure Wahlmöglichkeiten so groß – es mag immer noch physische Verzögerungen geben in dieser Dichte, die aber längst nicht mehr so dicht ist. Doch bleibt einfach dran! Seid bereit, eure Route abzuändern, aber bleibt an der Zielvision: nämlich

mehr Licht und Liebe
auf dem Planeten zu generieren,
eure Schwingung zu erhöhen!

Und daran fehlt es manchmal.

Nun – es wurden neulich Korrelationen entdeckt zwischen Herzinfarkten, Unfällen, Verbrechen, Epilepsie und Suiziden und veränderten Schwingungen, seien es Sonnenaktivitäten oder Gammastrahlen etc. Es ist auch so, dass diese Strahlen zielgerichtet die Erde treffen. Das mag man als Weltuntergang auslegen, muss aber nicht. Sondern es ist eigentlich ein Hilfspaket. Eine Notfallmaßnahme, könnte man fast sagen. Geht also pfleglich und aufbauend mit euren Körpern um, dass sie diese Kräfteeinwirkungen positiv aufnehmen und integrieren können. Dass euer Gefäß sie aufnimmt und integrieren kann. Auch da wieder, dass ihr im Fluss seid. Und wenn ihr psychisch-emotionell und geistig im Fluss seid, sind auch eure Körper mehr im Fluss. Auch deshalb bitten wir euch, genug zu trinken, die ihr privilegiert seid und Wasser habt. Es muss nicht sein, dass daraus Krankheiten usw. resultieren, Notfälle und Suizide, Verzweiflung.

Wenn ihr da zurückstehen könntet von eurer Situation, wenn ihr erst mal vorsichtig sein könntet und sagen: Muss ich wirklich heute da und dorthin reisen, muss ich auf die Straße oder ginge es auch anders? Und wenn, sollte ich vielleicht heute besonders aufmerksam sein? Vielleicht verstehen die andern nicht, dass ihr etwas absagt, aber ihr spürt: Es ist besser und sicherer so. Hört auf euch, wir bitten euch. Oder sagt euch: Das sind nun diese kosmischen Einwirkungen, ich versuche, tief durchzuatmen, mir mehr Ruhe zu gönnen, mehr Bewegung und frische Luft, gesundes Essen, was immer. Mir Hilfsmittel zu holen, damit ich damit klar komme. Denn es ist ja zu eurem Besten, zu eurer Schwingungserhöhung.

Und ja – ihr, die ihr es hier besser habt – ihr habt Wasser, ihr habt Nahrung, die meisten haben ein Obdach, dann seid euch dieses Privilegs bewusst, der Aufgabe bewusst. Wenn jemand in schrecklichen Umständen um sein Überleben kämpft, kann er höchstens noch das einigermaßen ethisch leben. Aber er kann nicht Träger dieser Entwicklung sein. Vielleicht, dass er sich in Hingabe in dieses Elend begeben hat, um es zu durchlichten. Doch es ist an euch im doch mehrheitlich gut situierten

Westen umzupolen, das Steuer herumzureißen und diese Kräfte nutzbar zu machen und zu integrieren. Je länger, je mehr wird es Menschen geben, die dafür energetische Hilfe suchen. Vertraut auch da auf den Fluss des Lebens. Dass ihr dann den Zufluss von Klienten, von Arbeit habt, wenn ihr es verkraften könnt.

Wenn ihr aber in ganz starken Umwälzungsperioden seid in allen euren Körpern, wird das immer mal wieder ein bisschen gebremst. Das heißt dann nicht, dass ihr nicht fähig seid, etwas falsch macht, o nein. Es wird euch Zeit gegeben zum Integrieren.

Wir führen euch mit soviel Sorgfalt,
so ihr es nur zulasst, erlaubt
und auch einmal das Nicht-Verstehen aushaltet.

Ja – die nächsten Jahre sind wichtig. Ihr legt Gleise, ihr legt Routen, und wir bitten euch: Legt nicht die alten Gleise, fahrt nicht die alten Routen. Und unterstützt diejenigen mit Gedanken und Gebeten, die neue Routen zu fahren trachten. Ihr könnt überall tätig sein, wo ihr steht und geht, ob ihr viel oder wenig tut. Im Gegenteil, wenn ihr zuviel tut, kann das zu Übermüdung und Erschöpfung führen, und Integration ist dann schwieriger. Dann kann die Verzweiflung überhand nehmen, die Sinnlosigkeit, und dann können auch lebensfeindliche Kräfte sich eurer bemächtigen. Was dann eben zu Suizid führen kann oder zu Unfällen. Es sei denn, jemand lehne einfach die Verantwortung ab und möchte sich allem entziehen. So er wüsste, dass es das überhaupt nicht geben kann und er immer wieder vor seinen Problemen stehen wird, könnte er sich auch das ersparen.

Es ist der Weg des Heilers, des Transformators, den du gehst, den viele jetzt gehen – der Weg des Transformiert-werdens. Betrachtet ihn nicht als Leidensweg – es ist trotz allem ein Weg der Gnade. Viele Körper agieren jetzt sehr stark aus und quälen euch oft mit Schmerzen und andern Symptomen. Es wird nicht so bleiben. Gebt euch einfach hin an den Prozess, stellt euch auf Fließen ein und atmet Licht in eure Körper.

Ihr werdet in hohem Maße umstrukturiert
gemäß eurem Auftrag,
den eure Seele angenommen hat.

Und am zufriedensten seid ihr stets,
wenn ihr den Weg der Seele wählt –
trotz allem, was da schwierig sein kann.

Ihr schwemmt auch Toxine aus – trinkt wirklich viel! Toxine entstehen auch aus Ablagerungen im Astralkörper: Negative Gefühle, Ängste, ja auch alte Glaubenssätze haben sich abgelagert und werden oft auch durch den Körper abtransportiert – das heißt, ihre energetische Prägung. Wenn diese zu stark geworden ist, immer wieder neu programmiert und wiederholt wurde, entsteht auch eine physische Prägung, sprich: physische Toxine.

In diesem Transformations-und Reinigungsprozess werden auch verbrauchte Zellen ausgeschieden, und in diesen Zeiten der Neu-Strukturierung nicht nur alle sieben Jahre! Sondern all' das, was der neuen und höheren Schwingung nicht mehr entspricht. Dies können dann Zeiten der Müdigkeit sein, der Unpässlichkeit, ja, sogar Krankheitssymptome können sich zeigen. Es wären Zeiten der Schonung. In gewissen Fällen können auch Operationen nötig werden. Physische und energetische Prozesse sind ja eben enorm verwoben und verschränkt – da habt ihr noch wenig Kenntnis davon.

Es kann dann sein, dass das Entgiftungsorgan Leber überstrapaziert wird oder die Nieren nicht nachkommen mit ihrer Arbeit – die Drüsen können reagieren. Seht das dann nicht als eine Schwäche oder Krankheit an, die ihr nun halt mal habt – vielleicht sogar genetisch bedingt durch eure Abstammung –, sondern unterstützt diese Organe in ihrer Arbeit, die momentan bei vielen Überstunden machen. Und – wenn immer möglich – gebt euch mehr Ruhe und Bewegung in frischer Luft. Ihr seid voll dran – auch ihr arbeitet Überstunden, auch wenn es nach außen nicht so aussieht. Auch vorübergehende Arbeitslosigkeit kann somit ein Geschenk sein. Und oft ist es ja auch ein Herauslösen aus einer Umgebung, die euch schwingungsmäßig nicht mehr entspricht und gut tut – ihr auch nicht mehr viel verändern könnt, wenn die andere Seite sich nicht einsichtig zeigt. Ihr werdet dann in ein neues Wirkungsfeld geführt – nach einer Zeit der Erholung, die euch auch Muße für das Sichten eurer Themen gibt.

> *Denn ihr sollt säen da, wo es aufgenommen wird,*
> *wo die Pflanzen zur Ernte kommen können.*

Die großen Naturkatastrophen, die jetzt über viele Länder hereinbrechen und soviel Leid bringen, sind auch eine solche Reinigung – haben aber auch zu tun mit Versäumnissen eurerseits und kurzfristigem Profitdenken (Abholzung etc.). Ihr werdet einsehen, dass man nicht ganze Landstriche ausbeuten kann und die Bevölkerung in größter Armut lassen. Wasser- und Nahrungsversorgung werden in den nächsten Jahren die größte Priorität haben müssen – sowie Nachhaltigkeit in allem, was ihr tut.

> *Es ist nämlich alles „nachhaltig", was ihr tut –*
> *auf die eine oder andere Art!*

Das schließt auch ein Wieder-urbarmachen ein von durch menschliche Einwirkung verödeten Landstrichen – ein Recyclen eurer Produkte und die Erfindung und Herstellung von solchen, die sich in den Zyklus des Lebens eingliedern und ihn nicht stören.

Auch ist das Ungleichgewicht auf eurem Planeten von arm und reich zu groß. Unterschiede wird es immer geben – je nach Prioritäten und Glaubenssätzen der Menschen –, aber ein würdiges Leben würde für alle drinliegen – Mutter Erde ist gewillt, ihre Kinder zu ernähren. Aber ihr habt ihr das erschwert durch uneinsichtiges und egoistisches Handeln.

Kehrt also um!
Kehrt euch um, eure Richtung, eure Sichtweise,
und ihr kehrt Prozesse um!

Leben antwortet immer –
es antwortet auf Haltung und Tat,
die dem Leben dient –
es antwortet auch auf das Gegenteil.

Somit ist es eigentlich verlässlich und sendet euch immer eine Botschaft. Was aber programmiert ihr? Mit Gedanke, Wort und Handlung? Wenn ihr euren Computern Fehler eingebt, speichern sie Fehler, nicht? Und ihr druckt nachher Fehler aus…Ihr müsst sie bis in alle Speicher löschen, die Dinge abändern, neu programmieren…das gilt auch für eure persönlichen mentalen und emotionalen Speicher!

Doch solange das Wohl von
Jedem und Allem nicht zugrunde liegt,
dient ihr nicht dem Leben!

Und da ihr Teil dieses All-Einen-Lebens seid,
dient ihr euch nicht.

Könnt ihr in allen diesen Umwälzungen das Geschenk sehen? Oder die Entwicklung? Die Entwicklung von Mitgefühl bei einer Katastrophe, so wie viele Staaten ihre Hilfskonvois in diese Länder senden? Da arbeitet ihr zusammen – da fragt ihr nicht nach Herkunft, Nationalität, Rasse…wäre das nicht auch ohne soviel Leid möglich? Ist denn Angst vor einer andern Rasse, einer andern Nation nicht auch Fehlen von innerer Stärke, ein Nicht-Gegründet-Sein in meinem eigenen Ursprung? Wenn ich in meinem Sein verankert wäre, könnte ich dann Andersartigkeit nicht als Bereicherung erfahren? Aber kann ich denn in meinem Sein gegründet sein, in meinem Kern, wenn ich mich nur auf meine menschliche Existenz stütze ohne Bezug zu Größerem? Wenn ich mich nur auf die paar Jahrzehnte meines Lebens beziehe, ohne um die Ewigkeit des Lebens zu wissen? Und ja – auch um die Veränderung meiner verschiedenen Lebensausdrücke? Vielleicht gehöre ich als Nächstes mal dieser andern Rasse an und werde dann die letzte bekämpfen? Macht das Sinn?

So ihr aber zulasst – erlaubt – nämlich den Göttlichen Teil in euch und um eure Herkunft wisst, dann wird doch Kampf und ein arrogantes Ablehnen des andern göttlichen Ausdrucks völlig unverständlich. Und wenn ihr diesen göttlichen Ursprung in euch ablehnt, lehnt ihr das All-Eine ab, das Zentrum allen Lebens. Und danach habt ihr auch gehandelt – wie aber könnt ihr ohne Schaden zu nehmen das Leben ablehnen, aus dem ihr erschaffen seid? Kann denn das Brötchen sagen: „Ich bin nicht Teig" und den Bäcker ablehnen?

Doch die gute Nachricht ist: Viele von euch besinnen sich auf das Prinzip der Nachhaltigkeit und darauf, was sie denn nachhaltig erschaffen wollen.

Es hält zurzeit nicht mehr, was nicht halten soll.

Was alten, trennenden Mustern gehorcht. Und es verändert sich zu Neuem, das dem Prinzip des All-Einen-Lebens gehorcht. Was sich bezieht auf das Leben, das war – ist – und immer sein wird – in dieser oder jener Form, in schmerzlicher oder freudvoller Gestalt. Immer mehr Menschen erkennen das und erlauben und begrüßen den Engel in sich.

Seid dankbar denen, die gewählt haben, durch diese Katastrophen zu gehen. Sie zeigen euch auf, was geändert werden muss, und wecken euer Mitgefühl. Denn

Schöpfung ist ein Geben und Nehmen –
Schöpfung ist immerwährende Auferstehung.

Gewiss verändert sich die Erde immer mal wieder, aber sie müsste es nicht so abrupt tun.

Es kann sanfter gehen,
je mehr Menschen sich ausrichten
auf Licht und Liebe und danach handeln.

Je mehr ihr Solidarität übt über alle Grenzen hinweg.
Je mehr ihr euch als Menschheitsfamilie erkennt.

Fähig und hoffentlich auch bereit,
die Probleme zu lösen zum Wohle der ganzen Schöpfung.

Erlaubt das Leben, erlaubt neue Lösungen!

Und neue Führer werden die alten ablösen, die noch nach den alten Mechanismen der Trennung ticken. Ja – ihr seid in einer Zeit größtmöglicher Veränderungen – wählt weise, was ihr anstelle der Ruinen setzt!

Ihr wählt in nächster Zeit
die Zukunft von Menschheit und Erde!

Und eigentlich könnt ihr nur noch eine heilere Zukunft wählen, denn die alten Züge auf alten Gleisen werden nicht mehr fahren. *Ihr könnt nur noch in neuen Zügen auf neuen Gleisen reisen.* Die Geburtsschmerzen können wir euch nicht ersparen, aber das Kind kann leben, wenn ihr in voller Verantwortung zu diesem immerwährenden Leben endlich **„Ja"** sagt!

Mit diesem Ja zur Schöpfung aber
werdet ihr anders handeln als bisher.
Werdet ihr eine Zukunft erschaffen,
die für alle lebenswert ist.

Wenn ihr den Wert der Schöpfung würdigt,
würdigt ihr euren Wert und den des Nächsten.

Wir aber würdigen euch in eurer Schöpferkraft
und begleiten euch durch diese Umbruchszeit –
und wie ihr sagen würdet –
drücken Daumen, sämtliche Daumen!

VOM VERÄNDERN EURES SCRIPTS

Wiederum sprechen wir zu euch aus dem Zentrum allen Seins und freuen uns, wenn ihr zuhört. Es ist ja eigentlich ein Dialog, hören wir doch eure Fragen und versuchen, sie zu beantworten.

Und heute möchten wir euch ein bisschen erläutern, was es denn eigentlich mit diesem *Quantenzustand* auf sich hat. Etwas, was man jetzt immer mehr hört in gewissen Kreisen und was auch immer noch von vielen abgelehnt wird. Denn das, was ihr kennt und euch vertraut ist, ist ja doch die 3D. In dieser sind wohl lineare Veränderungen möglich. Doch habt ihr auch den Satz, dass man ein Problem nicht auf derselben Ebene lösen kann, wo es entstanden ist. Ihr müsst euch quasi in ein anderes Stockwerk begeben, nämlich dorthin, wo ihr den Überblick habt. Der Quantenzustand aber geht nicht nur in bekanntem Rahmen ein Stockwerk höher, um den Überblick zu haben. Er bringt eine Dimension hinzu. Er befreit euch quasi aus dem Gefangensein in der 3D.

Aber wie kann man sich einen Zustand vorstellen, den man eigentlich nicht kennt…bis jetzt nicht – nicht mehr – gekannt hat? Denn er hat zu tun mit – man könnte sagen – schlafenden Antennen, die ihr wohl habt, aber nicht benutzt, die auch in der früheren Schwingungsdichte gar nicht benutzt werden konnten; von Ausnahmen abgesehen – Meister haben bereits diesen Quantenzustand erreicht. So versuchen wir denn, euch das klarzumachen, nicht mit gelehrten Abhandlungen, die auch ihren Wert haben. Da gibt es heute Gott sei Dank Wissenschaftler, die sich darum bemühen und die bereits auf diesem Weg sind und das denn auch ganz genau erklären können.

Wir aber geben euch in diesen Botschaften einfache Bilder, die ihr nachvollziehen könnt und die gewissermaßen in euch „Klick" machen können. Dieser Klick kann dann diese Antennen aktivieren – ihr könnt gewisse Schritte in diese Richtung tun. Und plötzlich dann, indem ihr diese praktischen Schritte tut, ein Gedankenmodell zulassen, das euch nicht ohne weiteres einleuchtet, und euch diesem Quantenzustand annähern. Ihr könnt momentweise darin sein. Eigentlich seid ihr in einer guten, tiefen Meditation bereits darin, auch wenn ihr eine Tätigkeit ganz und voller Hingabe ausführt. Eure alten, hergebrachten Denkmodelle reichen dazu nicht mehr aus. So wie ihr euch einst lösen musstet von der Vorstellung, eure Erde sei eine Scheibe. So werdet ihr euch immer mehr von alt-vertrauten Denkmodellen verabschieden müssen, so ihr nicht steckenbleiben wollt.

In diesem Sinne möchten wir einmal mehr das Thema der neuen Kontrakte beleuchten – das Verändern eures Scripts. Es gibt diese Kontrakte, die dann zur Anwendung kommen, „falls ich überlebe, sämtliche Klippen überspringe ….." Und das Umgekehrte: Ihr könnt eine solche Klippe überwinden, ein Ereignis, das tödlich sein könnte, ist nicht tödlich, eine Krankheit, die euch dahinraffen könnte, tut das nicht, ihr könnt davon genesen, oder ihr seid in etwas gar nicht verwickelt oder es läuft glimpflich ab…..weil ihr diesen Ersatz-Kontrakt angenommen habt. Kontrakt A ist gelebt, da könntet ihr ja abtreten und würdet auch abtreten – es sei denn, ihr besinnt euch auf Kontrakt B und entschließt euch, den zu leben, sagt Ja dazu.

Manchmal sagt ihr ein bisschen Ja dazu, ja aber….es sind noch Hemmungen, Ängste zu überwinden, Zweifel auch, und das können auch Zeiten sein, wo eure Gesundheit sehr schwankend und labil sein kann. Die Annahme dieses Kontraktes B aber hilft euch zu genesen, stärker zu werden, am Leben zu bleiben – ja eben, wie wir schon früher sagten, im selben Körper in ein neues Leben hineinzugehen. Und wenn ihr diesen Kontrakt dann annehmt mit allen Konsequenzen – heißt, eure alten karmischen Ängste überwunden habt und euch wirklich zur Verfügung stellt und auch wagt, euch damit im Außen zu zeigen, dann ist es ein neues Leben und kommt euch neue Kraft zu. Das relativiert aber das „in ein neues Leben im bisherigen Körper gehen", denn dieser hat dann eine Chance, sich umzupolen und das zu tun, was ihr verjüngen nennt. Das heißt im Klartext, was wir schon andeuteten, das Auswechseln von Zellen geht dann rascher vonstatten, Krankheitskeime können verschwinden, ihr braucht alte Schwächen nicht mehr zu haben,

Organe können gesunden,
und ihr braucht die genetischen Veranlagungen nicht mehr weiter
zu tragen als Erbkrankheiten und familiäre Befindlichkeiten

Habt ihr euch schon mal überlegt – wenn doch diese Zellen sich immer wieder auswechseln –, warum ihr dann immer wieder die gleichen Umstände und Zustände produziert? Warum ihr die alten genetischen Schwächen, die alten Krankheiten oder Schwächen weiter tragt? Und immer noch Rückstände von alten Krankheiten habt? Wenn doch alle Zellen ausgewechselt sind? Nun – um in eurer Computersprache zu bleiben – es wurde eben die Diskette nicht verändert. Das heißt: Im Ätherkörper, im Emotionalkörper und auch in den höheren Körpern wurde alles beim Alten belassen, und diese neuen Zellen sind trotzdem auf alte Programme gepolt. So wie ihr einen alten Film, der nach alten Techniken gemacht wurde, ein bisschen rauscht usw., mit neuen Medien wiedergeben könnt, ihn überspielt auf eine DVD, und dann rauscht es weniger und der Klang ist besser – aber der Film ist derselbe, die Handlung ist dieselbe und auch die Schauspieler sind immer noch die gleichen. Das ist, was bislang immer passiert ist.

Jetzt aber, wenn ihr das im übergeordneten Prinzip verändert, dann sind es nicht nur Schauspieler, die die gleiche Handlung darstellen, dann können sie das in modernen Kostümen tun, es können andere Schauspieler sein, und die Handlung kann sich verändert haben. Das ist jetzt doch wirklich spannend, nicht?

Die Handlung kann anders sein…
der Ausgang des Stücks kann anders sein.

Ein anderer Schauspieler hat eben nicht die gleiche Krankheits-Disposition und, würde er frei gelassen, würde er einen andern Text sprechen, was wiederum von seinem Partner im Stück eine andere Erwiderung auslösen würde. Er müsste sich vielleicht in diesem Stück umbringen, hat aber keine Lust dazu, sagt sich: „Ich schreibe das um und lebe weiter, einfach anders." Dann muss – wie gesagt – der Text verändert werden, die Handlung auch, und vielleicht sagt der eine oder andere Schauspieler: „Da mach ich nicht mehr mit! Das ist nicht tragisch genug!" Dann braucht es also auch andere Mitwirkende, und die bringen wiederum andere Anlagen und Begebenheiten mit ein, Veranlagungen, Talente, kurz: ihre Kontrakte.

Bis jetzt habt ihr vor allem alte Filme kopiert.

Zwar mit neuen Kostümen, neuer Umgebung, aber mit den gleichen Schauspielern, der gleiche Script, wenn auch ein bisschen modernisiert, aber so wesentlich wurde da nichts verändert, die Handlung blieb sich, der andern Umgebung etwas angepasst, gleich. Klar, das Ende dieser Story war halt dann nicht so ganz anders. Das ist, was ihr jetzt verändern könnt, das ist dieser Quantenzustand, von dem jetzt so viel gesprochen wird. Ihr *könnt* die Handlung verändern, könnt sogar die Mitspieler auswechseln. Doch werden dann die auch wieder den alten Text sprechen, wenn ihr euch nicht klarwerdet, was ihr verändern wollt.

Groll, Hass, Nicht-Verzeihen bindet euch an den alten Text,
bindet euch an die alten Mitspieler,
die dann eigentlich gar nicht anders reagieren können.

Wenn ihr aber die Handlung umschreibt, einen neuen Text sprecht, passt das dann nicht mehr. Dann könnt ihr euch entweder auf diesen neuen Text einigen, einen Kompromiss schließen, ihn zusammen umschreiben, oder ihr müsst euch trennen, und das kann in Frieden geschehen. Aber ihr könnt nicht gut verschiedene Texte zur selben Zeit rezitieren und verschiedene Handlungen durchspielen wollen. Das ist mit ein Grund, warum heute viele Beziehungen auseinandergehen. Es passt dann einfach nicht mehr, außer man zwingt sich immer wieder, diesen alten Text zu rezitieren, ganz gegen das innere Gefühl und die eigene Wahrheit. Und da bleibt man dann eben stehen und ruft immer wieder das gleiche Resultat hervor, in leicht veränderter Form.

Erspüren, erfragen, achtsam sein!
Was denn könnte mein neuer Kontrakt sein?
Und ganz dazu Ja sagen,
damit auch der Körper sich umpolen und wandeln kann.

Und ja – diesen neuen Kontrakt unterstützen, indem man z.B. kräftiger und gesünder wird, indem man auch neue Talente an sich entdeckt.

Und – wie Kryon das schon sagte –

ihr könnt euer Horoskop verändern!

Natürlich könnt ihr nicht die Planeten verschieben. Die standen, wo sie standen bei eurer Geburt, aber *ihr* müsst nicht dort stehenbleiben. Außerdem haben diese Konstellationen ja auch verschiedene Seiten. Man kann sich davon einkerkern und hemmen lassen oder ihre Gaben benutzen. So wie der Saturn oft dafür herhalten muss, er schränke ein und hemme eine Entwicklung, man aber seine Beeinflussung auch dafür benutzen kann, seine Strukturen zu verbessern. Außerdem stehen die Planeten in eurem Jetzt-Punkt ja auch wieder anders. Die Geburtszeit könnt ihr nicht verändern – das sind eure Ausgangs-Positionen, eure Aufgaben auch. Aber sie müssen nicht unabänderlich verpflichtend sein für immer.

Denn das Annehmen dieses neuen Kontraktes, voll und ganz,
auch wenn ihr erst mal nicht sehen könnt,
worauf das hinauslaufen wird,
das kann eine neue Geburtsstunde sein!

Wenn man die so genau wüsste und dann das Horoskop erstellen würde, sähe das ganz anders aus. Es sähe dann aus, als hättet ihr eure Planeten ein bisschen verschoben! Und leere Häuser können plötzlich bewohnt sein und umgekehrt.

Es ist wirklich alles im Fluss, so ihr diesen Fluss zulasst.

Es ist ab einem gewissen Alter eh ratsamer, die Transite zu beachten. Und manchmal auch den Startpunkt eines neuen Projektes. Aber wenn der Fluss gestaut ist, voll Geröll, dann kann er nicht fließen, wird vielleicht sogar eine Überschwemmung verursachen. So kommen wir denn wieder darauf zurück, dass ihr euer Gepäck sichten sollt. Ihr habt genug Werkzeuge dafür. Nicht um in Zorn und Groll nach hinten zu blicken und Schuld zu verteilen, und weil das war, kann jetzt eben jenes nicht sein…nein,

Verzeihen ist nicht einfach edel,
sondern Befreiung eurer selbst,
Verzeihen ist der Trick,
um die Ketten um eure Füße zu lösen,
um in die Selbst-Verantwortung zu gehen!

Um zu realisieren, dass ihr ja erlaubt habt, diese Ketten um eure Füße zu legen. Und das nicht, um in alten Schuldkomplexen zu bleiben: „Jetzt bin ich wieder schuld". Denn viele von euch wurden ja so erzogen und leider, leider, haben eure Kirchen, eure Religionen wacker dazu beigetragen. Was für eine Belastung! Nein, nicht um sich schuldig zu fühlen. Aber wenn ich diesen Felsblock irgendwo hingelegt habe, kann es doch möglich sein, dass ich ihn wieder entferne. Oder halt, wenn der Stein zu schwer ist, jemanden bitten, mir dabei zu helfen. Auch wir springen da gerne ein. Manchmal aber rollt er von selbst weg. Durch Erkenntnis, durch Verzeihen, was auch Loslassen ist, durch Erkennen, was ihr dadurch gelernt habt, und dass er möglicherweise notwendig war, dass ihr dadurch eure Kräfte gestählt habt und euren Mut.

Nun zu den Zweifeln, die euch auch eingepflanzt wurden durch die ganze Kultur, Religion, das ganze linear-linkshirnige Denken. Das Verleumden von allem Metaphysischen, die Ängste, die damit verbunden sind, das sich ausschließlich auf die 3D Berufen – all' das, was euch oft so brutal ausgetrieben wurde. Denn ihr wart Pioniere, die Zeitqualität unterstützte euch nicht. Oder ihr habt diese Kräfte in egoistischer Manier und in Machtstreben missbraucht. Das alles kann euch im Wege stehen. Der größte Zweifel aber ist: „Bin ich denn gut genug? Ich als Sünder, der schon sündig geboren wurde? Ich, der ich mich ganz schwach noch an den Idealzustand erinnere, den ich hier nie erreichen kann? Was der andere macht, ist sicher besser. Warum soll denn gerade ich diese Vision haben, sollen zu mir die Meister sprechen, ich habe ja keine Beweise dafür."

Ja – es ist immer noch nicht leicht in eurer Zeit, aber doch viel leichter geworden. Vielleicht werdet ihr für komisch und spinnert angesehen, doch damit lässt sich ja leben – ihr landet nicht mehr im Irrenhaus deswegen. Wenn es ja nicht gut genug wäre, würden wir da mit euch arbeiten? Euch die Energien senden, die sich dann in Worte oder Heilenergien wandeln, wärt ihr nicht gut genug? Hättet ihr denn diesen euren neuen Kontrakt – was immer er beinhaltet –, wenn ihr nicht fähig und würdig wärt? Zweifelt ihr nicht auch an denen, die den Kontrakt mit euch aufgesetzt haben – an uns –, deren Urteil vielleicht doch ein bisschen getrübt ist?

Möglicherweise aber sehen sie euch so, wie ihr sein könntet!

Aber das ist unangenehm, Verpflichtung nämlich, sich darauf hinzubewegen, an sich zu arbeiten, eben: das Geröll wegzuschieben. Zweifel kann nahe sein beim Wegschieben seiner Verantwortung, bei der Angst vor seiner Macht und Kraft. Das Wort Macht ist sehr negativ besetzt, nicht? Wir sagten schon mal:

„Handelt in Vollmacht aus göttlicher Allmacht."

Ja – auch das wurde schon oft missbraucht, doch seid ihr nur für euren eigenen Missbrauch verantwortlich. Macht es so gut, wie ihr könnt, reinigt euch immer wieder, prüft eure Motive. Ist es nicht besser, etwas Unvollkommenes zu tun, als es ganz zu lassen? Denn etwas Unvollkommenes, das in guter Absicht getan wurde, können wir doch ergänzen. Und vielleicht macht gerade diese Unvollkommenheit seine Schönheit aus?

Wenn ihr aber euren Kontrakt – was immer der ist, so es ein Kontrakt von Licht und Liebe ist –, wenn ihr ihn voll und ganz annehmt in allen euren Schichten (und das braucht manchmal Zeit), dann werden sich eure Wege ebnen, es werden euch Dinge zufallen, die euch unterstützen, ihr werdet die richtigen Menschen treffen und am richtigen Ort zur richtigen Zeit sein – nämlich in der Synchronizität. Und es wird leichter werden – ihr müsst euch nicht mehr dauernd die Zähne ausbeißen.

Denn dann ist es unser Weg,
den ihr mit uns gemeinsam geht.
Dieses Ja öffnet Türen,
dieses Ja heilt und verjüngt eure Körper.

Dieses Ja hilft euch, das Nicht-Verstehen zu ertragen und das Aushalten und Durchtragen in einer Zeit, wo ihr noch nicht seht, wo es lang geht. Eine Zeit vielleicht, die ihr braucht, damit diese Umpolungen, diese Transformationen in heilender Art vor sich gehen können. Dann könnt ihr auch Ja sagen zu dem, was war, auch wenn es arg war. Dann könnt ihr die Quintessenz herausziehen, das, was ihr erkannt und gelernt habt, und die Kräfte sehen, die es gestählt hat. Dann könnt ihr sogar frühere Talente wieder mobilisieren und ins jetzige Leben herüberholen. Könnt ihr alte Tätigkeiten loslassen – vielleicht mit einem weinenden und einem lachenden Auge –, und früher wäre das unvorstellbar gewesen für euch.

Und es wird Freude da sein, Freude und Kraft und Vertrauen.

Auch wenn ihr in ungewisse Zukunft schreitet und ihr manchmal nur den Schritt sehen könnt, den ihr gerade tut. Weil dann ein Lichtlein aufscheint, das genau diesen Schritt erhellt.

Ihr schreitet auf unserm Weg,
und der erhellt sich, indem ihr ihn geht.

Und um euch herum schreiten eure Engel,
und mit euch schreitet euer Meister,
von dem ihr jetzt Mitarbeiter seid.

Ist das nicht ein lohnender Weg?

Steinige Strasse in blühendes Land

Ihr alle lernt jetzt wichtige Dinge: nämlich

zu fließen mit dem Fluss des Lebens.

Auch dann, wenn ihr den Eindruck habt, dass der gar nicht sehr fließt, sondern eher stagniert oder in eine Richtung läuft, die euch nicht so passt. Das scheint so, und er kann wirklich stagnieren, wenn ihr das so seht. Oder er kann unterirdisch – wie unter einem Gletscher – fließen, wenn ihr die Situation nicht beurteilt und sie akzeptiert. Und er kann plötzlich die Richtung wieder ändern.

Es ist ja auch nicht so, dass Ebbe ein Stillstand wäre, wenn das Wasser im Meer sich zurückgezogen hat. Wenn ihr dann dasitzen würdet und klagen, dass der Strand jetzt trocken ist, und euch ängstigen würdet, dass das Wasser vielleicht nie mehr zurückkommt – es gibt ja Orte bei euch, wo sich das um etliche Meter, manchmal sogar um Hunderte von Metern handelt, und das sieht dann nicht besonders schön aus.

Wenn ihr aber wisst,
dass Ebbe nur der andere Zustand von Flut ist,
und es beides braucht und sie sich bedingen,
dann könnt ihr euch getrost
ans Muscheln-sammeln machen.

Es ist dann nämlich Sammelzeit, und übertragen auf das Leben: Sammelzeit in der Zurückgezogenheit ins Innere, in der Ruhephase. Und auch die kann man wirklich wieder negativ oder positiv bewerten. Nun können die natürlich mehr oder weniger lang sein, und wir wissen wohl, dass es dann ökonomische Probleme geben kann. Umso mehr allerdings, je negativer ihr diese Phase etikettiert.

Doch ihr könnt dann merken, fest in euch verankern, dass alles zu eurem Besten ist. Und zwar nicht in masochistischer Manier: es geht mir Gott sei Dank schlecht, das ist sicher zu meinem Besten…nein, dass

Dinge, die jetzt geschehen,
genau so passieren,
wie es für euch zurzeit richtig ist
im jeweiligen Zeitabschnitt.

Manchmal ist eben Ebbe, um damit die Flut vorzubereiten. Damit ihr Zeit und Energie habt, eure Themen zu sichten, die Umpolungen zuzulassen.

Das aber braucht Energie, braucht auch Muße, Leerzeit und ist Lehrzeit. Denn ab einer gewissen Müdigkeit, auch ab einem gewissen Schmerzpegel, liegt das Ändern eures Kurses nicht mehr drin, ist auch die Freude geschmälert. Einfach so – Freude, sich gut fühlen – wegen nichts. Manchmal müssen sich auch eure Körper daran gewöhnen, ohne Schmerzen zu leben. Das heißt nämlich dann, dass die Nerven anders geprägt werden müssen. Die manchmal ganz einfach weiter surren, wenn es eigentlich gar nichts mehr zu melden gäbe, was für eure physischen und psychischen Körper gilt. Oder ihrerseits in alte Muster fallen. Warum hindert ihr euch – lasst euch hindern? Lernt auch wieder, eure Körper zu spüren! Brauchen sie Schlaf, Bewegung, was tut ihnen wirklich gut?

Dann erst könnt ihr offen sein für unsere Wege, die auch immer wieder angepasst werden müssen – und das ist fürwahr nicht immer leicht. Wenn Menschen sich weigern, nicht mittun und ihre Kontrakte nicht erfüllen. Doch ist auch das freie Wahl. Und lehrt euch, euch auch nicht zu versteifen auf eine Variante eures Lebens, heutzutage ja sowieso nicht.

Wenn ihr wüsstet, dass steinige Straße
oft in ein blühendes Land führt!

Manchmal allerdings braucht es viel irdische Zeit. Und euer Nicht-Verzweifeln, euer Weiterhin-Glauben heißt, blühendes Land in der Zukunft schon bewässern. Samen setzen, damit nicht nur Disteln sprießen oder euch gar eine Wüste erwartet. Manch Einen erwartet eine Wüste, obwohl er glaubt, er lebe in und strebe nach blühendem Land. Weil er glaubt, blühendes Land besitzen und erraffen und andern wegnehmen zu müssen. Doch ist das zukünftige Wüste, und oft sogar gegenwärtige Wüste, wenn man das Innere dieser Menschen betrachtet. So Manches sieht anders aus, wenn man das ganze Wesen sieht.

Wir aber sehen euch immer so,
wie ihr sein könntet,
wie ihr in Wahrheit seid.

Und unser Glück ist es,
wenn ihr euch darauf zu bewegt.

Es wäre auch euer Glück….
und das Glück der Schöpfung!

Vom Brennen eurer Seele

Wir – vom Zentrum allen Seins, aus dem wir euch wie immer grüßen – wissen, dass es oft ein schweres Los ist, Mensch zu sein.

Denn ihr habt eure Schwingung gesenkt, um in dieser Dualität zurechtzukommen, und Tod ist für euch Schmerz und Verlust, wenn ein lieber Weggenosse den irdischen Plan verlässt. Oft, ach so oft, erscheint es grausam und ungerecht. Wenn jemand hinweggerissen wird – wie ihr das empfindet – von der Familie durch Krankheit, Gewalt oder in der Blüte seiner Jugend. Selbst wenn ihr wisst, dass auch diese Seele wieder hier erscheinen wird und ihr sie wieder treffen werdet – in diesem Schmerz ist oft auch diese Erkenntnis wenig Trost. Es tut dann einfach weh…. so furchtbar weh.

Es ist mit ein Grund, warum wir sogenannten Meister euch begleiten, wenn ihr es zulasst. Wir begleiten euch ohnehin, aber ihr spürt es nicht immer. Denn auch wir waren inkarniert und kennen diesen Schmerz und diese Anfechtungen. Ja, kennen sogar besonders viel davon. Da wir viel durchlichten wollten, ist auch viel auf unseren Schultern gelandet. Wir kennen auch die Einsamkeit, wenn wir streckenweise den Eindruck hatten, die Laterne alleine zu tragen. Wir kennen Verfolgung und Ungerechtigkeit und wissen auch, wo wir selbst gestolpert sind und in dieser Not nicht immer Entscheidungen in Liebe fällten. Wenn dazu noch die Bürde der Aufgabe kommt, das Geschehen auf Erden zu durchlichten, dann ist es gerade – und das klingt paradox –, gerade für diese Lichtträger oftmals sehr dunkel und schwer.

Es hätte nicht gar so schwer sein müssen! Nebst dem Verlust, der durch die Endlichkeit entsteht, habt ihr euch gegenseitig viel Leid zugefügt, aus dieser Not heraus. Da wir selbst unter euch wandelten, gilt euch unser Mitgefühl. Glaubt uns: Manchmal möchten wir wieder heruntersteigen und einen Körper haben, um direkt ganz irdisch bei euch zu sein in eurer Not und eurem

Schmerz und eurer Dunkelheit, euren Gefühlen von Verlassenheit und Einsamkeit. Euch ganz irdisch in die Arme nehmen und die Tränen abwischen. Unser Schmerz ist es dann, das nicht mehr zu können. Wenn ihr euch auch in eurer Not öffnen könntet, würdet ihr spüren, dass wir auch so bei euch sind und eure Tränen abwischen, ja, ihr könntet sogar eine ganz leichte physische Berührung spüren. Ein Durchströmt-werden und ein Licht-sehen mit euren physischen Augen, das euch den Weg trotz allem erhellt.

Wir wissen auch um euch Fackelträger, die ihr oft den Eindruck habt, von Wenigen begleitet zu sein, wenn ihr die Laterne tragt und die Fackel immer wieder entzündet. Denn nicht alle sind so beseelt, spüren das Brennen ihrer Seele so stark und den glühenden Wunsch, die Menschen aus der Dunkelheit zu befreien, um den Planeten ins Licht zu gebären. Vor irdisch langer Zeit haben viele von euch diese Aufgabe gewählt, und auch euer Weg ging durch viel Dunkelheit. Manchmal auch hat diese Flamme euch aufgezehrt oder euch im Fanatismus irregeleitet. Aber ihr seid wieder da – ihr seid wieder erwacht –

immer noch spürt ihr das Brennen eurer Seele,
und euer Licht ist stärker geworden und heller.

Denn viel Ballast habt ihr gesichtet und abgeworfen, sodass wir euch nähertreten können. *Ihr* habt die Schleier dünner gemacht – ihr!

Doch erwartet nicht, dass euch jeder darin zu folgen vermag oder folgen möchte. So wie ein Tempeldach Säulen braucht, die es tragen, so braucht diese Entwicklung euch, die ihr Säulen seid, Pfeiler, von der Erde zum Dach des Himmels, Brücken von hier nach dort. Sagten wir nicht schon einmal, dass eine Brücke schwer trägt – so wie ein Pfeiler, eine Säule auch! Und dass mancher achtlos über die Brücke schreitet? Mancher auch verharrt lieber am alten Ufer in seinem Leid, seiner Unbewusstheit und spürt nicht einmal mehr das innere Sehnen. Oder lässt sich davon verleiten, diese Ebene durch eigenes Tun zu verlassen. Doch seid ihr aufgerufen, euer Sehnen zu benutzen, um Heimat hier zu bauen. Oder man „dröhnt" dieses Sehnen zu – wie ihr es nennt. Eigentlich ein gutes Wort, denn im Dröhnen hört man die eigene, innere leise Stimme, hört man unsere Stimme ja nicht mehr.

Und doch seid ihr mehr geworden, geht irdisch nicht allein. Wenn ihr auch nur eine kleine Schar von Getreuen um euch habt, ist das so viel wert. Denn auch sie tragen ja weiter, was ihr ihnen gebt und vermittelt. Es ist ein Schneeball-System. Immer habt ihr ja auch gespürt, dass diese Kraft in euch ist, die euch immer wieder aufrichtet und hindurchträgt. Ihr wisst ja nicht mehr, wie schal ein Leben ist, das nach nichts Lichtvollerem und Höherem fragt, wenn ein Mensch mit gesenktem Kopf und unbewusst durchs Leben pflügt. Ihr wisst ja nicht, was ihr für Glücksmomente habt, die andere nicht haben. Dass ihr eine Verbindung zu uns habt, die so kostbar ist.

Und dass wir euch so unwahrscheinlich lieben!

Ja – wir spüren euren Schmerz, wenn ihr glaubt, dass das, was ihr zu geben habt, was ihr durchleiten möchtet, auf der andern Seite keine Empfänger findet. Wohl mag es so aussehen. Doch manchmal werdet ihr geschont, gespart, oder es werden Dinge aufgelöst, weil ihr sehr stark sein sollt, um Brücke zu sein, Laternenträger in kommenden Zeiten, wo vieles wanken und wackeln wird. Wo euer Kompass so wichtig sein wird für euch und andere. Segensreich werdet ihr wirken, und der Empfänger werden viele sein. Immer wieder sagen wir: Wir versuchen, euch an sicherem Orte zu bewahren, euch Schonung angedeihen zu lassen, denn die, die jetzt als Erste ihre Körper umpolen, die spüren es auch am meisten und haben darunter auch zu leiden. Aber es braucht kein Leiden zu sein, denn ihr werdet es hinter euch haben und in eurer Kraft sein, wenn es bei andern erst anfängt.

Doch ist eines wichtig und tut not:
dass ihr immer wieder auftankt im Schlaf,
im Gebet, in der Meditation, in der Natur,
mit Freunden und Gleichgesinnten.

Wir kennen auch diesen Schmerz, dass nicht immer gewollt und angenommen wird, was man anzubieten hat. Auch ein Meister kannte und kennt den. Haben nicht die Jünger geschlafen, als Er im Garten Gethsemane um die letzten Dinge rang? Seid ihr Kindern gram, die noch nicht alles verstehen, was ein Erwachsener versteht? Wenn sie mal lieber spielen statt lernen?

Viele sind noch Kinder auf Erden. Fühlt euch trotzdem gesegnet, dass ihr zu den Trägern der Laterne gehört, der ewigen.

Der Laterne des Friedens,
die durch und mit Liebe brennt.
Fühlt euch geehrt und gewürdigt und gesegnet
und in jeder Sekunde begleitet.

Solltet ihr aber einmal wütend werden und traurig und euch beklagen über diese Last, wenn ihr sie mal wieder als solche empfindet.....wir verstehen es und nehmen es gewisslich nicht übel. Aber bleibt im Kontakt und im Gespräch mit uns. Denn auch wir möchten geben, was wir zu geben haben. Wenn auch kein Mensch vor euch steht, könnt ihr allemal in die Natur abstrahlen und Licht und Liebe in die Welt senden.

Wir wünschen, dass ihr es auch zu denen sendet, die im Dunkeln wandeln, in der Nacht ihres Egos, ihrer Machttriebe, ihrer irregeleiteten Bedürfnisse. Sie brauchen es vor allem. Auch wenn es scheinen mag, dass das Licht eurer Laterne vom Dunkel verschluckt wird....Samen sind allemal gesetzt. Denn auch jener tritt wieder an, auch jener wird einmal seinen Irrtum erkennen – und statt Hass Liebe säen, vielleicht auch darunter leiden, wenn sie nicht angenommen wird. Aber sie ist nie verloren – sie bleibt im Kosmos und vermehrt sich da. Es ist, als hättet ihr damit auf eine Bank eingezahlt, wo der Betrag wächst. Und von jenen abgeholt wird, die dafür bereit sind. Ihr seid dran!

Nie tut ihr nichts – auch wenn ihr irdisch nichts tut. Wenn ihr es vermögt, im Gleichgewicht zu bleiben oder immer wieder dahin zurückzukehren, wenn ihr es vermögt, in der Zuversicht zu bleiben und nicht in Panik zu verfallen. Auch wenn es Tage gibt, an denen ihr euch schwach oder gestresst fühlt, was immer, wenn ihr auch solche Tage segnen könnt, nicht wissend, dass ihr innerlich ja trotzdem etwas bewirkt habt; dann werdet ihr schneller aus diesen Zuständen herausfinden, dann werden eure Körper schneller die Anpassung vollzogen haben.

Wir lieben euch so sehr,
dass ihr euch zu all dem bereit erklärt habt!
Bleibt dran!

VOM GEISTIG-EMOTIONALEN FRÜHJAHRSPUTZ

Wir grüßen euch aus dem Zentrum allen Seins, das da war, ist und immer sein wird und das da ist Wahrheit, Klarheit und Liebe.

Ihr seid nicht in der Wahrheit, wenn ihr an Mangel, Handicaps, Schmerzen leidet, an einem nicht gesunden Körper festhaltet. Ihr mögt dann in *eurer* Wahrheit sein, aber nicht in der göttlichen. Euer Mangel ist der Mangel des andern, wenn ihr ihm seine Dinge nicht abkaufen und finanzieren könnt. Mangel potenziert sich und Fülle potenziert sich, weil ihr nun mal Mitschöpfer seid. Macht euch die Fülle klar, die ihr schon habt. Bittet uns, Schuldgefühle bezüglich Fülle aufzulösen. Und wagt, euren Preis zu verlangen für eure Angebote. Jeder muss lernen, für sich die Fülle zu manifestieren, und zwar auf ethische Art. In eurer Gesellschaft habt ihr Beispiele, wo das auf unethische Art, durch Gier bewerkstelligt wird, wo dann tatsächlich dem andern das Wasser abgegraben wird. Das ist ein duales Prinzip – da entsteht auf der einen Seite Mangel, weil da nicht an die universelle Fülle angedockt wird, weil man nicht aus einer übergeordneten Energie, die immer fließt, schöpft.

Wenn ihr von der Voraussetzung ausgeht, dass es genug gibt für jeden – *genug für jeden* –, dann werdet ihr aus diesem Konzept heraus nie gierig werden, euch etwas nehmen, was euch nicht zusteht, euch auf Kosten eines andern bereichern. Aber ihr werdet in eurem Leben die Fülle manifestieren und den andern erlauben, sie in ihren Leben zu manifestieren. Und das heißt auch: Prioritäten setzen – ist es dieser Person wert, an sich zu arbeiten, in ihrer Entwicklung vorwärtszukommen, gesund zu werden? Wir meinen nicht, dass ihr Wucherpreise verlangt – da ist meistens etwas schief. Auch das muss im Rahmen sein, auch da muss es drinliegen, mal gratis oder für weniger zu arbeiten. Aber wenn ich dem Heiler seinen angemessenen Betrag nicht gönne, dem

Therapeuten, dem Berater, heißt das auch, dass ihr euch die Fülle nicht gönnt, den Erfolg eurer Bemühungen – seiner Bemühungen – nicht gönnt – Punkt! Es ist eine Co-Operation!

Fließen aber bitte sehr in beide Richtungen:
nicht nur hinaus und von euch weg,
sondern auch zu euch – und nicht nur zu euch,
sondern auch von euch weg in die Welt!

Und das ist gerade etwas, was Heiler/Helfer, wohl- und gutmeinende Menschen vergessen haben. Auch Menschen, die Kanäle geistiger Energien sind, sollen die Fülle aufnehmen und weiterleiten. Wir sprachen schon einmal von „Überfluss", nämlich sich seine Tasse erst mal zu füllen, damit sie in die Welt überfließen kann. Natürlich wurde euch das abgesprochen, wurde mit dem Begriff „Ego" etikettiert. Das war ja auch ganz praktisch – um euch klein zu halten! *Denn ein Heiler ist eine Gefahr für die Egowelt!* Die Egowelt, die braucht ja Ungleichgewicht, sie braucht Arme und zu kurz Kommende, Minderbemittelte. Darauf fußt ihr Universum.

Ein wahr-haftiger Heiler ist in der Wahrheit. Oder wenigstens möglichst nahe dran, und misst sein Leben auch immer wieder an der Wahrheit und Authenzität – und das ist für die, die gerne im Dunkeln schummeln und ihre dubiosen Geschäft machen, halt wirklich ein Stein des Anstoßes und für ihr Ego, ihre Machenschaften, eine Gefahr. Was glaubt ihr, wenn ein göttlicher Lichtblitz auf Erden alles erhellen würde, wow – alles... es wäre im Moment immer noch sehr schwer zu ertragen – wäre für viele ein Albtraum.

Wie aber kann eine Welt lichtvoll sein,
wenn sie Licht, Be-lichtung, Er-leuchtung, nicht erträgt?

Erleuchtung hat mit Licht zu tun, nämlich dass alles sichtbar wird, ans Tageslicht kommt. Und dann nichts mehr zu verbergen wäre. Aber darauf fußt eure Gesellschaft ja gerade nicht. Und darum, wir sagen es wieder, betet für jene, die Wahrheit, Klarheit und Liebe bringen wollen, Michaels Schwert.

Das kommt den Gegenspielern nicht zupass. Die könnten nämlich plötzlich auf die Verliererseite rutschen, und da sie vollkommen dual denken, sehen sie natürlich noch nicht ein, dass dieses Verlieren für sie ein transpersonaler Gewinn wäre – einfacher gesagt, ein Gewinn ihrer wahren Persönlichkeit. *Ein Gewinn für ihren göttlichen Teil,* der ja auch irgendwo schlummert in ihnen – oder im Tiefschlaf ist. Ja – wenn es um die Sache ginge, das große Ganze, das Wohl aller, dann wären auch diese Probleme gelöst.

Nicht die Eins, nicht die Zwei, *die Drei bringt Neues*, verbindet die Eins und die Zwei, im übertragenen Sinne: *das Kindeswohl!* Nämlich das Wohl des Projektes, der Menschheit, des Planeten, der gemeinsamen Bemühungen, das Wohl aller. Aber was ist „das Wohl aller"? Wenn ich in Ego und Gier bin, pfeife ich auf „alle". Höchstens vielleicht alle von meinem Club, und auch das nicht immer. Und was heißt denn „Wohlsein"? Dass ich mich schmerzgepeinigt und gestresst zu irgendeiner Arbeit schleppe, dass ich meinen niederen Trieben fröne, das Pochen meines Herzens überhöre, von inneren Stimmen ganz zu schweigen? Sind denn diese Menschen „wohl", die in der Verdunkelung von Ego und Gier leben? In steter Angst, sie könnten von der Gewinner- auf die Verliererseite wechseln. Und das passiert Einigen jetzt in dieser Finanzsituation. Denn den dritten Punkt kennen sie ja nicht, wollen ihn nicht kennen.

Ja, sie klammern sich an ein sinkendes Schiff. Wie wir schon einmal sagten:

Das Schiff von Gier und Gewalt ist ein untergehendes Schiff.

Betet auch dafür, dass es in seinem Strudel nicht allzu viele mitreiße, die eigentlich für Wahrheit und Klarheit einstehen möchten. Und auch, dass die Schiffbrüchigen aufwachen mögen, das rettende Ufer erkennen können. Sie sind, wie auch der schwarze Präsident sagte, *auf der falschen Seite der Geschichte!* Und desto mehr sie ihr Schiff beladen, auch mit Unwahrheiten, mit lebensverneinenden Motiven, je weniger sie auch vor kriminellen Taten nicht zurückschrecken, desto schwerer wird ihr Schiff werden und umso mehr wird es sinken.

Ein Wort zu den Gewinnern, nicht im alten Sinne – da wäre auch etwas zu klären. Die Kirchen haben euch ja gut eingetrichtert, dass ein seelischer Gewinn, eine seelische Entwicklung und ein Platz im Jenseits davon abhängen, dass man irdisch in Not und Mangel lebt. Wo aber bleibt das: „Wie oben so unten"? Aber es ist eine gute Masche, seine Pfründe zu erhalten. Es *kann* zusammengehen, nämlich irdisches Wohlergehen, Freude, Fülle und innere Entwicklung.

> *Der Schlüssel ist Dankbarkeit,*
> *ist Leben aus dem Vertrauen heraus,*
> *ist Leben in Verbindung mit seinem Hohen Selbst,*
> *mit der göttlichen Fülle.*

Gewiss, es kann ein Leben förderlich sein, wo ihr Armut und Einschränkung kennenlernt, wo ihr das gewählt hattet als Erfahrungsweg. Das kann dann durchaus als Fülle erlebt werden. Wir glauben kaum, dass der Heilige Franziskus von Assisi sich als arm bezeichnet hätte im eigentlichen Sinne. Noch die freiwilligen Zen-Eremiten, die sich in Höhlen zurückziehen. Wir sprechen von der Armut, die entsteht, wenn sich andere unschön bereichern auf Kosten der Menschheit und des Planeten, wenn Armut entsteht aus falschen Glaubenssätzen, aus seinem Nicht-Verantwortung-Übernehmen im Leben, aus Faulheit gar. Aber das alles muss in Balance sein, nicht in schiere Bereicherung ausarten, nicht in alte Strukturen, wo der Guru die Macht hatte und seine Anhänger ausnützte, nicht in patriarchale Systeme.

Aber es muss nicht sein, dass ihr euch in Armut quält, in steter Sorge um materielles Überleben, damit ihr euch entwickeln könnt. Es kann eine Phase sein, damit ihr Vertrauen lernt in den göttlichen Fluss und eure eigenen Fähigkeiten. Es braucht dann Vertrauen, wenn etwas nicht zur Genüge da ist, dass es auf der Bildfläche erscheine. Das wahre Vertrauen aber in Gott, ins Leben – wie immer ihr das nennen wollt –

wahres Vertrauen muss nicht raffen und auch nicht sorgen!

Ihr habt zum Teil den Ausflusshahn weit offen – ihr Heiler – und der Zuflusshahn ist zu bis verrostet. Spült hier mal durch!

Natürlich gibt es Zeiten, wo euer Organismus, euer Energiekleid sich umstellt und neu anpasst, wo neue Energien aus dem Kosmos happig sein können. Aber das braucht nicht mehr jahrelang zu dauern, denn die allgemeine Schwingungserhöhung kommt euch doch entgegen. Und wenn die Finanzierung des Lebens Schwierigkeiten machen sollte, dann prüft eure Einstellung dazu. Bittet darum, dass ihr gefunden werdet von Menschen, die das brauchen, was ihr anzubieten habt. Und die für eure Arbeit reif und bereit sind, dass sie aufwachen, und den Weg zu euch nicht scheuen, dass sie dranbleiben mögen. Und ihr könnt gefunden werden, im hintersten Winkel.

Vertrauen heißt auch: Vertrautes, Gewohntes loslassen,

eben eure Ängste, Blockaden, Schmerzen, euren Mangel, die ihr so lange mit euch herumgeschleppt habt. Zumindest sind es liebe Verwandte! Lasst diese „Familie" hinter euch – ihr seid erwachsen, ihr seid dem ent-wachsen, und wenn ihr wachsen wollt, gibt es immer wieder ein „hinter euch lassen". Das kann durchaus in Frieden und Liebe geschehen.

So ihr nicht „neu geboren" werdet...was bedeutet, sein altes Ego loslassen, sein altes Bild von sich loslassen. Wenn aber Menschen in eurer Umgebung sich daran klammern und euch nicht erlauben, ein anderes Bild zu verkörpern, dann geht weiter.

Neu zu sein, das braucht Mut, denn Neues ist nicht bekannt.

Vielleicht könnt ihr beim Visualisieren nicht mal empfinden, wie es wäre ohne Schmerzen, mit mehr Energie, weniger Stress – dann versucht euch Tätigkeiten vorzustellen, was ihr unternehmen könntet, wenn...Und vielleicht gibt es auch Dinge, die ihr nicht mehr tun *sollt*. Dafür treten andere in euer Leben.

Es nützt aber nicht, in die Zukunft zu visualisieren, wenn ihr im alten Bilderrahmen steckt. Wir sprachen schon vom *Wechselrahmen*, nicht? Da kann man nämlich immer wieder sein neues Bild einlegen. Und ein neues Bild von sich manifestieren und das alte zurücklassen, wegwerfen.

Ja, werft diesen alten Menschen weg –
es ist nicht der wahre Mensch.
Räumt den Platz, damit der neue einziehen kann –
das Neu-Geborenwerden ist radikal.

Es mag sich nicht von einer Sekunde auf die andere manifestieren und vollziehen, aber es hat Konsequenzen – und dort kriegt man es oft mit der Angst zu tun. Ein Kind ergreift die Welt in der Regel, wenn es nicht schon von den Eltern und Erziehern mit Ängsten vollgepfropft wird. Es erkundet, ergreift die Welt. Es dehnt seinen Radius täglich aus – „so ihr nicht werdet wie die Kinder"...Kinder sind Forscher, es sei denn, sie seien bereits blockiert oder würden es von außen.

Aber überängstliche Eltern, welche die eigenen Ängste übertragen, geben dem Kind nicht das Gefühl: Die Welt gehört mir, sie steht mir offen. Aber sie steht euch offen! *Sie steht euch offen*......es kommt der Tag, wo ihr den Erzieher verlasst und ausprobiert, aber dann macht ihr Fehler und...oho, da wittern wir das Konzept von Sünde und Schuld. Fehler sind Schuld, und das wird abgestraft...ufff...eine komplexe Geschichte, nicht? „Learning by doing – trial and error"...Es heißt nicht, wenn ich mal erlebt habe, dass die Herdplatte tatsächlich heiß ist und was heiß meint, ich immer wieder dran lange. Ich brauche das nicht zu wiederholen. Aber irgendwie muss ich es ja herausfinden. Sagt also nicht: „Ich kann das nicht", sondern „ich versuche es mal". Wie weiß ich, ob ich es kann, wenn ich es nicht versuche? Es gibt Dinge, die für mich nicht zuträglich sind, für die ich nicht gemacht bin diesmal – da gilt es weise zu unterscheiden. Und wenn ich feststelle, dass etwas nicht gut für mich ist, kann ich es ja abbrechen, ohne mich daran zu klammern. Ich muss ja nicht in den Sumpf tappen, wenn ich schon sehe, dass es ein Sumpf ist. Mit der Zeit kann ich es ja früher erkennen, aber dazu muss ich auch mich selbst kennen und meine Bedürfnisse.

Und immer wieder meinen Weg erkennen wollen.

Ja, es gibt diese Phasen, wo eure Körper Toxine loswerden möchten. Umweltgifte – davon habt ihr ja genügend entstehen lassen und kreiert – und auch alte astrale Gifte. Das kann dann unangenehm sein. Aber auch damit kann man umgehen. Bewusster essen und trinken, Entgiftungstechniken anwenden – die violette Flamme benutzen, Essenzen etc. Stellt euch darauf ein, dass diese unangenehmen Phasen jetzt auch kürzer sein können und ihr jedes Mal Gewinn daraus ziehen könnt. Gewinn an Energie, Lebensqualität und Lebensfreude, an innerer und äußerer Sicherheit. Nicht starre äußere Sicherheit, sondern

Sicherheit im Werden, im Vertrauen,
im Fluss des Lebens und des Werdens und Vergehens,
Sicherheit, dass alles zu eurem Besten sein kann.

Sogar das Gute, was euch Freude macht, Gesundheit bringt und Kraft. Dass auch das Gute, Angenehme zu eurem Besten sein kann – das klingt für viele blasphemisch. *Aber alles umfasst eben alles!* Potenzial kann ja auch von Sorgen erdrückt werden.

Bilderstürmer sein, Verbrennen von Literatur, von Schriften, Zerstörungswut ist eine pervertierte Energie dieses Neu-Werdens. Es sind die inneren Bilder und Photographien, die inneren Tempel der hindernden Überzeugungen und Glaubenssysteme, die zerstört werden sollen, und dafür müssen keine äußeren brennen. Es geht um das Erlösen dieser pervertierten Energien, das Reinigen, das Auferstehen-Lassen, wie sie gemeint sind. Darum, die Ebenen nicht mehr zu verwechseln und Projektionen zurückzunehmen. Und den wahren Kern herauszuschälen und wieder zu leben, der von diesem alten Bilde verdeckt wurde.

Neu heißt nicht, ungesichtet alles über Bord werfen,
sondern sichten, was noch stimmt.
Und es stimmen die Dinge,
die zu weiterer Entwicklung fähig sind, zu Erneuerung.

Die Quintessenz muss herausgeschält werden, der Kern. Ihr seht ja auch auf dem neuen Photo nicht total anders aus, habt plötzlich eine andere Haarfarbe – es sei denn, ihr färbt – ihr habt nicht plötzlich eine andere Nase oder seid kleiner oder größer – euer Kern ist ja immer noch da. Aber vielleicht in einem andern Kleide und drückt sich anders aus.

Wenn ihr aber neue Bilder aufhängen wollt in eurer Wohnung, müssen vielleicht ein paar alte weichen. Platz machen für Neues...und das heißt, dass ein paar Dinge – Überzeugungen, Bilder, Gewohnheiten – eben Platz machen müssen. Es können eure Visualisationen und Affirmationen nicht zu viel führen, ohne dass ihr vorher ausgemistet, erst mal den Topf von saurer Milch gereinigt habt, damit die neue nicht gleich auch wieder sauer wird. Ein einfacher Vergleich, aber ein stimmiger. Wie wäre es mit einem geistig-emotionalen Frühjahrsputz, der allerdings nicht von Jahreszeiten abhängig sein muss? Aber als

Metapher hat eben Frühjahr doch mit Neu-Werden, neuen Energien zu tun. Mit einem andern Bilde – mit Blüte und später mit Frucht.

Ihr seid schon neu...
und doch räumt alles aus dem Weg,
was dieses Neu-Werden und Neu-Sein hindert.

Klarheit – Wahrheit – das mag im Moment kühl sein, einschneidend, spricht man doch vom Schwert der Wahrheit.

Wenn aber die Liebe dazu kommt,
kommt die Wärme des Neu-Werdens,
die Wärme eines sonnigen Frühlingstages,
wo Leben aufbricht und sich neu gebiert.

Seid also gesegnet als neuer Mensch
in liebevoller, harmonischer Fülle!

VON REGENERATION UND
REKONVALESZENZ

Ihr sollt lernen, mit dem Fluss zu fließen,
ist doch zurzeit alles im Fluss, mehr denn je.

Auch dann, wenn ihr den Eindruck habt, dass er nicht fließt, sondern stagniert. Das kann so aussehen, und er kann wirklich stagnieren, wenn ihr das so seht. Oder er kann unterirdisch weiter fließen – wie unter einem Gletscher – wenn ihr die Situation nicht beurteilt und sie akzeptiert.

Längere Schlafstunden bieten jetzt vor allem euren Herzen Erholung. Und das ist bei vielen von euch so. Es war ja durchaus nicht sicher, ob der Planet weiter bestehen würde und könnte. Ob das Projekt „Mensch auf Erde mit freiem Willen" nicht durch euer Zutun abgebrochen würde. Und ihr wart ziemlich nahe daran. So hätten denn menschliche Herzen mit einer geringeren Lebens-und Verweildauer durchaus genügt. Ihr brauchtet quasi keinen langfristigen Motor zu haben. Eine Maschine, die nicht so lange benutzt wird, muss ja auch nicht erstklassig sein und eine sehr lange Lebensdauer haben. Nun hat sich das geändert, da – zu unserer großen Freude – viele Menschen aufgewacht sind, viele auch wieder Verbindung zu den Naturgeistern, Devas und Engeln hergestellt haben, ja einfach wieder Verbindungen zur Geistigen Welt knüpfen – wie du hier Verbindungen knüpfst zwischen Ley-Lines, Kraftlinien, Pilgerwegen und hier ein Anker bist, gewissermaßen ein Landeplatz für uns.

Nun: Ihr seid noch da! Und zwar hier, auf Gaia. Und immer mehr Wesen besinnen sich auf das Ursprüngliche und fragen nach ihrem Kontrakt B, wie Kryon das nennt. Kontrakt B, der jetzt zur Anwendung kommt, weil das Experiment Erde weiterläuft, weil ihr noch da seid in euren Körpern. Das sind veränderte Umstände und Kontrakt A taugt da nicht mehr, denn der wäre ja abgelaufen. Mit ein Grund, warum viele von euch jetzt in andern Berufen und Tätigkeiten gelandet sind oder auch in andern Gegenden, manchmal auch mit andern Partnern. Zum Teil von außen geschoben – durch den Verlust des Arbeitsplatzes –, zum Teil durch eigene Einsicht oder einfach, weil etwas nicht mehr so ist, wie es immer war. Da kann sich sogar eine ganz große Berufs-Leidenschaft verändern und ablösen, wie du es ja erlebt hast, sehr zu deinem eigenen Erstaunen.

Das heißt aber auch, dass jetzt eure Lebensdauer länger ist als vorausgesehen. Dass ihr in diesen euren physischen Körpern quasi in ein neues Leben hineingehen könnt. Und deshalb ist es unter anderem so wichtig, dass ihr immer wieder Entgiftungs-Aktionen macht. Also eure physischen Körper von Toxinen befreit. Von Toxinen durch Umwelt, Nahrung usw., aber auch von psychischen Schlacken. Also eine Entrümpelungs-Aktion, ein Frühlingsputz. Da gibt es ja verschiedene Werkzeuge dafür. Denn ein sehr verschlackter Körper beeinträchtigt die Organe, und er wird Mühe haben zu überdauern.

So gilt es jetzt eben, euren Motor, euer Herz zu stärken und auch verstopfte Herzkranzgefäße wieder durchlässig zu machen. Das braucht nicht immer durch eine Operation zu geschehen. Aber euer Herz muss sich in diesem Leben erholen können. So wird es mit neuen Zellen versehen. Das kann nicht passieren, wenn ihr allzu aktiv seid. Das heißt, zu einem gewissen Grad passiert es ohnehin, wenn ihr euch aber erschöpft durch pausenloses Tun – was ja angesehen ist bei euch und Wert und Prestige bringt – dann ist das schlicht und ergreifend zu viel. Euer Herz braucht im Schlaf diese Regenerationsphasen, wenn alle Funktionen heruntergefahren sind. Es braucht jetzt auch Zeit, sich so zu erholen, dass es eine längere Verweildauer hat. Zeit auch für diesen Austausch der Zellen, das, was ihr eine Frischzellentherapie nennt. Das passiert jetzt während der Nacht, nämlich wenn das Organ nicht angestrengt wird durch äußere Tätigkeit. Ihr könnt also froh sein, wenn ihr euch einen guten, langen Schlaf gönnen könnt.

Natürlich gilt es zu unterscheiden, ob es ein depressiver Schlaf ist oder eine Flucht vor der Welt, oder weil ihr zu wenig zu tun habt. Wir raten euch auch zu Bewegung, was Toxine ausscheidet und den Stoffwechsel schneller umsetzt. Das ist auch gut für euer Gemüt.

Was aber, wenn Menschen einen schlechten Schlaf haben, was oft bei Älteren der Fall ist? Auch da gibt es verschiedene Gründe. Es können unaufgelöste Themen sein, die dann an die Oberfläche drängen, die den Menschen nicht zur Ruhe kommen lassen, weil sie angeschaut und verarbeitet werden sollten. Es können Ängste sein, es kann Überreizung sein vom Tagesgeschehen her. Nachrichten sehen gleich vor dem zu Bett gehen ist nicht ratsam, sondern legt eine Pause zwischen Tag und Nacht. Das kann eine besinnliche Lektüre sein, ein Spaziergang, eine Meditation oder einfach ein ruhiges Dasitzen. Manche eurer Meister haben auch die Tages-Rückschau empfohlen. Auch das ist eine Reinigung, damit ihr die Schlacken des Tages nicht mit in die Nacht nehmt. Wenn ihr euch da dreht und wendet und grübelt, steht doch besser auf, trinkt etwas, Wasser, Tee, und setzt euch vielleicht vor eine Kerze, kommt innerlich zur Ruhe. Liegt ruhig da, wenn euch das möglich ist, dankbar dafür, dass ihr ein warmes Bett habt und in Frieden ruhen könnt, im äußeren – für den inneren müsst ihr selber sorgen.

So geschieht es denn, dass manch einer, der rastlos tätig war, das plötzlich nicht mehr kann und auch nicht mehr möchte, sondern sich anders orientiert. Oder eben aus einer Situation herausgelöst wird. Gewiss gibt es Zeiten, wo die Arbeit einfach anfällt und bewältigt werden muss, aber auch da bieten sich immer noch Möglichkeiten, das bisschen Freizeit sinnvoll zu nutzen und nicht mit pausenloser Aktivität zu füllen. Weil sonst einmal eure Körper streiken. Entweder plötzlich und unwiderruflich oder schwere Krankheiten entstehen können. Wir sind wieder bei der *Aufmerksamkeit,* beim Abspüren, was sein soll, ja bei einer *bewussten Lebensführung.* Die wirklich jetzt notwendig ist, ausschlaggebend ist. Natürlich könnt ihr euch in Meditation stärken, reinigen und regenerieren. In allem auch, was ihr bewusst tut. Bewusst eine Tasse Tee trinken, bewusst atmen, bewusst Schönheit in der Natur betrachten. Ja, auch bewusste Arbeit strapaziert euch weniger.

Wir sprachen schon von Re-kon-Val-eszenz, wo Valor, Wert, Essenz drinsteckt. Neu evaluieren nämlich, sich auf die Essenz besinnen. Re-Generation: Das neu Generieren, oder eben ein erneuertes Leben. Re-Vitalisierung…und das steht jetzt an und ist möglich. Versteift euch nicht auf Krankheiten, die ihr mal hattet und die diagnostiziert wurden, auf Organschwächen, die ererbt sind. Tragt dem Rechnung, wenn nötig, indem ihr das Organ nicht zu sehr strapaziert und belastet. Aber es ist jetzt so Vieles ausheilbar. Aber das braucht eben ein bisschen Ruhe. Warum reden wir immer wieder vom Sichten alter Glaubenskonzepte? Es dreht sich doch in diesen Botschaften immer wieder darum. Sagt euch: „Ja, dieser Schwäche muss ich Rechnung tragen, ich tauge eventuell nicht zu einer bestimmten Arbeit." Arrangiert euch damit, arbeitet nicht gegen eure Konstitution, aber seid offen, dass Dinge sich ändern und heilen können. Nämlich, indem ihr mehr „heil", sprich „ganz" werdet. Mit einem Körper, der etwas feiner strukturiert ist, lernt ihr schon in jüngeren Jahren, für ihn Sorge zu tragen. Was sich im Alter segensreich auswirken kann.

Darum auch ist die *Freude* so sehr wichtig. Manchmal ist große Freude nicht möglich, wenn das Leben mal wieder voller Herausforderungen ist, Hindernisse bietet. Dann sind die kleinen Freuden wichtig. Und das ist gekoppelt an die Dankbarkeit für eben diese Tasse Tee, eine Blume am Wegrand, einen Vogel, der singt. Dass ihr morgens aufstehen, gehen, euch bewegen könnt. Dass nichts selbstverständlich ist. Schönheit, die ihr wahrnehmt und dankbar genießt. Das hilft euch bei der Regeneration. Kleine Freuden kann man immer finden, wenn man sich darauf spezialisiert. Dass ihr euch gegenseitig kleine Freuden macht. Freude ist ein Lebensmotor. Es kann Trauer und Verlust geben durch schwerwiegende Ereignisse, die ihr im Moment dann nicht verstehen könnt. Aber auch dann wären kleine Freuden möglich, so ihr nicht in Depression versinkt. Trauer ist nicht Depression – Trauer kann weichen. Und aus Verlust kann wieder Freude entstehen, wenn ihr euch am Leben selbst wieder erfreuen könnt. Doch Depression lähmt, so sie nicht benutzt wird als zeitweilige Innenschau und Rückzug zwecks Heilung.

Wenn ihr lerntet, weniger Bedingungen ans Leben zu stellen,
euch auf Varianten einzustellen,
könntet ihr eher die Geschenke sehen,
die auch für euch bereitliegen.
Die aber entdeckt und abgeholt werden müssen.

Doch das Sich-Versteifen auf eine Lebensform,
auf eure Bedingungen,
trübt euch den Blick dafür.

Ihr sollt eure Visionen haben, eure Zukunftsbilder nähren, doch immer fähig und bereit sein, eine andere Variante anzunehmen. Die ist sogar oft besser, auch wenn das im Moment dann nicht so unbedingt sichtbar ist für euch. Oder sie ist alles, was im Moment eben unter den gegebenen Umständen drin liegt. Das Geschenk hat – wie du zu sagen pflegst – oft viel Papier darum herum…Wir sprechen dann vom *„Engel, der noch verhüllt ist“*. Wenn ihr alles fixiert, kann nichts Unvorhergesehenes eintreten – auch für ein Wunder ist dann kein Platz.

Was ist denn ein Wunder anderes als etwas, was ich nicht für möglich hielt aus meinem limitierten menschlichen Verstand heraus?

Die Seele ist immer bereit für Wunder,
und der Kontakt mit eurem Hohen Selbst ermöglicht sie,
kreiert sie sogar, so ihr offen dafür seid
und diese Manifestation nicht stört.

Offen dafür, dass jemand Neues in euer Leben treten kann – offen dafür, dass die Lösung aus anderer Richtung kommen kann und anders aussieht.

So möge sich der König – Re – wieder auf seine Essenz und seinen Wert – valor – besinnen, die Königin sich wieder auf ihre Würde. „Dignity" heißt das auf Englisch – so nahe am Wort „divine", göttlich. Daraus ist wahre Re-Generation möglich, ein wieder Heil-werden, ein Neu-werden. Nämlich im Kontakt mit eurer göttlichen Essenz!

Glaube heißt:
dem Wunder eine Chance geben!

Zweifeln und ablehnen verbaut ihm den Weg zu euch. Oft basieren ja Wunder nur auf Gesetzen, die ihr noch nicht kennt oder die euer Verstand nicht gelten lässt. Sicher auch darauf, dass es der Geist ist, der die Materie formt, und nicht umgekehrt. Eure „Wissenschaft" aber, die althergebrachte, leugnet das immer noch – ist nicht auf Regeneration ausgerichtet, bezieht sich nicht auf den Geist. Aber auch das ist dabei, sich zu ändern, wird sich ändern. Große Veränderungen bahnen sich langsam an, am Dreh-und Angelpunkt aber brechen sie sich scheinbar plötzlich Bahn. Dann nämlich, wenn die kritische Masse erreicht ist, der kritische Punkt. Wenn genügend Menschen umgedacht und sich geöffnet haben.

So generiert denn Dinge, die sich auf euren wahren Wert beziehen,
auf eure göttliche Essenz als Töchter und Söhne des Lichts.

Wir sind immer bereit, euch darin beizustehen und euch pausenlos daran zu erinnern, wer ihr wirklich sein könnt, wer ihr in eurem Kern seid. Es ist eine Zeit, wo sich viele wieder daran erinnern – als Ahnung erst, aber immer mehr als inneres Wissen.

Gesegnet seid ihr, die ihr euch wieder auf die Essenz der Seele besinnt, auf euren wahren Wert! Dann könnt ihr euch regenerieren – dann könnt ihr auch neue Dinge generieren, erschaffen. Die eben mit dieser Essenz im Einklang sind. Welche die Schöpfung nicht schädigen, sondern würdigen und heilen. So wie ihr dadurch geheilt werdet.

So grüßen wir euch denn wie immer aus dem Alles-Was-Ist
und ermuntern euch, die Geschenke auszupacken
und in der Regeneration etwas Neues zu generieren –
während der Rekonvaleszenz eure Essenz zu finden!

Fließt mit dem Fluss des Lebens
und seid gesegnet!

Von Heimat und Weg

Wie immer grüßen wir euch aus dem Zentrum allen Seins, das euch in allen Höhen und Tiefen Orientierung sein kann. Orientierung, weil es nicht nur irgendwo draußen im Universum ist, sondern auch in euch drinnen.

Doch ist es an euch, die Verbindung zu schaffen. Es ist quasi latent in euch vorhanden. Halt so wie ein Meister, der sich außer in Notfällen auch nur äußert, wenn ihr danach fragt. Und gerade in Notfällen und gefährlichen Situationen seid ihr ja dann offen dafür – oder auch nicht.

Jedenfalls ruft er nicht einfach laut dazwischen – er mag wohl einmal flüstern oder euch auf Dinge im Außen aufmerksam machen, so ihr darauf achtet. Die „Zeichen" in der Welt, wie ihr es auch nennt. Denn innen und außen sind ja eigentlich nicht getrennt, wohl aber habt ihr Trennwände eingeschoben. Doch müssen diese Zeichen wahrgenommen und gedeutet werden. Man kann sie deuten nach dem Ego oder deuten nach der Seele. Es können Hinweise dieses Meisters sein, verbunden mit eurem Hohen Selbst.

Man spricht vom *Weg*, vom *Pfad* – nicht von ungefähr. Ist es doch in eurer Dualität wirklich ein Weg. Und ihr könnt die Weggefährten wählen oder zumindest wählen, auf sie zu hören oder auch zu entscheiden, wenn der gemeinsame Weg nicht mehr weiterführt – zumindest im Moment. Doch könnt ihr immer daran lernen, so ihr das wünscht und zulasst.

Dieser Weg – er ist nicht immer eben und hat nicht immer angenehme Temperaturen und Zustände. Dieser Weg braucht Mut und einen Kompass. Braucht Bewusstheit, wenn ihr nicht einfach blind darüber stapfen wollt. Oder einfach meint, ihr könnt bequem oder auch verzweifelt resigniert darauf sitzen, länger als nur erforderlich wäre als Ruhepause. Aber ein Weg ist eigentlich nicht zum Sitzen da, sondern zum Begehen. Mal scheint die Sonne, mal brennt sie, mal regnet, stürmt, blitzt und donnert es, mal ist es zu heiß, mal zu kalt. Er führt auf steile Berge und in tiefe Schluchten. Und das wählt ihr manchmal sogar, weil es mehr Nervenkitzel bietet, mehr Adrenalin freisetzt.

Es kann ein Weg zu mehr Licht und Liebe sein,
so ihr dieses Sehnen in euch nicht unterdrückt.

Es kann immer mehr ein Weg sein zu Hass, Gewalt und Grausamkeit oder in das Dunkel der Verzweiflung, des Nicht-mehr-Lebenwollens. Als ob ihr Leben auslöschen könntet. Ihr könnt es nur in eine andere Form bringen. Er könnte bedrohlich sein, dieser Weg, wo man nicht weiß, was einen erwartet hinter der nächsten Biegung. Wo man vielleicht vergessen hat, wo er hinführt, wo er herkam. Und was er soll – was es damit auf sich habe. Es kann ein blind herum Stolpern sein und ein Sich-verloren-fühlen. Es gibt auch Zeiten, wo nur noch ein Schritt sichtbar ist und der Weg eben wirklich entsteht, indem ihr ihn geht. Wie aber, wenn ich nur einen Schritt sehe vor mir und nur der vielleicht erhellt ist, wie kann ich es dann anstellen, dass ich nicht stolpere, hinfalle, in ein Loch stürze, mich verirre?

Das mag bedrohlich sein. Dann kann man in der Dunkelheit äußere Lichter anzünden, so man die zur Verfügung hat. Man kann sich in ausgelassene Vergnügen stürzen, die einen leer zurücklassen. Man kann sich sogar so weit verirren, dass es einem Freude macht, andere zu quälen. Oder sich stets im Dunkeln dahinschleppen und immer gerade das anziehen, was einem den Weg erschwert. Was noch mehr Dunkel kreiert, noch mehr Verzweiflung. Glaubt uns, sehr oft ist auch ausgelassenes Tun, Suchtverhalten und das, was ihr „über die Stränge schlagen" nennt, pure Verzweiflung. Auch wenn es nach Lebenslust aussehen mag.

Was aber ist dieser Kompass, der euch leiten könnte? Was nährt euch wirklich?

Es ist das Hohe Selbst,
das wie ein Gestirn am Himmel
Tag und Nacht mit euch geht.

Das Hohe Selbst, das sich in eurer Seele wieder verkörpert hat und diese nährt. Das dem Ego Ausrichtung sein könnte und Richtung geben. Denn die Seele verkümmert, wenn nur das Ego sie speist oder sie gar ablehnt. Das Gestirn am Himmel – dieser Kompass des Hohen Selbstes – wird dann nicht mehr wahrgenommen. Wie aber kann es euch dann leiten? Wie aber könnt ihr den Weg durch den Dschungel finden, wenn ihr keine Zielvorgabe habt? Wenn ihr nicht geklärt habt, wohin ihr eigentlich gehen wollt?

Auf den physischen Tod zu – ja, das ist sicher. Aber in welchem Zustand möchtet ihr dort ankommen? Im Bewusstsein, dass ihr dann einfach ins Leere kippt und alles vorbei ist? Ihr nicht mehr leiden müsst, aber auch für nichts geradestehen? Nun erklären aber eure Wissenschaften, so sie nicht rein materiell ausgerichtet sind, dass Energie nicht einfach so vergehen kann, sich wohl aber wandeln. Aber:

Wozu möchte ich mich wandeln?
Und: Woher kommt meine Seele?

War da vielleicht eine Vorgabe?
Eine Verbindung zu diesem Kompass?
Eine Karte gar?

War da vielleicht sogar ein Wissen vor dem Start,
was die ganze Reise sollte
und was ich mir vorgenommen hatte?

Nämlich nicht, mich unbedingt zu wiederholen
und in dieselben Fallen zu tappen!
Sondern die Lehren der letzten Inkarnationen
zu nutzen zur Weiterentwicklung.

Was aber ist denn „Weiterentwicklung"? Das wäre auch zu klären. Man kann auf Erden alles weiterentwickeln, auch seinen Hass, seine Gewalt und seine Angst. Sein Raffen und seine Gier auf Kosten anderer. Oder eben seine Liebe! Sein wahres Leben.

Und wahres Leben entsteht im Kontakt mit dem Hohen Selbst,

das gewissermaßen von der andern Seite eure Seele nährt. Und sogar auch euren physischen Körper stärkt.

Aber ihr habt den freien Willen…ihr könnt die Ausrichtung wählen. Was sind denn oft Unfälle, Krankheiten, Katastrophen anderes, als dass die Seele ruft? Dass das Hohe Selbst euch schüttelt, um euch auf sich aufmerksam zu machen und euch den Weg in Erinnerung zu rufen, den ihr euch vorgenommen hattet? In der andern Welt, nach eurer Rückschau und in anderem Bewusstsein. Es ist gut, dass ihr vieles nicht erinnert und vergessen habt. Es wäre eine Bürde, die ihr nicht tragen könntet. Ihr werdet das erinnern, was nottut, um eure Richtung wieder zu spüren oder zu ändern. Um Dinge aufzulösen, die euch belasten und zurückhalten. Um zu verzeihen auch – euch und andern. Um sich eben weiterzuentwickeln, aber zu mehr Licht und Liebe.

So seid denn froh,
wenn in eurem Herzen ein Sehnen brennt,
und nehmt es wahr.

Fragt euch, wonach euer Herz sich denn sehnt? Lasst das Heimweh zu. Aber nicht, um die Reise abzubrechen, indem ihr euren Körper willkürlich ablegt. Nicht, um wild um euch zu schlagen aus diesem Heimweh heraus. Sondern um zu realisieren, dass ihr aus anderer Heimat kommt mit Wunsch, Auftrag und Wahl, hier Heimat zu errichten. Nicht nur sehnsüchtig auf diese andere

Heimat zuzugehen und alles im materiellen Leben außer Acht
zu lassen,

sondern nach dem Bild der geistigen Heimat
hier materielle Heimat zu errichten.

Hier alles und euch selbst mit Licht und Liebe
zu durchstrahlen und durchstrahlen zu lassen.

Dann geht ihr nicht allein auf diesem Weg über Stock und Stein.
Dann erhascht ihr immer wieder einen Blick
dieses Gestirns am Himmel, das euer Hohes Selbst ist.

Dann arbeitet ihr daran, immer mehr und besser
mit ihm verbunden zu sein und genährt von ihm.

Immer mehr so zu leben, dass eure Seele genährt ist.
Immer mehr zu erinnern das Woher und die Zielvorgabe.

Immer mehr auch neue Wege auf dem Weg zu kreieren, die
nichts mit Wiederholungen zu tun haben, nicht damit, wieder in alte Fallen zu stolpern. Und dann kann euer Weg ebener
werden, oder zumindest habt ihr dann die Kraft und den Mut,
diese Unebenheiten leichter zu durchschreiten mit frohem Mut,
wissend um die Begleitung. Oder auch, obwohl das schwer ist,
so es Wahrheit, Klarheit und eure Liebe erfordern, den Weg der
Hingabe zu gehen, notfalls der Hingabe eures Körpers im Übergang in die andere Welt. Viele sind schon physisch gestorben für
Wahrheit, Klarheit und Liebe. Ihnen ist ein rasches Erwachen
drüben sicher.

Aber wie wir immer sagen: Der Weg bräuchte nicht mehr gar so
schwer zu sein – ihr müsstet euch nicht mehr die Köpfe einschlagen, warum auch immer, in irdischer Verblendung. Es bräuchte
niemand zu hungern und niemand gequält zu werden. Einsicht
ist in höherer Schwingung immer auch anders möglich als nur

durch Erleiden. Karma kann gelöscht werden durch Einsicht, Verzeihen und andere Wahl. Da möchten wir auf etwas hinweisen, weil ihr so oft aus allem ein allgemeingültiges Gesetz macht.

*Es gibt **ein** Grundgesetz, und das ist Liebe!*

Aber es ist so unterschiedlich, warum der eine so oder anders handelt. Es hat zu tun mit dem, was man sich vorgenommen hat. Aber mit erhöhtem Bewusstsein ist auch das veränderbar und neue Wahl ist möglich. Oft legt ihr Dinge in alter Manier fatalistisch aus. Früher war es halt das Schicksal, das einfach zuschlug. Heute hat sich jemand etwas vorgenommen und muss es zwangsläufig ausführen. Das mag dazu beigetragen haben, auf Erden Solidarität zu stärken, Liebe zu mehren in gemeinsamem Schmerz.

Es kann sein, dass es im Moment vielleicht noch notwendig war. Es kann sein, dass sich jemand dazu hergegeben hat. Aber eine wahrhaft entwickelte Seele, gerade wenn sie in Liebe und Hingabe ist, wird nicht eingesetzt für Mord und Totschlag und grausames Quälen. Weil sie es gar nicht mehr könnte, weil es dieser Mensch gar nicht mehr könnte. Er wäre nicht mehr fähig, seine Schwingung dermaßen zu senken und sich verblenden zu lassen von Theorien der Trennung und des Hasses. Ihr habt ja Gruppierungen und Parteien, die diesen Theorien nacheifern. Da kann sich einen labile Seele wohl verblenden lassen. Aber eine entwickelte Seele hat andere Aufgaben, wiewohl auch sie straucheln mag und Versuchungen zu bestehen hat.

Nein – dieser Norweger hatte nicht den Auftrag, alle diese jungen Menschen als Massenmörder niederzustrecken. Das heißt rosarote Farbe über alles gießen. Er hatte wiederholt! Er hätte viel einzusehen gehabt von seinen letzten Verirrungen und Verstrickungen, seinem letzten Hass. Und er ist wieder angetreten, um eigentlich das einzusehen und andere Wege einzuschlagen. Aber es ist schwer, Dinge anzusehen, wenn man sehr viele Leben vernichtet hat, einer Vernichtungstheorie folgte und die unterstützte und lebte, und zu sagen: „Ich habe gefehlt, und ich benötige dringend die göttliche Gnade." Da ist es oft leichter, sein Rechthaben zu beweisen, indem man wieder dasselbe tut – mit etwas anderen Vorzeichen.

Wahr ist, dass dieser Mann große Hingabe besitzt, und wenn er die Zielvorhaben und Theorien ändern kann und sein Herz befreien kann, kann er auch Großes in der Liebe tun. Und Gnade ist, dass auch durch seine jetzigen Verirrungen in diesem Leben, die soviel menschliches Leid verursacht haben, trotz allem Gutes erwachsen kann. Erwachen, Aufwachen, Solidarität und mehr Liebe. Alle seid ihr jetzt aufgerufen zu erneuter Wahl: Gehen wir in die Rache, verurteilen wir, oder setzen wir dem mehr Liebe entgegen. Aber es kann bewirken, dass Gutes daraus entsteht.

Es bestand die Möglichkeit dieser Tat und die Gefahr, dass sie ausgeführt würde. Diese Menschen, die umgebracht wurden, waren dermaßen mutig, das Risiko einzugehen, in ihrer Liebe, ihrem Verzeihen. Ihm diesmal wieder zu helfen, einsichtig zu sein und andere Wege zu wählen. Große Seelen sind das, und bald werden sie wieder antreten. Aber der verlorene Sohn im Gleichnis ist einmal heimgekehrt. Und hat seinen Vater um Verzeihung gebeten – das ist ein schwerer Schritt, aber könnte ein erlösender Schritt sein.

Nein – dieser Massenmord in Norwegen (Juli 2011) ist nicht passiert, weil dieser Mensch das tun musste. Sondern weil er wieder auf die alte Art gestolpert ist. Aber ihr könnt jetzt wählen, wie ihr damit umgeht. Ihr könnt wissen, dass diese Menschen das Risiko eingingen, dass er wieder nicht einsichtig sei und nicht aufwache. Oder dass er es vielleicht diesmal schaffen würde. Statt in Rache zu gehen, könnt ihr jetzt beten für ihn, dass er jetzt aufwachen möge. Dass er jetzt umpolen möge, dass er jetzt den Mut haben möge, anzusehen, was er angerichtet hat an menschlichem Leid und Horror. Dass ihn jetzt Tränen der Reue retten könnten. Dass es die andern Parteimitglieder aufwecken könnte, damit sie ihren Weg als untauglich erkennen würden. Das wohl könnte es bewirken.

Gnade ist,
dass jeder auch in dunkelster Absicht und Tat
eingesetzt werden kann zum Heil.

Aber auch er hätte diesmal anders wählen können. Auch ihr könntet wählen, ohne Katastrophen aufzuwachen und den Weg der Liebe zu beschreiten. Oder wollt ihr euch ewig im Karmarad drehen? Ist es nicht einfach genug? Habt ihr dieses Spiel nicht lange genug gespielt? Wäre es nicht möglich, euch zu besinnen, könnten nicht auch eure Politiker zur Besinnung kommen, ohne dass Millionen von Menschen verhungern müssten, andere abgeschlachtet werden, Kinder keine Chance haben?

Auch diese Menschen hatten den Mut, in dieses Elend hinein zu inkarnieren. Es kann sein, dass Karma auszugleichen war. Oder sie kamen, um euch zu rütteln und zu schütteln, damit ihr aufwacht. An euch wäre es, diesem Elend entgegenzutreten und Lösungen zu suchen. Viele von euch tun das ja auch schon. Wacht auf aus dieser Verblendung, diesem Albtraum des Hasses, aus diesem Heimweh! Das euch oft so irreleitet. Wacht auf daraus zu einem Tun, das eine lichtvollere Zukunft birgt. Nutzt dieses Heimweh, dieses Wissen um die geistige Heimat, von der ihr einst ausgegangen seid und zu der ihr zurückkehren möchtet – oft tief in euren Herzen vergraben und verschüttet –

nutzt dieses Heimweh, um Heimat hier zu bauen.

Es mag nicht jeder Heimat dort finden, wo er geboren wurde. Das ist auch nicht nötig. Heimat findet ihr immer mehr einfach auf der Erde, mit Menschen, die euch wohlwollen.

Heimat ist, wenn ihr euch gegenseitig
erkennt als göttliche Geschöpfe,
die, tausendmal verirrt, einmal gestartet sind,
um Licht und Liebe auf diesen Planeten zu tragen.

Ihr braucht nicht mehr äußere Tempel, ihr braucht nicht mehr religiöse Gesetze, die nur missbraucht werden, um gegen den andern vorzugehen. Ihr braucht eigentlich nur ein Gesetz:

Aus dieser Liebe heraus nichts und niemandem zu schaden.
Euch zu erkennen und alles aus dieser Liebe heraus zu tun.

Denn der Tempel ist in euren Herzen, die Leuchte, die Fackeln sind in euren Herzen, und das nährt eure Seele. Das verbindet euch mit eurem Hohen Selbst. Dann findet ihr Freude in dieser Art von Hingabe. Darin, euch und andern zum Wohle zu leben.

Freude, wenn es allen gut geht.
Freude im Aufbauen, nicht in der Zerstörung,
Freude im Miteinander, nicht in der Trennung,

Freude darin, Leben zu geben,
euch gegenseitig ein menschen-engelwürdiges Leben
und nicht, euch dieses Leben abzusprechen.

Ihr könnt – und wir bitten euch darum – für die Täter beten, dass sie aufwachen mögen. Auch für die, die immer noch meinen, sich im Opfer zu erfüllen, damit auch sie aufwachen mögen. Denn dazu braucht es Täter. Es bedingt sich gegenseitig. So sind wir wieder einmal beim dritten Punkt:

Liebe braucht weder Opfer noch Täter –
sondern braucht Handelnde,
um Leben zu unterstützen.

Handelnde hat mit Hand zu tun, und eure Hände wären eigentlich verbunden mit euren Herzen. Wären zum Aufbauen und Segnen da. Und nicht zum Niederreißen und Morden. Das ist ein Missbrauch der Hand. Hände könnten und sollten eine Verlängerung sein dieser göttlichen Liebe, dieser Schöpferkraft. Besinnt euch darauf! Unterstützt einander, wo ihr könnt. Aber nagelt auch einen Täter nicht darauf fest, dass er es tun musste. Auch er hätte noch im letzten Moment anders handeln können. Aber das Herumreißen des Steuers wird immer schwieriger, je mehr ihr euch verirrt und verstrickt habt. Wir sagten es schon: Dunkelheit ist ein Sog. So ihr aber euren Hass wandeln könnt oder darum bittet, dass er gewandelt werde, dann hat Licht die größere Anziehungskraft.

*Licht **ist** und Liebe **ist!**
Alles andere muss man machen!
Und ist somit Illusion.*

Leider haben viele eurer Kirchen euch nicht ermuntert, nach eurem inneren Kompass – dem Kompass des Hohen Selbstes – zu fragen. Dann wärt ihr ja ermächtigt. Aber auch das sind eigentlich – wie ihr so sagt – „alte Zöpfe". Sind Machtspiele. Und auch das sagten wir schon: Das Schiff von Gewalt und Macht sinkt nicht kampflos.

*So ist denn jeder eurer Tage in Liebe wichtig,
ja, jeder eurer Gedanken in Liebe wichtig.*

Das vermehrt dieses göttliche Licht so sehr, dass Dunkelheit weder Macht noch Kraft haben kann. Diesem Zustand auf Erden wart ihr schon lange nicht mehr so nah, auch wenn es tausendmal anders aussehen mag. Aber ihr seid in der Pflicht* und in der Verantwortung, euch selbst immer wieder zu prüfen, euch selbst vom Hohen Selbst leiten zu lassen und nicht von kleinlichen Ego-Motiven. Selbst immer wieder zu wählen. Euch immer wie-

---

**Pflicht: ein Wort, das so oft missbraucht wurde. Wir möchten es daher heilen. Es bedeutet eigentlich: eine Aufgabe, die man gewählt und angenommen hat, auch wirklich auszuführen. Aufgrund eines anfänglichen Ja weiterhin Ja zu sagen, und diesem Ja entsprechende Taten folgen zu lassen. Dass der Mensch zu dem Ja sagt, was er sich als göttliches Wesen vorgenommen hat.*

der auf die geistige Heimat zu besinnen und den glühenden Wunsch im Herzen zu tragen, sie hier und jetzt zu errichten.

Gnade aber kann alles wandeln
und Verzeihen auch.

Auch das werden wir immer sagen:
dass ihr gesegnet seid im Licht
und in der Illusion des Dunkels.

Erinnert euch eurer Heimat
und baut Heimat hier!

Von Fackelträgern in dunkler Zeit

Wie immer sprechen wir zu euch aus dem Zentrum allen Seins, das war, ist und immer sein wird. Und vor allem zu euch Fackel- und Laternenträgern, die ihr seid, wenn ihr euch daran erinnert. Doch nicht alle haben diese Aufgabe angenommen.

Ihr seid aber alle mit diesem Funken im Herzen geboren. Der sich zum zerstörerischen Brand ausweiten kann für euch und andere, wenn ungesunde Vorgaben, Programme, dazukommen. Es kann ein Feuer des Hasses werden, genährt aus den unteren Chakren. Genährt aus Intoleranz und Fanatismus. Oder das Flämmchen kann nur noch zucken, geschwächt durch Resignation, Mutlosigkeit und Verzweiflung. Aber es kann leuchten, Fackel sein, Laterne sein. Beleuchten den eigenen Weg, der so oft dunkel erscheint, und leuchten den Mitwanderern.

Diese Fackel, diese Laterne weiß um den Weg, wohin er führt, wenn ihr euch ihm anvertraut und von den Negativprogrammen reinigt. Doch braucht diese Flamme Nahrung. Nahrung durch Mut, Freude, einen positiven, aufbauenden Sinn im Leben. Und zugleich kann sie diese Eigenschaften gebären helfen, denn sie wohnen ihr inne. Und ja – manchmal fühlt ihr euch durch das Leben nicht genährt, nicht durch die Mitmenschen, nicht durch die Umstände.

Doch könnt ihr euch immer nähren an der großen Flamme, die da ist All-Liebe.
Und die euch nähren kann bis in die Zellen hinein.

Ihr sollt aus eurer eigenen Kraft leben – euch nicht abhängig machen –, doch wenn die im Gleichgewicht, im Aufbauenden bleiben soll, dann braucht sie die Verbindung zu Allem-Was-Ist, mit unserer Kraft. Auch damit diese Kraft in Balance ist, sie nicht ins Extrem fällt und ihr sie nicht schädigend einsetzt. Ihr seid er-mächtigt! Aber ihr seid auch in der Verantwortung, wie ihr diese Kraft braucht.

Gerne möchten wir euch darin schulen, eure Herzensflamme zu beobachten, den Zustand eurer Laterne, die ihr im Außen tragt und die genährt sein soll von eurer Herzensflamme. Die wiederum genährt ist von uns, so ihr es zulasst. Lernt zu sehen, ob diese Flamme nur noch zuckt, ob sie euch verbrennt oder ein wärmendes, leuchtendes Licht ist. Ob der Docht in der Laterne rußt, die Kerze heruntergebrannt ist, ob ihr Sorge für sie tragt. Und wie sauber sind die Scheiben um diese Laterne? Denn die Flamme soll nicht von allzu starkem Wind ausgeblasen werden, soll auch nicht nach außen züngeln, um Feuer zu entfachen.

Sie soll leuchten, be-leuchten und er-leuchten.

Und wenn sie manchmal nur einen Schritt beleuchtet auf eurem Weg, so ist doch dieser eine Schritt gemacht. Möge er in Richtung auf die große Flamme, die große Leuchte sein: die Liebe des All-Einen!

Ihr habt heute beides: Fluten, die die Flammen im Herzen der betroffenen Menschen ertränken, Feuer, die wüten und alles abbrennen. Ihr habt auch das Feuer des Fanatismus, das noch einmal aufflackert in Gewalt und falscher Macht. Ihr habt auch jene, die in steigenden Fluten um sich schlagen – bildlich gesprochen –, weil sie das, was geschieht, nicht verstehen können. Weil ihr eingeschränktes Denken anderes nicht annehmen kann und will. Und das Althergebrachte und ach so limitierte Linkshirnige vehement verteidigt.

Tag für Tag umgebt ihr euch mit Energien. Was ist denn eure ganze Medienlandschaft anderes? Als Informationen, Impulse, die unsichtbar weitergeleitet werden. Fliegt denn eure E-Mail materiell nach USA? Tut sie das wirklich?

Alles sind Energie-Impulse.

Und ihr braucht sie tag-täglich. Und doch könnt und wollt ihr nicht verstehen, dass auch Heilimpulse Informationen sein können. Sei es durch Energieübertragung von Mensch zu Mensch – sei es durch Farbstrahlen, Klänge und auch durch die jetzt wieder viel geschmähte Homöopathie. Wo die Menge nichts beweist, wo die Inhaltsstoffe (in den Hochpotenzen) nur noch als Infos da sind. Doch braucht es eine kluge Wahl des Mittels. Und einen Patienten, der Infos zulässt und aufnimmt. Sollte er mit der Überzeugung an die Sache herangehen, es sei ja doch Humbug und könne nichts bewirken, so wird die Info des Mittels keinen Eingang finden.

Der Schlüssel findet dann kein Schloss.

Die Resultate mögen langsamer sein, aber nicht die starken Nebenwirkungen zeitigen. Wir sind froh, dass es auch die anderen Mittel gibt. Es braucht nicht jeder an einer Lungenentzündung zu sterben, an TBC, es ist gut, dass es Antibiotika gibt und vieles andere mehr. Aber warum kann man nicht auch da wählen und Wahl offenlassen? Warum können sanftere Methoden nicht neben den andern bestehen? Warum können nicht beide – in verschiedenen Momenten – recht haben? Sie könnten es in dem Moment, wo sie für diese Situation, diesen Patienten, diesen Moment das Passende suchen und anwenden würden. Dann fiele nämlich das „Recht haben„ weg. Haben die Ärzte nicht einmal einen Eid geschworen, dass sie zum Beispiel Hilfe leisten? Im Sinne des Patienten, nicht im Sinne des Recht-habens? Wenn ihr einfach das Richtige suchen würdet für den jeweiligen Fall, würde euch das aus der Falle der Angst und des Recht-haben-müssens befreien! Dann ginge es um den Patienten, um den Menschen, was dem jetzt im jeweiligen Zustand am besten tut.

Das sind diese „Attacken" der alten Denkweise, die ja längst durch die Quantenphysik Lügen gestraft wird. Vielleicht aber können sie hilfreich sein, denn wiederum rufen sie auf zur Wahl. Dazu, seine eigene Wahrheit zu finden. Ihr könnt ja selber prüfen – ihr könnt ja wählen, wem oder was ihr Glauben schenken möchtet. Oder ihr könnt auf eure eigenen Erfahrungen vertrauen. Ihr könnt ja erspüren, was euch aufbaut und was vielleicht mehr schädigende Wirkung hat, nur im Moment hilft.

Doch sind Vorurteile ein Gefängnis des Geistes,
das eure Freiheit beschränkt und eure Flamme schmälert.

Ihr werdet in nächster Zeit ein starkes Immunsystem brauchen –
physisch, emotional und geistig.

Nur dann fallt ihr auf Parolen von Macht und Gewalt nicht herein, nur dann könnt ihr wirklich wählen. Nicht die Trennung als ultimative Wahrheit zu sehen, nicht das Ausgrenzen und Bekämpfen, sondern das Miteinander, das Füreinander. Das Vereinen eurer Herzensflamme, damit sie heller leuchten möge.

Immunsystem hat auch mit Klarheit zu tun und Wahrheit. Nur dann könnt ihr wählen, ob ihr die Drohung einer fiktiven Epidemie annehmen wollt und dabei vielleicht echte und reale Gefahren missachtet. Ob ihr Verleumdungen abkauft, kurz: Ob ihr weiterhin in den Mustern der Trennung agieren und denken wollt oder aus einer übergeordneten Einheit heraus,

wo jeder Schritt wieder Wahl ist und Richtung einschlägt.

Diktaturen haben von jeher das Immunsystem in jeder Beziehung geschwächt. Nur das erklärt, wie Abertausende von Menschen ihren Führern ins Desaster folgen konnten, sich knechten ließen, Denkmuster übernahmen, die nicht die ihren waren. Und immer mussten da auch Feindbilder her – der Feind im Außen eben. Zumindest lenkt das ab vom Feind im Innern…

So wählt denn, was ihr „kauft".
Nicht nur an Gütern,
sondern auch an Konzepten und Ideen.

Wählt in jedem Moment neu, und wählt die Etiketten, die ihr einem Geschehen aufklebt. Manchmal verhilft eine Karikatur zu dieser Klarheit.

Die Naturkatastrophen, die ihr jetzt habt auf eurem Planeten, zeigen doch auf, dass kein Staat mehr seine Probleme allein bewältigen kann. Ihr seid wirklich ein globales Dorf geworden und seid vernetzt. Wenn ihr das begreifen könntet! Dann, ja – würden die Laternen heller strahlen und das Dunkel durchlichten. Auch das Dunkel der Machenschaften. Dann würden eure Herzensfeuer wieder lodern und euch stärken und nähren. Dann wärt ihr wieder Fackelträger.

Und glücklicherweise gab es sie immer, durch alle Zeiten hindurch. Doch wurden und werden sie oft angefeindet und verfolgt. Manchmal mussten sie mit den Fackeln, den Laternen, vorangehen, und manchmal auch konnten sie nur noch im Verborgenen leuchten.

Aber der Zug dieser Fackelträger ist nie abgerissen – nie.
Und er hat oft im Untergrund überlebt durch mutige Menschen.

Fackelträger sein, war und ist nicht immer ein leichter Weg. Aber es gibt heute mehr davon. Ihr beginnt euch zu treffen, zu vernetzen. Und viele, sich wieder darauf zu besinnen, auch wenn immer noch alte Eigenschaften da hineinspielen. Dass ihr doch diese Dringlichkeit spüren könntet und diese eure Arbeit an vorderste Stelle setzt, soweit eure äußere Arbeit es euch erlaubt! Nicht nur so ein bisschen, wenn man gerade mal nichts Besseres zu tun hat. Sondern ein Dranbleiben.

Könntet ihr doch erfassen,
wie jetzt jeder Einzelne von euch so wichtig ist!

So wichtig ist, dass ihr jene unterstützt, die schon immer Fackelträger waren und sind. Damit sie den Mut nicht verlieren, die Flamme größer wird und nicht kleiner. Aber wir sind mit euch, Fackelträger! Auch wenn ihr in Zeiten von Not und Schwäche das nicht mehr so ganz wahrnehmen oder glauben könnt. Wir sind mit euch!

So schreitet denn weiter – unbeirrt und einsgerichtet. Und wisst:

Ihr setzt so oft Samen, deren Sprießen ihr nicht seht.

Weil sie später sprießen oder weiter weg. Aber ihr seid in unserm Mitarbeiterstab, und wir zählen auf euch. Dies aber soll euch nicht belasten, sondern erfreuen und stärken.

So geht denn voran mit euren Laternen, mit euren Fackeln. Immer ist da jemand, der ihrer bedarf. Der dann die seine daran anzündet und sich auf den Weg macht. Ihr könnt nicht ermessen, wie viel mehr ihr bewirkt, als ihr wisst und auch nur ahnen könnt. Wir aber sehen alle diese Lichtpunkte auf Erden und geben unser Licht dazu. Verzagt nicht! Es sind Geburtsschmerzen, in euch und der Welt. Je mehr ihr sie als solche erkennt und seht, desto rascher gehen sie vorüber und tragen zu eurer Entwicklung bei.

Gesegnet seid ihr – ihr Fackel- und Laternenträger!
Und manch einer ist das im Stillen, an kleinem Ort,
und weiß das nicht einmal.

VON DER AUFGABE DER LICHTARBEITER

Wie immer grüßen wir euch aus dem Zentrum allen Seins, dem Ewigen Jetzt, und möchten euch ermuntern, nicht zu erlahmen in euren Bemühungen.

Ihr habt es geschafft, euren Planeten nicht dem Untergang zu weihen, doch muss noch viel verändert werden, viele Toxine ausgeschieden, damit ihr freie Fahrt in eine neue, lebensvollere Zeit habt.

Was aber sind diese Toxine?

Die Giftstoffe, die ihr angehäuft habt – die Pestizide, die Dünger, die Atomabfälle etc. etc. Da heißt es, die Unternehmen in die Pflicht zu nehmen, die an ihren dubiosen und skrupellosen Machenschaften verdienen – gut verdienen – und denen der Planet und selbst ihre Kinder nicht wichtig genug sind, um sie zu schützen.

Doch fürchtet *ihr* nicht, was ihr jetzt an Negativem seht in der Welt. Es fliegt das meiste auf, erhebt zwar nochmals sein Haupt, kämpft um sein Überleben – doch ist es ein Todeskampf. Der Todeskampf der Dualität ohne den Punkt Drei, könnten wir sagen.

Der Punkt Drei, der immer Liebe ist und ein Miteinander,
ein Gedeihen für alle und alles,
ein Sich-Ausrichten auf eure Herkunft,
das Zentrum allen Seins.

Es ist diese Ausrichtung auf dieses Zentrum, die zugleich eine Ausrichtung auf euern innersten, göttlichen Kern ist, die es euch ermöglicht, dass ihr eure Probleme – eure selbst geschaffenen Probleme – wirklich lösen könnt. Dass ihr dem Leben wieder dienen könnt, mit dem Leben verbunden sein könnt. Ihr seid ja auch Teil dieses Lebens, und was jetzt so lange stattfand auf Gaia, war eigentlich ein erweiterter Suizid. Ihr wisst ja, dass man dann wohl abhuschen kann, aber wiederkommt und seinen eigenen Schlamassel angehen muss. Wäre es da nicht weise, gar keinen zu verursachen oder – wenn schon – ihn wenigstens gleich wieder aufzuräumen, zu entsorgen, wie ihr das nennt?

Ja – es kommt alles nochmals an die Oberfläche, auch jede negative Strömung, jede, die nicht auf Gedeihen, sondern auf Zerstören ausgerichtet ist. Basierend auf dem ewig alten und sich immer wieder neu zeigenden, leicht umgeschriebenen Feindbild. Was ja doch nur ein Gespenst ist, das sich aus dem eigenen Schatten nährt, aus der eigenen Angst, dem eigenen Ablehnen des Lebens. Dann sind es die „andern", irgendeine Gruppierung halt, die Juden, die Homos, die Zigeuner. Wer auch immer – die andere Nation…..und das nächste Mal gehört man dann dort dazu, nicht?

Seht, es ist ja irgendwie einsehbar jetzt, wo ihr doch immer mehr das Miteinander versucht, wenn auch manchmal noch zurückfallend in alte Prämissen, dass da eine Gegenströmung entsteht und halt wieder ein Gegeneinander. Was kann denn ein Mensch, der in sich noch so sehr dieses Feindbild nährt, in sich noch so sehr gespalten ist – eben nicht ausgerichtet auf das Zentrum allen Seins – was kann denn der anderes in die Welt setzen als seine eigene Dualität, seine eigene Trennung?

Aber segensreich kann das nie und nimmer sein. Da müsste ja in letzter Konsequenz Planet gegen Planet kämpfen. Ja, das hatten wir auch schon….Der „Krieg der Sterne" ist eine Erinnerung daran….Aber es braucht nicht mehr so zu sein, nein! Darum kommt jetzt ja alles ans Licht, darum auch kämpft die dunkle Seite so vehement. Denn wenn du dich so sehr der Trennung, dem Hass verschrieben hast, kannst du nicht gedeihen in einer liebe-und lebensvollen Umgebung. Wenn man sich von Angst nährt und Projektion, von Krieg und Hass, dann ist es, als würde die eigene Nahrung verschwinden. Denn man hat nicht gelernt, sich von Licht zu nähren und in der Liebe zu gedeihen. Erst einmal müsste man sich selbst lieben – nicht in Egomanier –

sondern sich durchdringen lassen und
wissen von diesem Liebesstrom,
der ja immer da ist, immer.

Und wenn du auch nur ein Quentchen davon spürst,
wird dein Handeln, dein Fühlen und Denken anders sein,
wirst du auch anders die Prioritäten setzen.

Und nicht mehr nur äußeren Zerstreuungen nachgehen, sondern auf die innere Suche gehen, die Suche nach dem inneren Kraftquell, der unser Kraftquell ist – euer aller – so ihr es annehmen könnt.

So – nun könnt ihr bei dem stehenbleiben, ihr Lichtarbeiter. Auch ihr könnt den Feind im Außen sehen, könnt in die Angst gehen, in die Resignation. Auch ihr könnt aufgeben oder zumindest in Zerstreuung gehen, in die Lauheit auch. Aber ihr habt Zeit – ihr habt wieder, von Neuem Zeit. Ihr könnt diese Kinderkrankheiten auswachsen. Ihr könnt euch auf das Leben ausrichten, in euch, um euch, auf dem Fleckchen Erde, wo ihr wohnt und seid. Im Tätigsein und auch in der Ruhe – manchmal mehr noch in der Ruhe. Ihr könnt auf die bösen so-und-so schimpfen, ihr könnt euch betäuben, ihr könnt selbst wieder in die Trennung gehen, in die Angst. Und nirgends mitmachen wollen, weil es ja noch nicht perfekt ist. Ihr könnt zurückgehen in ein Europa der Trennung. Und das wäre bald einmal wieder ein Europa der Kriege. Habt ihr das nicht bis zum Exzess durchlebt?

Nein – ihr werdet euch zusammentun, werdet zusammen durch diese Kinderkrankheiten gehen müssen, *ist doch der Euro von uns initiiert.* Kann doch ein geeintes Europa stark sein und seinen Platz einnehmen unter den Völkern. Ja, auch die UNO hat oft noch ihre Kinderkrankheiten und ist doch ein segensreicher Versuch, das globale Dorf zu einen. Die Erdbevölkerung zu einen, und das dauert noch etwas. Aber ihr könnt auf dem Weg dazu sein, und wir raten es euch. Denn ihr werdet Besuch haben von andern Planeten und Galaxien – etliche sind schon hier. Und gut tut ihr daran, dann geeint zu sein und zu wissen, was ihr aufnehmen wollt.

Man kann sich an Streit gewöhnen, an Leid, an Krankheit, und man kann mit Krieg Gewinne machen.

> *Es ist die Mentalität, die sich ändern muss.*

Aber ihr seid auf dem Wege dazu, indem immer mehr entlarvt wird.

> *Nun aber zu euch! Was könnt ihr Lichtarbeiter tun?*

Klagen, anprangern, sich abwenden? Oder vielleicht doch, wenn ihr irgendwie Zeit habt und noch könnt, ein bisschen von dieser Zeit pro Tag oder Woche aufwenden, unser Licht aufzunehmen und es auszustrahlen in diese Welt voller Geburtswehen, die aber immerhin noch da ist. Gaia ist noch da! Aber die Rettung sind weder –ismen noch Dogmen, die Rettung ist nicht Trennung. Sondern in aller Verschiedenheit miteinander gehen, miteinander die Lösung anstreben.

> *Alle Welten wurden in ihrer Einzigartigkeit, in ihrer Verschiedenheit*
> *aus der Einheit, der göttlichen, geschaffen.*
> *Alles andere kann nicht funktionieren.*

Und wir würden doch meinen, diesen Weg der Trennung seid ihr lange genug gegangen.

Was könnt ihr tun, ihr Lichtarbeiter?

Ganz einfach! Eure Feindbilder ansehen, eure Ängste hervorholen und sie neutralisieren. Auch euer Gefühl von unwert sein, dass ihr euch fast zu Tode krampfen müsst, um ein Auskommen zu haben, oder dass ihr darben müsst und im Mangel sein….alles Konzepte, die nicht aus eurer göttlichen Seele sind. Ihr könnt die kollektiven Konzepte schlucken und weiter pflegen, oder ihr könnt bei euch ausmisten. Das Frühjahr ist eine gute Zeit dafür, den Wintermüll zu entsorgen. Es war ja so lange Winter auf Gaia….. Ihr könnt eure Meditationen, eure Gebete ausrichten darauf, dass die Kraft aus dieser göttlichen Einheit Gaia und ihre Bewohner durchfluten möge, dass sich die Schwingung weiter erhöht,

die Frequenz sich verändert von Zerstörung zu Leben,
von Mangel zu göttlicher Fülle,
von Hass zu Liebe,
von Trennung zum Miteinander.
Zu sorgsamer Pflege eurer selbst und dem,
was euch anvertraut wurde.

Und das ist jeder Mensch, der euren Weg kreuzt, jeder. Das sind die Pflanzen und Tiere, das ist Gaia. Oder ihr könnt euch im Konsumrausch betäuben oder im Mangel abkoppeln von der göttlichen Fülle. Alles alte Konzepte, untaugliche, möchten wir meinen. So müsste der eine lernen zu teilen, einen Teil seines Reichtums in die Gesellschaft zurückzuspeisen. Und der andere, seinen Anteil anzunehmen. Es geht wieder darum, eure Konzepte zu sichten, und ob ihr in eurem Denken und Fühlen immer noch dem Prinzip der Trennung huldigt. Tretet aus dem Kerker, dem dunklen, ins Licht und lernt dieses Licht zu ertragen. Immer wieder ist der Schlüssel, selbst an traurigen Tagen, Dankbarkeit. Seht doch: Wie Natur sich wieder mit dem Lebensstrom verbindet und neu erblüht. So, wie auch ihr neu erblühen sollt und könnt. Ihr mögt noch Schmerzen haben, mögt traurige Tage haben. Es sind Tage, wo Altes sich ablöst. Solltet ihr nicht wissen, was sich ablöst, so segnet es und sagt:

„Du hast mir gedient bis hierher, aber jetzt schreite ich ohne dich weiter.
Denn ich habe mich entschlossen, in eine neue Welt zu schreiten, die ich zwar noch nicht kenne, und das braucht Mut.
Aber ich werde in diese neue Zeit gehen.

Und dann kann und wird sich mein Körper regenerieren und meine Psyche. Mein Vertrauen wird wieder wachsen und da sein, auch an dunklen Tagen.“

Auch an Tagen, wo ihr nicht weiter seht. Wo Elend, eigenes oder fremdes, euch drücken mag. An Tagen, wo ihr den Mut verliert. An den „was kann denn ich schon tun?“–Tagen.

Ihr könnt tun – ihr könnt anders denken, sogar anders fühlen lernen und anders handeln.
Ihr könnt wieder vertrauen, ihr könnt wieder glauben.

Wärt ihr denn hier in dieser Umbruchszeit, wenn ihr nicht mit diesem Vertrauen, diesem Glauben gestartet wärt, neu gestartet?

Doch gibt es manchmal Tage, wo man im Außen nichts tun kann, aber bekräftigen, dass da irgendwo in einem dieses Urvertrauen ist und nur geweckt werden muss, dass dieser Glaube da ist. Der Glaube, ja, das Wissen, dass Licht und Liebe stärker sind! Die einzige Kraft sind, für die es sich zu arbeiten und zu leben lohnt – ja, der Urmotor quasi des Universums. Und darum gedeiht ja nichts, was dagegen handelt.

So stärkt euch denn gegenseitig euren Mut, euer Vertrauen, euern Glauben. Steht euch bei, wenn jemand das verlieren sollte oder im Moment schwankt. Spiegelt euch diese Liebe – spiegelt euch diese gegenseitige Wertschätzung. Und wenn einer schwer trägt, so tragt mit, und die Last wird leichter werden. Verliert den Mut nicht, wenn ihr Symptome habt, wenn ihr den Eindruck habt, mal wieder zurückgefallen zu sein, wenn ihr nicht seht, wo die Fülle herkommen soll, die Lösung. Oder wenn ihr einfach müde seid. Ihr könnt uns auch eure Sorgen übergeben, könnt bitten, dass wir euch reinigen und euch von euren alten Themen klären und euren Ballast entsorgen. Aber wir brauchen eure Einwilligung dazu.

Gebt jetzt nicht auf, ihr Lichtarbeiter!

Richtet euch aus auf Einheit, nicht auf Trennung, und zu allererst in euch selbst. Und dann in dem, was ihr hinaussetzt. Realisiert, wenn ihr mal wieder zurückfallt, verzeiht euch das und bittet um die Kraft, wieder vorwärtsgehen zu können. Die Lösungen sind da – ihr müsst sie nur erlauben, und denen, die sie unterbinden, das absprechen und sie anfordern. Es gibt auch eine Lösung für den Atommüll – das muss nicht der Meeresboden sein und kein „Endlager". Was für ein scheußliches Wort. Ja – fast wäre Gaia ein Endlager geworden.

Nein – es gibt andere Methoden. Darum bittet, dass die erkannt und angewendet werden. Dass immer mehr – bewusste oder unbewusste – Lichtarbeiter aufstehen und sagen: „So nicht mehr!" Nicht im Kampf, sondern aufstehen aus dieser Einheit, dieser Liebe heraus. Aus dieser Liebe heraus wähle ich nicht, dass Gaia zerstört wird, dass Menschen elend sind, aus dieser Liebe heraus will ich Gedeihen für alle und alles.

Diesen Funken trage ich im Herzen –
diese Fackel trage ich dort, wo ich bin, wo ich stehe und gehe.

Damit ihr eine Leuchtspur hinterlasst.
Wisst ihr denn, dass manch einer sich daran orientieren kann,
den ihr nicht mal kennt und den ihr – tagsüber wenigstens –
nie trefft?

Seid lichtvoll!

Aber erst einmal nehmt diese Liebe auf, die immer fließt. Damit sie euer Leben wandeln kann und eure Probleme löst. Ihr habt nämlich auch die Lösung mitgenommen, nicht nur das Problem. Erhebt euer Haupt, seid immer mehr Licht! Und Licht wird sein und werden, wo ihr den Fuß hinsetzt, wo eure Hände in die Welt greifen. Und sendet dieses Licht hinaus in die Welt. Das könnt ihr immer tun, an jedem Ort und selbst an schlechteren Tagen. Doch füllt auch euch damit. Ihr sollt nicht aus dem Manko geben, sondern überfließen in die Welt. Das aber bedingt, dass eure Tasse erst mal voll ist, und das ist nicht Gier und ist nicht Ego. Das ist ein Stück Welt und Leben, das fließt und gespeist ist von dieser Liebe und dann überfließt. Und dann vereint eure Bäche, dass sie zu einem Strom werden. Mit der Zeit werden hier nur noch Seelen inkarnieren, die diesen Strom annehmen und in ihm und mit ihm fließen.

Gesegnet seid ihr, wenn ihr nicht aufgebt.
Gesegnet seid ihr, wenn ihr Geburtsschmerzen habt.
Gesegnet seid ihr, die ihr mutig und hoch erhobenen Hauptes,
voll Licht und Liebe weiterschreitet!

Wehrt euch aus Liebe

Wenn ihr euch wehrt, dann wehrt euch, um des andern Irrweg zu stoppen, um ihn nicht länger in eurem Garten Verwüstung anrichten zu lassen, nämlich die Grenze ungefragt zu überschreiten. Wehrt euch nie aus Hass oder Rache, denn dann seid ihr auf derselben Schwingung, und daraus kann nichts Gutes erwachsen, nichts, was euch höher führt. Seht zu, dass ihr erst ins Verzeihen geht, dass ihr vergebt dem Kontrahenten und ihm sein Bestes wünschen könnt.

Wehrt euch aus Liebe!

Seid Werkzeug, dem andern in Liebe seine Grenzen aufzuzeigen, wenn er die euren nicht respektiert und selbst in die Irre läuft.

Wehrt euch, um aufzuzeigen in Liebe.

Dass der andere eine Chance hat, seinen Weg zu korrigieren. Wehrt euch nicht, um euch zu bereichern und den andern zu schädigen.

Sondern wehrt euch auch aus Liebe zu euch selbst.

Jeder hat sein eigenes Programm. Viele von euch sind jetzt daran, ihre Opferreise abzuschließen. Ihre Aufgabe ist es zu lernen, für sich einzustehen. Andere wieder sollten ihren Machttrip beenden. Oder ihren Rachefeldzug. Und dann vielleicht die Dinge belassen, wie sie sind, und einfach weitergehen.

Eine Lektion ist nie die Lektion aller.
So wählt weise!

Es soll nicht Bereicherung dahinterstehen, nicht Hass, nicht Groll, nicht jemanden schädigen wollen. Wohl aber dürft ihr euren Garten und die Pflanzen darin schützen. Und wenn der

117

Nachbar das nicht einsieht, nicht respektiert, wo euer Garten anfängt, wo eure Würde angetastet wird, braucht es halt manchmal einen Dritten, der ihn zurückruft. Und so er nicht hört, ihm Konsequenzen zuweist. Ihr bräuchtet keine Anwälte und keine Richter, wenn jedermann bestrebt wäre, den andern zu respektieren und niemandem zu schaden.

Wenn ihr euch wehrt, wehrt euch aus Liebe! Sagt nicht die Erde heutzutage auch *Stop*, wenn ihr sie zu sehr schädigt?

Liebe ist Konsequenz für alle!
Rache ist Gewalt und Zerstörung für alle.

Das bedenkt! Prüft auch euch hierin ehrlich und unterscheidet weise, was euer Lehrstück ist.

Wehrt euch segnend.

Von Geburtsschmerzen und Königtum

Aus dem Zentrum allen Seins grüßen wir euch – was dazu verhilft, die Verbindung herzustellen zwischen euch und uns. Doch sind wir immer da, und mehr denn je, aber nicht immer seid ihr auf Empfang.

So grüßen wir euch denn und sind glücklich, wenn unser Gruß erwidert wird. Und immerhin wird er das mehr und öfter als in früheren Jahren. Es sind mehr Menschen, die sich der Geistigen Welt wieder öffnen und sich bei uns Rat holen und Erklärungen für eine turbulente Zeit. Nicht alle sind stetig und wirklich in der Hingabe. Viele sind mit dem bloßen Überleben beschäftigt. Und wenn sie dabei einigermaßen ethisch bleiben, haben sie viel errungen und auch viel transformiert.

Doch ist es vielmehr die satte Welt, diejenigen, die sich noch immer in scheinbarer Sicherheit wiegen, einen gewissen Luxus ihr eigen nennen, denen es oft an Hingabe fehlt, am Dranbleiben – wir sagten das schon, nicht? Umso mehr wird ihr Leben sie belehren müssen.

*Immer kommt als tatsächliche Erfahrung,
was nicht erkannt und umgesetzt wurde.*

Es ist dies keine Strafe. Aber es ist einfach so, dass sich dann der Lernschritt auf die physische Ebene verlagert. Denn dort wird es konkret. Dort muss man sich damit auseinandersetzen. So ist auch dies keine Wertung – es sind einfach Gesetze.

Immer mehr Menschen aber brauchen das nicht mehr – so stark wenigstens oder gar nicht mehr. Haben sie diese physischen und harten Erfahrungen doch hinter sich und könnten ihr Schifflein durch Erkenntnis lenken und steuern. Ja – auch durch Würdigung all dessen, was sie haben, durch Dankbarkeit. Auch das werden wir wiederholen. So wie Lernschritte wiederholt werden von einem guten Lehrer, bis der Schüler begriffen hat. Uns geht die Geduld nicht so rasch aus! Vielmehr geht sie euch aus. Was dann eben auch das Dranbleiben an einer Aufgabe hindert.

Wenn ihr zusammenkommt, um zu meditieren, eure geistige Arbeit zu machen und mit uns in Kontakt zu treten, spürt ihr ja, dass ihr in erster Linie mal für euch auftankt, um diesen oft nicht leichten Alltag besser bestehen zu können. Um durch äußere Angriffe nicht so sehr aus der Bahn geworfen zu werden. Ihr empfangt dann auch Heilenergie und seid in diesem Moment ein Fokus, eine Zelle des Lichts. Und wir bitten euch, das am Ende auch auszusenden. Wenn ihr es vermögt, nicht nur zu den andern Lichtarbeitern, sondern gerade dorthin, wo es am meisten vonnöten ist. Nicht nur zu den Opfern, sondern eben auch zu den Verursachern, die in der Lichtferne irren. Es mag aussehen, als würden sie es noch ablehnen, nicht aufnehmen. Dann kann es nötig sein, die Lichtaussendung auf jemand anderen zu richten, der sie aufnehmen kann. Es kann aber auch sein, dass diese Lichtaussendung irgendwann der Tropfen ist, der das Fass im positiven Sinne zum Überlaufen bringt: nämlich aufweckt und das Dunkel durchdringt.

Dass einmal dieses Dunkel und dieses Licht
keine Gegensätze mehr sind.
Sind es doch Emanationen einer einzigen Kraft.

Die sich mal so oder so darstellen kann, aber nicht ins Extrem auszuarten braucht. Das Dunkel der Nacht kann ja eine Ergänzung sein zum Tag und braucht nicht furchterregend zu sein.

So dünkt es euch dann manchmal, dass die Last alleine auf euren Schultern läge. Ihr, die ihr durchtragt, ihr, die ihr in der Hingabe seid, die ihr weitergebt und eben dranbleibt. Für die solch meditative Zusammenkünfte Priorität haben, wenn immer möglich.

Es soll euch nicht kümmern. Es soll euch nicht belasten. Denn ein Mensch in der Hingabe an Lebensförderndes, an die Göttlichkeit, vermag so viel mehr auszurichten als einer, der in der Lauheit verharrt. Ja – das ist nun schwierig zu verstehen, wenn ihr nur aufs letzte Jahrhundert schaut oder auf die heutige Zeit. Scheint es doch, dass die Handlanger der Lichtferne die größten Resultate zeitigen. Sind doch diese sichtbar.

Doch werden eure Bemühungen verstärkt von unserer Seite. Und wisst: Auch wenn ihr nur zu Wenigen beisammen seid, in der Ausrichtung auf uns, solltet ihr mal sehen, wie voll dann der Raum ist! Ihr spürt doch die Dichte und die Energie, nicht? Abgesehen von euren Engeln und Geistführern, die ja ein Teil eurer Göttlichkeit sind, ist auch unsere Kraft anwesend, ist euer Meister anwesend. Ja – der Raum ist dann ziemlich dicht bevölkert! So werdet denn nicht müde, diese Arbeit weiter zu pflegen. Und jeder, der dazukommt, verstärkt die Schwingung. Segnet jene, die das noch nicht einsehen, nämlich die Wichtigkeit davon. Die sich noch im Außen verzetteln. Möglicherweise würden sie sogar die Schwingung eher senken, so sie sich nicht mitnehmen ließen.

Es waren immer wenige, die die Laternen trugen seit Lemuria, seit dem, was ihr goldenes Zeitalter nennt. Aber es sind mehr geworden. Und ihr könnt euch ja weltweit vernetzen. So kontaktiert denn geistig alle, die an dieser Arbeit sind, an diesem Teppich weben. Ihr seid dann nicht zu dritt oder zu viert etc. – o nein.

Ihr seht die Lichtfunken nicht,
die über den Planeten verstreut sind.

Nun möchten wir sprechen über diese anderen Tendenzen, die jetzt wieder Radikallösungen anbieten, Ausgrenzungen, Verurteilungen, Verfolgung, Trennung, Spaltung. Und die leider, leider Menschen anziehen, weil Projizieren ja so viel einfacher ist, weil man da seinen Frust platzieren kann. Und sich in unsicheren

Zeiten halt doch gerne wo anklammert. Auch das eine Sackgasse. Das vermehrte Licht auf Erden unterstützt das immer weniger, auch wenn es zuzeiten bedrohlich aussehen mag. Es ist eben doch so: Wenn man klarer werden soll, braucht es manchmal ein Extrem, eine Verstärkung, eine Karikatur.

Denn es ist eine Zeit der Entscheidung.

Das heißt, dass es dann eben nach Trennung aussieht. Aber es bedeutet nur, dass ihr auf verschiedenen Wegen weiterschreitet. Dann sind oft Schwingungen nicht mehr kompatibel.

So gibt es denn auch verschiedene Wege unter euch Menschen – immer jedoch könnt ihr segnend weitergehen. Aber auch das sagten wir schon oft: Die Mitwanderer werden wechseln. Es erträgt es nicht mehr, dass ihr euch mit solchen umgebt, die euch hinunterziehen, ohne sich hinaufhelfen zu lassen. Ja – die euer Licht verdunkeln oder ignorieren; es euch erschweren, das, was ihr seid und sein könnt und endlich sein sollt, zu leben.

Ihr sollt wieder in eurem Königsmantel dastehen.

Nicht, um euch über andere zu erheben, euch besser zu dünken, nicht um Zielscheibe zu sein, aber ihr sollt euer Erbe antreten, um tiefer und größer wirken zu können. So entfernt euch denn von jenen, die euch das nicht zugestehen, aber auch von jenen, die euch schmeicheln oder aufs Podest heben. Beides dient euch nicht.

So wird es denn noch mehr nach Chaos aussehen, nach Trennung, denn was sich neu bildet, neu formt und neu gruppiert, geht durch eine solche Phase. Lasst euch nicht irremachen! Und wisst, dass wir auch scheinbar Böses zum Guten wenden können. Dass ihr oft aus einem Umfeld gelöst werdet, was erst mal als Katastrophe und Gemeinheit einherkommt, bzw. von euch so empfunden wird. Da ihr nicht erkanntet, nicht selber den Schritt machtet, setzten wir den scheinbaren Bösewicht ein. Dann geht es nach dem ersten Schreck wieder mal um die Etikette.

Man kann immer aus Trümmern Neues bauen,
Trümmer können Bausteine sein für Neues.

Es sind Geburtsschmerzen,
die die neue Erde jetzt durchläuft,
weil die alte sich ablöst.

Und manch einer schlägt wild um sich oder versinkt in Verzweiflung, klammert sich an Dinge, die morsch sind – schon lange morsch sind. Es sind Geburtsschmerzen eurer Erde, der Natur. So übt euch in Mitgefühl. Es sind Geburtsschmerzen in euren Leben, auch in euren Körpern. Gebt eurem Körper die Unterstützung, die er braucht – pflegt ihn, überarbeitet ihn nicht, nutzt die Freizeit als Erholung, als Aufbau in jeder Hinsicht. Denn viel leistet jetzt eure Biologie, vor allem bei jenen, die vorangehen. Doch können sie es richtig einordnen und die richtigen Maßnahmen ergreifen. Da kann auch mal eine medizinische Hilfe nötig sein, sogar eine Operation, doch wählt die Mittel weise und gebt euch Zeit für den Aufbau. Oft halten wir den „Betrieb" in eurer Biologie aufrecht mit – bildlich gesprochen – wenig Strom. So überfordert euch nicht.

Eine Übung, die jetzt so wichtig ist: Darauf zu vertrauen und tief innen zu wissen und zu erkennen, dass alles zu eurem Besten ist. Das hat nichts mit Masochismus zu tun: „O wunderbar, es geht mir ja so schlecht – also ist es zu meinem Besten."

Sondern eine Haltung der Akzeptanz,
des Offenseins für das Geschenk,
das noch verhüllt ist.

Das setzt Kräfte frei. Setzt auch die Kraft frei zu sehen, wo ich etwas ändern kann, soll und wie. Das bedingt, in der Gegenwart zu sein und eben offen dafür, was die Zukunft bringen kann. Ihr überblickt sie nicht. Ihr kreiert sie zwar mit euren Etiketten, euren Erwartungen. Aber immer kann Neues eintreten, kann eine Wende da sein, kann euer Leben so sehr anders aussehen als nur vor fünf oder zehn Jahren. Dafür seid bereit!

Auch das ist Hingabe:
Klar zu erkennen,
wo soll ich mich führen lassen,
ohne die Macht abzugeben,
wo soll ich die Schritte tun, die es zu tun gilt.

Und manchmal ist ein solcher Schritt auch ein Ausharren,
eben ein Durchtragen.
Oder ein mutiges Vorwärtsgehen.

Spürt ihr, die ihr auf diesem Wege seid, dass ihr nicht zur Trauerweide verkommt? Sondern froher und gelassener werdet? Und mehr sogenannte „Wunder" anzieht in euren Leben? So hört denn auf eure innere Stimme, achtet auf euren Körper.

Versucht herauszufinden, was jeder Moment von euch will.

Verzagt nicht!
Und segnet das Tun und segnet das Sein –
segnet die Aktivität und segnet die Ruhe!

Wobei diese Ruhe oft nur scheinbar inaktiv ist. Ihr überblickt nicht, was in euch alles in diesem Geburtsvorgang passiert und umgestaltet wird. Spürt die Verbindung immer mehr – mit der Natur, mit allem, was euch umgibt, mit euren Mitmenschen, mit allem, was ist, mit uns. Wenn ihr in dieser Schwingung weilt, werdet ihr Zerstörendes nicht anziehen. Es sei denn eben, dass das, was nicht mehr in euer Leben gehört, davon gelöst wird. Das kann manchmal wie ein Sturm aussehen. Doch darunter keimt schon neues Leben. Verfallt auch nicht in Panik, wenn auch dies verständlich ist.

Es sind nur Gespenster, die euch schrecken,
um euch vom Weg abzubringen.

Wenn ihr doch erfassen könntet,
dass all das nicht real ist!

„Ich erkenne, dass es so, wie es ist, meiner Göttlichkeit dient.

So ich aber erkenne, dass dem nicht so ist,
bitte ich um Inspiration, was ich ändern kann und soll.

Ist die Situation, in der ich stecke und vielleicht verharre,
dem Prinzen, der Prinzessin in mir angemessen?
Werde ich gewürdigt von denen, die mich umgeben?"

Es ist eine Würde, die zugleich eine Bescheidenheit ist.

Da ist kein falscher Stolz drin und keine Überheblichkeit, sondern ein Wissen darum, was mich schmälert, was mich stärkt. Eine Konsequenz. – *Würde ist Konsequenz!* Wenn ich diese Würde im richtigen Sinne erfasste, würde ich in Dankbarkeit und Freude, in der Hingabe sein. In Richtung meines Königtums, das in mir schon angelegt ist.

Wir bitten euch:
Stellt euer Licht nicht mehr länger unter den Scheffel!
Lasst es leuchten,
um die Dunkelheit zu erhellen!

Und erlaubt keinem, es auszulöschen. Wer die Helligkeit nicht erträgt, wird sich abwenden, und dann ist es gut so. Doch werden andere angezogen werden und ermutigt.

Lasst die Flamme sprechen –
die Flamme eures Herzens!

Und fragt immer:
Schmälert dies oder jenes mein Licht
oder nährt es dieses?

Mitgefühl kann es durchaus auch mehren, doch heißt das nicht, dass ich Wege wandle, die nicht gemeint sind. Unsere Liebe aber trägt euch hindurch durch diese Geburtsschmerzen, wenn ihr sie nur zulasst. Wenn ihr euch übt darin, wenigstens einen Teil davon zu spüren.

So schreitet denn zusammen weiter in gegenseitiger Dankbarkeit, auf leichterem Pfad, auf lichtvolleren Wegen. In einer Bewusstseinssphäre, wo Gewalt und Zerstörung nicht beheimatet sind.

Es gibt verschiedene Welten innerhalb eurer Welt,
und euer Bewusstseinslevel ist eure Eintrittskarte –
in diese oder jene Welt.

So seid auch hierin wachsam. Ihr habt Unterstützung, sogar von andern, entfernteren Wesen – von andern Universen. Lasst sie zu ohne Furcht. Wenn sie nicht in der Liebe sind, wendet euch ab. Doch viele kommen, um euch als Geschwister zu umarmen – seien sie sichtbar oder nicht sichtbar. Viele kommen – sie werden Tränen der Freude vergießen und nicht mehr getrennte Wege gehen.

Ergreift in Demut, Hingabe und Freude
euer Königtum
und lebt es zum Wohle aller!

VON LATERNEN UND KARIKATUREN

Wir grüßen euch wie immer aus dem Zentrum allen Seins, dem Ewigen Jetzt, und möchten ein paar Dinge beleuchten, die euch jetzt immer mehr beschäftigen, sowie das Thema Gewalt.

Immer gab es diejenigen, die konsequent den Weg gingen und Leuchtspuren hinterließen, und sie litten daran, dass andere diesen Weg nicht beschritten oder nur gerade dann, wenn sie nichts Besseres hatten, sich lieber den Zerstreuungen hingaben.

Und doch leuchtet ein Leuchtturm –

nicht nur dann, wenn ein Kursschiff
zur angesagten Zeit vorbeifährt,
sondern für jedes Schiff,
das in seine Nähe kommt.

Wisst ihr denn, dass gerade diejenigen Menschen, die am stärksten unter der sogenannten Trennung von uns und ihrer Heimat leiden, unter der Dichte der Schleier, die am meisten Sehnsucht in sich tragen und denen das alles unbewusst ist…dass es oft dann diese sind, die in blinder Wut um sich schlagen oder sich umbringen oder andere quälen. Es ist die Wut der Verzweiflung und kein gangbarer Weg, denn er hat die Schleier ja nur dichter gemacht.

Umso glücklicher sind wir, dass jetzt auch viele von euch – mehr denn je – ihrer Sehnsucht bewusst wurden, nach ihrer Heimat wieder fragen und beginnen, unsere Liebe zu ahnen und sie wieder zuzulassen, immer mehr. Dann braucht ihr nicht mehr um euch zu schlagen, dann braucht ihr nicht mehr im Ego zu sein und den andern außer Acht zu lassen, dann ist Gewalt keine Option mehr und Missbrauch der Macht auch nicht. Dann will ich niemanden übervorteilen und auch nicht überfordern, sondern trete ein in die Freiheit, die ich dann auch nicht mehr missbrauche, und ich kann dann den andern auch ihre Freiheit lassen. Dogmen, starre, strikte, oft harte und grausame Dogmen der Ausschließlichkeit, des Gehorsams, sind ja oft nur Auswüchse dieser Angst und Verzweiflung – der Angst, ausgesetzt zu sein und den Heimweg nicht mehr zu finden. Hänsel und Gretel streuten im Märchen Brotkrümel. Euer Sehnen, eure liebevollen Taten können diese Brotkrümel sein, diese Wegweiser nach Hause oder wie ihr Heimat hier errichten könnt.

Ihr habt gewissermaßen eure geistige Heimat – unsere Welt – mit euren Attributen ausgestattet, mit euren Möbeln möbliert. Und gedacht wäre es umgekehrt. Ihr kreiertet ein Prinzip, wo es nur ein Entweder-oder gibt, der Eine oben ist und der Andere unten. Und entweder kriegt der den Kuchen oder der Andere. Das hattet ihr so sehr verinnerlicht. Dualität ist ein Prinzip von Angst und Trennung. Der dritte Punkt – von dem ihr oft sprecht – wäre eure geistige Heimat und der Teil von euch, der hier bei uns geblieben ist und euch führen, lenken und inspirieren könnte. So ihr es zulasst…Dann kann es ein Sowohl-als-auch sein. Auch wenn ihr wählt aus Erkenntnis heraus, müsst ihr nicht verurteilen, könnt ihr eure Wahl auch immer wieder ändern und könnt ihr andere Wege zulassen. Krieg ist Beschränkung auf Dualität. Das, was ihr Realität nennt. Und es ist doch völlig irreal, wenn man die übergeordneten Prinzipien anschaut.

Liebe ist allumfassend,
heißt aber nicht, sich zum Fußabtreter zu machen,
sich selbst total zu vergessen.
Das führt zu Opfer und braucht einen Täter.

Liebe kann auch mal aufstehen und sagen: „So stimmt das für mich nicht – du profitierst von mir. Ich erlaube dir nicht, in meinen Garten zu treten und ihn für dich zu nehmen. Und ich zeige dir jetzt in Liebe auf, wo der Zaun verläuft." Nicht als Trennung, sondern ein Zaun, der jedem die Freiheit lässt und jedem das Gedeihen ermöglicht. Wenn ihr euch gegenseitig den

128

Sonnenschein abgraben könntet – ihr hättet es getan. Gott sei Dank scheint sie immer noch auf alle und alles. Nein – das ist ein Einnehmen eures Raumes – das ist besser als Zaun – ein Einnehmen eures Raumes, der euch zusteht. Und dem andern nicht erlauben, ihn euch wegzunehmen. Euch selbst soviel zuzugestehen und euch so gut zu behandeln wie den andern. Und das gilt für beide Seiten, in einer Beziehung, im Kollektiv, sodass jeder leben kann – das, was ihr heute eine win-win-Situation nennt. Win-win braucht den Punkt Drei! Und bei win-win hat komischerweise jeder genug und ist zufrieden.

Keiner entwickelt sich dem göttlichen Wesen gemäß, wenn er das Wasser nur auf sein Feld leitet. Tyrannen haben immer Menschen gebraucht, die dazu nickten, sich zu Untertanen machen ließen oder glaubten, auch zu profitieren. Aber zurzeit kommt alles an den Tag, was nach kosmischen Gesetzen nicht stimmt. Sei es in Politik, Wirtschaft und in Beziehungen. Und gut tut ihr daran, es anzusprechen. Mit einer Ich-Botschaft: „Ich fühle mich dann so und so", und dann kann der andere entscheiden, ob ihm das egal ist. Es sollte ja eben für alle stimmen. Das ist durchaus möglich. Aber es braucht Großmut, Einfühlungsvermögen und Hingabe von beiden – in einer Beziehung z.B. an das Dritte: die Partnerschaft. Oder im Kollektiv an den größeren Verbund, die Gemeinde, den Staat. Der allerdings keine Schreckensherrschaft sein soll, sondern der Diener des Bürgers.

Grenzen setzen – nicht als Mauern –, sondern als Aufruf zum Erkennen, kann ja auch Hilfestellung sein. Beziehung im kleinen oder großen Rahmen wäre ein Tanz zu zweit oder zu mehreren. Wie oft waren Frauen in euren Kulturen zu Hingabe gezwungen, zum Gebären verurteilt bis zum Tod und dafür gering geachtet. Das ist ja das Merkwürdige daran, dass der Herrscher seine Untertanen umso geringer achtet, je mehr sie sich beugen.

Und was entsprang aus dieser Geringschätzung der Gebärenden?
Das andere Ende: die Tötungsmaschinerie.

Zerstörung, Gewalt und Krieg. Zerstörung von menschlicher Kultur, von menschlicher Seele, von Umwelt, von allem, was im guten Sinne heilig ist, nämlich heil, ganz. Und jene jungen Menschen, die im Gewaltrausch quälen und töten können, als Zeitvertreib, zum Spaß, zu Reue und Empathie unfähig, unfähig, sich hineinzuversetzen in den Geschädigten, führen euch nur diesen krassen Egoismus vor Augen, der in euren Strukturen schon lange herrscht. Gerade auch in den Teppichetagen, bei den Krawatten- und Anzugträgern. Die Mentalität ist unterm Strich dieselbe. Auch sie sind nicht empathiefähig, auch sie vernichten das Andere und schließlich auch sich selbst.

Diese verirrten Kinder sind Symptome eurer Kultur, oder besser gesagt, Unkultur. Und natürlich könnt ihr das nicht dulden, müsst sie verwahren, ihnen Therapien anbieten, dass sie erkennen können – was die Vorstufe zur Liebe ist. Doch Einsicht und Erkenntnis wäre fürwahr auch andernorts nötig. Es ist so leicht, dann mit dem Finger auf sie zu zeigen und alle seine eigenen Inhalte auf sie zu projizieren. Der Ruf nach unmenschlichen Strafen, ja, sogar nach Todesstrafen, hat mit den Rufern zu tun.

Gewalt lässt sich durch Gewalt nicht heilen –
nie und nimmer.

Diese Rufer täten gut daran, in ihr eigenes Innere zu blicken. Es könnte dort möglicherweise einiges aufzuräumen geben. Habt ihr euch denn wirklich gedacht, ihr könnt Jahrhunderte lang Kriege führen, Macht ausspielen, euch grausam quälen und niedermetzeln, und daraus würden Kinder hervorgehen, die einfühlungs- und liebesfähig sind? Sie werden es sein – gerade diese, die jetzt so um sich schlagen, wenn nicht jetzt, dann später. Die allumfassende Gnade macht es möglich, dass vielleicht gerade ein Mörder als Kristallkind wiederkommt, beseelt von dem einen, glühenden Wunsch, es diesmal anders zu machen. Anderes aufzuzeigen, nicht die Karikatur, sondern ein Modell, das dem Leben dient.

So schimpft nicht über diese Täter – obwohl ihr es nicht nachvollziehen könnt – betet für sie! Es ist ja eh ein Zwiespalt in eurer Gesellschaft: Zivil ist Mord Mord – Mord im Krieg ist gleich Held! Das kann und wird nie aufgehen. Auch da herrscht eine Spaltung. Überseht dabei nicht die neuen Modelle, die immer mehr zum Tragen kommen. Überseht dabei die Menschen nicht, die zahlreicher werden und bewusst Lichtträger sind. Und verzweifelt nicht an den Karikaturen, die ihr jetzt seht – *Karikaturen eines sterbenden Systems, das sich selber umgebracht und aufgefressen hat.* Noch kämpfen sie mit harten Bandagen für das, was sie Überleben nennen. Reißen die Schwimmwesten an sich, sodass ein anderer versinkt. Und sie erkennen nicht, dass sie es sind, die versinken, und die andern sehr wohl zu neuen Ufern schwimmen können.

Denn steinige Straße führt in blühendes Land.
Land, das ihr für euch innerlich beanspruchen könnt –
nämlich den Raum für euren göttlichen Weg.

Und wenn ihr das wirklich bei und in euch erreichen könnt, wird er euch von außen nicht mehr abgesprochen.

Karikaturen im Außen zeichnen nur auf, was wo nicht stimmt. Eure alten Wege haben nie gestimmt. Es waren Wege der Erfahrung und somit gesegnet.

Es sollen jetzt Wege des Erkennens werden, der Rückbesinnung,
der Wiedervereinigung mit eurer wahren Heimat,
von der ihr ein Außenposten seid, doch verbunden.

Dann wird das strahlen weit ins Universum hinaus, weit über eure Galaxie hinaus: „Die haben es geschafft, obwohl die den freien Willen hatten und sich beinahe selbst zerstörten und ihr Planetenschiff. Sie haben doch noch das Steuer herumgerissen. Und segeln jetzt dem Leben entgegen, nicht der Dunkelheit."

Um es in irdischen Worten zu sagen:

Wir sind da, sobald ihr uns ruft.
Und wir weinen, wir weinen Tränen der Freude über jeden,
der erkennt und unsere Liebe einlässt.

Und in dieser Liebe klar und bestimmt den Raum einnimmt, der ihm zusteht. Dann gibt es komischerweise für alle mehr Raum, einen Raum, der schließlich *ein* Raum wird, wo alle gedeihen können!

Es gibt wohl zurzeit kaum ein Wesen
im ganzen Universum,
das nicht für euch betet!

So betet denn auch für euch, und betet vor allem für diejenigen, die mit den Mitteln der Dunkelheit euch aufzeigen, wo der Weg nicht mehr weitergeht. Aber der neue, der neue Weg ist doch da! Ihr müsst ihn nur gehen! Und wir beten auch für euch, wenn ihr den Mut verliert.

Ströme von Segen ergießen sich über euch.
Über die Träger der Karikatur und die Menschen,
die unbeirrt ihre Laterne weitertragen,
wenn auch oft weinend und in zitternden Händen.

Es sind Engel da, die euch beistehen und euch begleiten,
und das ist des Engels Freude.

Amen – so sei es!

VON LAUHEIT UND STURHEIT

Wie immer grüßen wir euch aus dem Zentrum allen Seins, aus dem Ewigen Jetzt, und möchten sprechen über Lauheit und Sturheit.

Dualität bedeutet Wahl, und manchmal auch aus Extremen ein Drittes kreieren, ein drittes Verbindendes, eine dritte Kraft, die die Extreme ausgleicht.

Das aber heißt nicht: das Licht wählen und den Schatten aussperren, denn der Schatten wird dich einholen. Du kannst dem Licht zur Durchsetzung verhelfen mit den Qualitäten des Schattens –

du kannst den Schatten als Kraft begreifen und ihn integrieren als modifizierende Qualität.

Du kannst jede Eigenschaft so oder so leben. Der Schatten kann z.B. Geiz sein, und am andern Ende steht die Verschwendungssucht – und beides ist nicht gesund. Du kannst diesen Geiz benutzen, um sparsamer zu sein und überlegter auszugeben – die Verschwendungssucht, um großzügiger zu werden. Und der dritte Punkt wäre dann das Kombinieren dieser beiden Eigenschaften: ein weises, wohlüberlegtes Haushalten, wenn nötig in Sparsamkeit, aber auch immer wieder in Großzügigkeit. Man hat immer etwas zu geben, und wenn es nur Zeit wäre oder ein Lächeln.

Du kannst die Verneinung nutzen, um zu lernen, Grenzen zu setzen, nein zu sagen, wo du nein sagen sollst, weil es dich vom Weg abbringt und dir schadet und schließlich keinem nützt. Und du kannst auf der andern Seite immer nur ja sagen. Dich verlieren und keine Grenzen setzen, und plötzlich hast du alle wilden Tiere in deinem Garten. Der dritte Punkt aber wäre ein Zaun, wo man hindurchsehen kann und wo man Kontakt darüber hinweg haben kann, den man aber mit einer Tür abschließen und sich schützen oder allein sein kann.

Ein Zaun, der auch versetzbar ist und die Freiheit bietet,
hereinzulassen, was oder wen man möchte.

So gilt es denn eine Eigenschaft nicht zu verdrängen, nicht ab-
zuspalten, sondern zu durchleuchten, zu erkennen, was für eine
Kraft denn eigentlich in ihr steckt, oder ob diese Eigenschaft ganz
einfach der Behälter für meine Frustration ist und auch meiner
Projektion. Feindbilder haben immer mit Projektion von eigenen
Inhalten zu tun, mit eigenen Ängsten, mit eigenen Schatten. Auf
ganz grausame Weise haben extreme politische Parteien euch das
vorgeführt, z.B. im Nazitum, im Kommunismus, und führen es
leider noch vor. Ob es dann rechts außen oder links außen ist,
spielt keine große Rolle. Es sind Auffangbehälter für Angst, Frustration, Projektion, für eigene, nicht bearbeitete Inhalte.

Darum sind sie ja auch so gefährlich, haben eine Explosivkraft
und ziehen Menschen an, nämlich diejenigen, die nicht bereit
sind, ihre Themen zu sichten, ihren Schatten zu durchleuchten
und zu wandeln. Sie würden dann an ihre wahre Kraft kommen,
nämlich eine aufbauende, lebensvolle, zum Wohle aller, was man
von Diktaturen und deren Anhängern ja nun wirklich nicht be-
haupten kann. Ein weiteres Kennzeichen ist ja Verunglimpfung,
für minder erklären, trennen, ausgrenzen, und am liebsten wären
diese Parteien Alleinherrscher. Wer ihnen in die Quere kommt,
hat nichts zu lachen. Ein Miteinander ist ihnen fremd. Sie müssen es fast, denn ihr ganzes Gebäude fußt auf dieser Verdrängung
des eigenen Schattens, auf ihrer Unsicherheit, auf ihrer Angst.
Und ja, man könnte sagen, aus einer gewissen messianischen
Ader, die so oder so gelebt werden kann und oft eben übersteig-
ert gelebt wird. Es kommt zur Ausschließlichkeit, es kommt zu
Sturheit, zu einer alleinseligmachenden Doktrin, die allem und
jedem übergestülpt und aufgezwungen wird. Könnte doch dieser
Eifer in andere Bahnen gelenkt werden! Segensreich könnte er
wirken, wenn ein anderes Credo, ein anderer Inhalt diese Energie steuern würde! Denn Eines muss man ihnen lassen: Engagiert
sind sie und einsatzwillig, oft bis zum Fanatismus.

Das aber ist eigentlich nur möglich, weil auf der andern Seite die *Lauheit* steht. Ein Terrorist, ein religiöser Fanatiker, ein Diktator ist zumindest nicht lau. Sie setzen ihre beträchtliche Energie dafür ein, ihre Ziele zu erreichen, koste es, was es wolle. Und auf der andern Seite ist es schwierig, nur drei, vier Leute für eine regelmäßige Meditationsgruppe zusammenzukriegen. Die regelmäßig für eine bessere Welt arbeiten, und mit großem Einsatz und Eifer ihre eigene Laterne polieren und ihr Licht aussenden, ja, sich für die aufbauenden Dinge einsetzen. Da ist alles andere wichtiger, jede andere Abmachung, und das Geld gibt man lieber auch für etwas anderes aus. Wenn schon, sollte es nichts kosten. Das gilt nicht für alle. Aber diese geistige Arbeit – und Arbeit ist es – wird zum Teil als Konsumgut gehandhabt, als Zeitvertreib, wenn ich gerade mal nichts Besseres habe und der Aufwand dafür gering ist. Man könnte auch sagen: Der Zaun ist morsch und nicht geflickt, man schiebt diese Arbeit immer wieder hinaus irgendeines Vergnügens wegen. Was Wunder, wenn die wilden Tiere halt doch in den Garten eindringen?

Wir sagten es schon früher und sagen es ungern: O hättet ihr, die ihr euch auf der lichtvollen Seite dünkt, auch nur einen Teil der Hingabe eines Terroristen! Eines Diktators, mit andern Vorzeichen allerdings.

> *Noch immer schlaft ihr in Gethsemane,*
> *während derjenige,*
> *der die Welt auf den Schultern trägt,*
> *wacht und ringt und betet.*

Wir meinen nicht, dass ihr euch kasteien müsstet wie früher in den Klöstern und in Askese leben. Nein, ihr sollt euch des Lebens freuen. Aber ist denn das nicht auch eine Freude, zusammenzukommen und für das Aufwachen und die Gesundung von Erde und Menschheit einen Einsatz zu leisten? Kann das nicht auch Vergnügen sein und Freude – eine tiefere Freude als vieles andere?

Commitment – Verbindlichkeit – Einsatz – Freude.
Es sind jetzt die wichtigsten Jahre auf eurem Planeten!

Es braucht nicht immer ein Großereignis bei einer Berühmtheit zu sein, ein Event, wie ihr das nennt. Gerade die kleinen Kreise, die an den verschiedensten Orten zusammenkommen und Lichtträger sind – fast könnte man sagen, diese homöopathische Dosierung und Verteilung dieses Netzwerkes, das überall seine Maschen braucht, gerade das ist ja so wichtig! Ein großes Event kann ungemein inspirierend sein im Moment. Und natürlich, wenn sich alle diese Menschen zusammenschließen, ist die Wirkung ungleich größer. Aber wenn sie dann nach Hause fahren und es nicht umsetzen, es einfach ein Ereignis war, eine Abwechslung vom Alltag, dann verpufft die Wirkung. Natürlich steht auch dagegen, dass viele jetzt an ihren Arbeitsorten so sehr eingespannt werden bis zum Ausgenützt-werden, und auch gemobbt und schikaniert. Aber gerade dann wäre es ja wichtig, irgendwo Kraft zu tanken. Dort, wo sich Energien finden und bündeln, eine stärkere Einstrahlung und Wirkung möglich machen.

Aber es ist leichter, auf die Fanatiker zu zeigen und die dunkle Seite anzuschwärzen und sie auch zu fürchten, als seine Laterne zu polieren. Oder sie vielleicht sogar aus dem Keller zu holen. Und sie dann, wenn sie geputzt, poliert ist und der Docht erneuert, sie auch ins Fenster zu stellen und sie zu pflegen, immer wieder Öl nachzugießen. Diese Lichtzellen, diese kleinen Gruppen könnten dieses „Öl-nachgießen" sein. Was hält euch davon ab? Vielleicht die Angst vor Veränderung? Weil Licht Schatten erhellt? Weil euer Leben dann vielleicht einen Verlauf nimmt, den euer Ego nicht so geplant hat? Weil es im Schatten doch auch ganz gemütlich ist – man kann sich da ja ganz schön einrichten.

Hingegen fordert das Licht – fordert heraus,
beleuchtet die Spinnweben und die Schatten.
Aber zeigt auf, wo Änderung stattfinden sollte, Reinigung.

Und manchmal, wenn man einen Gegenstand, der lange im Keller lag, gereinigt und poliert hat, sieht man, dass er ja eigentlich brauchbar ist und wunderschön – zeigt er erst seinen wahren Wert. Oder man kann ihn getrost entsorgen.

Wir wünschen euch mehr Engagement, mehr Commitment in diesen prägenden Jahren! Es würde euch auch die Angst nehmen, das Vertrauen geben, die Offenheit, Veränderungen zuzulassen. Und irgendwann seid ihr vielleicht nicht mehr der oder die, wie ihr wart. Aber ihr seid dann mehr ihr selbst, mehr am Kern, weil da hemmende, hindernde Schalen weggefallen sind. Der Ruß weggeputzt und die Strahlkraft wieder mehr da ist. Auch werdet ihr euch dann besser und froher fühlen, selbst in turbulenten Zeiten. Gelassener auch, und wenn ihr Schwankungen habt, was diese Schwingungsveränderungen jetzt mit sich bringen im Emotionalen, werden es Schwankungen um die Mitte herum sein, um die Essenz herum, und ihr könnt sie rasch wieder ausgleichen und auffangen. Ihr schaukelt dann mehr um die Mitte herum und nicht mehr im Extremen, am einen oder andern Ende.

So verdrängt denn den Schatten nicht – sichtet ihn. Was ist die Kraft darin? Die Einsatzbereitschaft, die Opferbereitschaft des Terroristen zum Beispiel oder die Hingabe des Lichtarbeiters? Das wäre eine Hausaufgabe – zu prüfen, was von einer Negativeigenschaft der Kern der Energie ist und wie diese anders eingesetzt werden könnte. Auch Faulheit kann einmal angebracht sein, wenn man müde ist, und kann sehr viel Kreatives hervorbringen. Sturheit kann ein Dranbleiben sein, sich durchsetzen und sich nicht vom Ziel abhalten lassen.

Doch hat Lauheit nichts mit Neutral-sein zu tun.
Neutral-sein heißt nicht, alles gutheißen.
Es heißt nicht verurteilen, aber trotzdem erkennen
und unterscheiden in Weisheit und weise wählen.

Neutralität ist nicht Feigheit, aber kein duales Einteilen und Etiketten von richtig/falsch, gut/böse verteilen. Wie oft schon habt ihr etwas als schwierig, hart und schlecht etikettiert und saht später, dass es euch diente in eurer Entwicklung und dass aus diesem „Mist" vielleicht sogar Blumen sprossen. Neutral sein könnt ihr, wenn ihr den dritten Punkt einnehmt.

Ja – ihr müsst wählen in der Dualität. Eine Zeitlang mag es links oder rechts sein, doch wenn ihr euer Ziel kennt, können die Wege einmal zusammen kommen. Die Nacht kann Deckmantel sein für schädigende Taten, für Angst und Schrecken. Sie kann auch Schutz sein und Regeneration und Erholung vom Tag, wo die Dinge reifen können. Damit ihr sie am Tag umsetzen könnt. Ihr könnt während der Nacht zu uns reisen und Geist und Seele auftanken. Es braucht beides, Nacht und Tag. Und wenn ihr euch erholen wollt und Schlaf braucht, wählt ihr die Nacht, und wenn ihr aktiv sein wollt, wählt ihr den Tag. Es ist ja bekannt, dass es, wenn man Schicht arbeitet und das immer vertauscht ist, für den Organismus anstrengend ist.

Der dritte Punkt ist ein durchlichteter Schatten,
dessen positive Energien integriert sind ins Licht.

Das Licht aber kann auch zu Übersteigerung führen, zu Überhitzung, nämlich des Egos. Eines ungesunden Sendungsbewusstseins. Wir könnten sagen: Das Licht ist euer Selbstwertgefühl, euer Wissen darum, dass euch alles möglich ist und ihr mehr seid und könnt, als ihr ahnt. Und der Schatten kann sein die Demut, die Hingabe. Dieses Licht in den Dienst eines Größeren stellen. Dann ist es ein Spiel von Licht und Schatten, ein blauer Himmel mit Wolken. Es kann nicht immer nur ein klarer Himmel sein, kann nicht immer nur Sturm sein. Ihr wisst ja: Extreme Hitze kann Tod bringen und Unwetter und Kälte auch. Es braucht Wärme und Sonne, aber es braucht auch Regen, und manchmal auch Gewitter und Wolken. Und beides, wenn es extrem da ist und ausschließlich, führt zu Schwierigkeiten.

Wählt! Wählt im Moment, was dann angebracht ist. So wie ihr Kleidungsstücke je nach Saison wählt und nicht im Badeanzug im Schnee spazierengeht und im Wintermantel sonnenbadet. Wählt im Moment weise, was der Situation entspricht, euerm Ziel entspricht im Hinblick auf die Vereinigung der Gegensätze, auf den dritten Punkt: die Einheit. Aber die ist nur möglich, wenn beide Pole gesichtet sind, aufgeräumt – und die innewohnenden, neutralen Energien befreit sind.

Einheitsbewusstsein heißt nicht, sich nie entscheiden, heißt nicht Lauheit.

Lauheit führt nirgendwo hin.

Und besser, ihr geht mal auf der einen Straßenseite, bis ihr einseht, dass das zu extrem ist, und wechselt dann auf die andere, bis ihr in die Mitte kommt, in die Balance. Aus der Lauheit kann man nicht mal wählen, nicht mal die Route ändern. Und sie führt nicht in die Freiheit, führt nicht zu Entwicklung, ist letztlich Stagnation und Unbewusstheit. Wählt lieber einmal sogenannt falsch, dann könnt ihr neu wählen und eure Wahl korrigieren. Aber wisst, was ihr letztlich wählt! Eine Welt, wo Licht und Schatten im Einklang sind, wo von beiden die harmonisch gesunden und positiven Eigenschaften gelebt werden. Aber geht! Und steht nicht still! Bewegt euch, und das kann im Innen oder Außen sein, auch das in Balance.

Denn das Leben ist Bewegung,
das Leben ist Wandel,
das Leben ist Veränderung,
gerade in den jetzigen Zeiten.

Ja – das Loslassen von Liebgewordenem kann schmerzlich sein, aber wisst ihr denn, ob das Neue nicht mehr entspricht dem, was ihr heute seid und morgen sein werdet? Ob es euch nicht sogar glücklicher macht? Und in Einklang bringt mit eurem Seelenkontrakt. Wenn ihr immer wieder neu wählt, aus der Situation heraus, nicht als Fähnchen im Wind, sondern immer neu prüft, was nottut, was jetzt weise ist, dann werdet ihr weder stur noch lau sein. Dann könnt ihr eine gesunde Hingabe haben, eine maßvolle, die nicht ins Opfer kippt, sondern in die Verantwortung. Dann könnt ihr euch im richtigen Maß einsetzen. Aber das geht letztlich nur,

wenn euer Ego sich entschlossen hat – nach allem Sträuben –,
seine Kräfte, die eigentlich gut sind,
dem Hohen Selbst zur Verfügung zu stellen
und mit diesem zusammen zu kreieren.

Wir garantieren, dass dann auch euer Ego glücklicher sein wird.

Ihr habt so lange die Extreme gelebt, lebt sie zum Teil noch, seid so lange zu äußerst auf der Schaukel gesessen, rutscht jetzt mehr in die Mitte! Ihr könnt immer noch wählen, auf welcher Seite ihr sitzt. Aber ihr umkreist und umschaukelt die Mitte. Und der, der gegenübersitzt, kann euer Partner sein und nicht euer Gegner. Immer wieder werden wir solche Dinge wiederholen, bis ihr sie begreift, bis ihr sie verinnerlicht habt und lebt. Werft jetzt eure Lauheit ab!

Ihr habt gewählt,
in diesen wichtigsten Jahren da zu sein –
überlegt euch,
welchen Beitrag ihr leisten möchtet,
fragt nach eurem Kontrakt!

Damit ihr später nicht zurückblicken müsst und sagen: *„Mein Gott, ich habe die wichtigste Zeit auf dieser Erde, die wichtigste Entwicklung, einfach verschlafen!"* Das würde euch wahrhaft frustrieren und traurig machen. Nützt die Zeit! Es braucht kein Aktivismus im Außen zu sein – ihr tragt genauso dazu bei in euren stilleren Stunden.

Aber euer Sinnen und Trachten,
euer glühender Wunsch muss sein,
diese Zeit zu nutzen.

Eure Laterne ins Fenster zu stellen,
damit auch der, der im Dunkeln wandelt,
den Weg finden möge.

Doch wenn ihr eine Zeit habt, wo im Außen nicht viel los ist und ihr noch nicht hinaustreten könnt mit eurem Auftrag, dann nützt sie innerlich zum Polieren eurer Laterne. Ausstrahlen könnt ihr ja auch dann Licht und Liebe. Und wenn ihr eine Zeit habt, wo ihr selbst in gutem Bemühen euch erschöpft im Außen, dann nehmt euch auch wieder eine Zeit der Ruhe, bevor sie euch euer Körper aufzwingt. Ruhe braucht nicht Lauheit zu sein – Aktion nicht Sturheit.

Ihr könnt aus der Ruhe tun und aktiv sein in der Ruhe.

Mal überwiegt das Eine, mal das Andere. Aber sie bedingen sich gegenseitig, sie nähren sich gegenseitig.

Nutzt diese Zeit, denn trotz allem Schweren, allen Katastrophen ist es doch eine Zeit der Gnade. Wir sind euch so nah wie nie zuvor. Wir nützen diese Zeit mit unseren Botschaften, indem wir euch zurufen, bis ihr zuhört, indem wir euch begleiten. Aber wir brauchen euch auf Erden! Ihr werdet doch gerne gebraucht, in der Regel, nicht?

So lasst euch jetzt einsetzen, wir bitten euch!

Es wird eure Freude sein, auch wenn es mal schwierig ist. Ihr werdet in eurer Kraft dastehen, wenn viele wanken werden. Und es wird gesorgt sein für euch – verinnerlicht auch das. Ihr seid im Vertrauen – sonst wärt ihr nie gestartet zu eurer Reise in die Stofflichkeit. Es mag gebrochen und erschüttert worden sein,

aber irgendwo ist es doch noch vorhanden. Man kann es hervorholen und wieder polieren. So ihr Mühe habt damit – ach – ihr
könnt immer, immer eure Laternen von uns wieder auffüllen
und wieder anzünden lassen. Ihr könnt immer auch um Vertrau-
en bitten. Um das, was euch nottut. Gewisslich wollen wir, dass
es euch gut geht. Ihr habt das nur lange Zeit vergessen gehabt.

So seid denn gesegnet,
wie ihr immer gesegnet seid!

Es ist so schön, von uns aus eure Laternen zu betrachten.
Zeigt sie euch doch gegenseitig,
zeigt euch in eurer wahren Kraft und eurer Vollmacht.

Damit es eine glückliche, liebevolle
und strahlende Antwort werde –
ein Ja zur Schöpfung,
von der ihr ein Teil seid.

VON VERGRÖSSERUNGEN UND VERSTÄRKUNGEN

Wie immer sprechen wir zu euch aus dem Zentrum allen Seins, dem Urgrund aller Dinge, wovon alles ausgeht – zu dem alles zurückkehrt. Und wiederum übermittelt dir die Botschaft dein Freund und Lehrer Djwhal Khul.

Diesmal möchten wir sprechen von Vergrößerungen und Verstärkungen. Wir sprachen schon einmal von Schwingungserhöhung, was auch Schwingungsverstärkung ist. Wenn man aber das Elend vielerorts betrachtet und wie die Menschen immer noch zum Teil leben müssen, was für Grausamkeiten immer noch ausgeübt werden, könnte man wohl meinen, das Gegenteil wäre der Fall. Doch ist es nun mal so, dass Schwingungsverstärkung alles verstärkt, alles intensiviert. So auch die Konflikte, so auch die „Eiterherde", die Irrtümer, die Verzerrungen, lebensfeindliche Konzepte und eure negativen Gedanken und Worte. Wenn sie nur so dahingeplappert wären, ginge es ja wohl noch an. Doch ist da oft ganz viel Energie drin. Und in den negativen Worten mehr als in den positiven. Es braucht dazu keinerlei Anstrengung, nicht? Man muss sich nicht recken und strecken, muss nicht über die Bücher gehen, und das Leben bestätigt das ja immer wieder. Natürlich –

denn das Leben antwortet immer,
und zwar auf alles!

Und insbesondere auf das, was ihr aussendet. Denn dass das Magnetfeld eurer Erde abgenommen hat, heißt ja auch, dass die spirituelle Kraft zugenommen hat, jene Energien näherkommen können. Somit werden Worte, die mit viel Energie aufgeladen sind, eben zu Affirmationen. Immer wieder weisen wir darauf hin, immer wieder.

Das bringt ja auch viel Falsches, viel Erlogenes und Ertrogenes ans Tageslicht, zeigt Gier und Skrupellosigkeit auf, und unethische Mechanismen. Es ist nicht mehr kompatibel mit der Frequenz, die jetzt der Kosmos und eure Erde zur Verfügung stellen. Und wenn ihr auf altem Sender sendet, knackt und rauscht es in der Leitung und das Programm wird noch verzerrter. Es ist im Verborgenen und auch übers Internet viel Arbeit für Gaia gemacht worden. Gerade jetzt wieder*, und sie dankt es euch. Während es lange, lange Zeit so schien, als würden die positiven Schwingungen eher herabgemindert und nur die negativen verstärkt, wird heute alles vergrößert, alles überzeichnet, könnte man sagen.

Die gute Nachricht ist, dass die positiven Frequenzen verstärkt werden, das, was ihr an Segensreichem, an Heilendem tut, sagt und denkt. Das hat jetzt mehr Power, ist mehr aufgeladen und mehr schwingungskompatibel. Doch eben auch das, was gegen den Lebensstrom läuft. Wer im Hass ist und eine Energiezufuhr kriegt, hasst noch mehr, wird vielleicht noch grausamer. Außer er würde innehalten, sodass der Hass kippen könnte in Toleranz und Liebe. Wer in Angst ist, ängstigt sich noch mehr und könnte doch versuchen, diese Angst zu heilen. Oder aber er klammert sich noch mehr an Dogmen, starre Regeln oder Institutionen, die Sicherheit versprechen, aber oft Starrheit und im schlimmsten Falle Tod und Zerstörung bringen.

Die Zweifel werden verstärkt und die Repetitionen eurer Themen auch. Es „wächst euch jetzt in den Garten", wie ihr so schön sagt, wenn ihr Unkraut nicht gejätet habt, wenn ihr nicht geübt habt, eure Gedanken und Worte zu prüfen, bevor ihr sie in die Welt sendet, ja, eure Erwartungshaltung zu durchleuchten. Denn nach dem Resonanzgesetz ziehen sie Entsprechendes an. Und sie ziehen die Menschen an, die euch übelwollen, oder eben eure Lektion in dieses Übel kleiden, Ärzte, die Fehler machen, Menschen, die euch herabwürdigen. Dabei übersehet ihr oft die hilfreichen Engel, die euch zur Seite stehen. Und ja – manchmal sind diese

---

* Juli 2010

144

Engel eben auch verkleidet, kommen als Karikatur daher, um euch Dinge aufzuzeigen. Eben: vergrößert und verstärkt…

Es ist nicht leicht, wenn ihr immer enttäuscht wurdet, Vertrauensbruch erlebtet. Doch wenn ihr versucht, mit uns zusammen diese Ereignisse in euren Leben zu heilen, die solches bewirkten, zu verzeihen auch, dann könnt ihr nach vorne schauen mit leichterem Gepäck. Dann könnt ihr euch positive Beispiele vor Augen führen, nicht jenes Leben, wo es ja „auch schiefging". Sondern jenes, wo überwunden wurde und neue, fördernde Situationen entstanden. Alter Groll, Angst, alte Dinge, die ihr nicht verziehen habt – sie binden. Sie binden auch an dieses Programm, an jene Mechanismen, jene Menschen, an jene Situationen. Und all das wird verstärkt und drängt nach Wiederholung. Ihr könnt um einen guten Ausgang bitten – bzw. danken dafür –, bevor ihr etwas beginnt. Ihr könnt darum bitten, dass eure Geschäftspartner, euer Arzt, wer immer, geführt sei und geheilt in seinem Tun, damit seine Arbeit gelinge, damit er mit euch zusammen ein geheiltes Resultat manifestiere.

So komisch es klingen mag: Ihr seid zum Bespiel bei einer OP mit dem Chirurgen zusammen ein Team. Ihr könntet vorher für ihn beten, dass seine Hände geführt seien, dass euer Geschäftspartner auch eine win-win-Lösung anstrebe. Wenn ihr aber schon mit Misstrauen in die Sache hineingeht – mit allen Beispielen, wo es schiefgelaufen ist – wie kann da jemand erfolgreich seine Arbeit tun, mit euch zusammen kreieren? Es ist, als ob man einem Kind sagen würde: „Du kannst das doch nicht, das läuft doch bei dir schief, wie es immer schiefgelaufen ist.".

Es sind dies eigentlich die Gesetze nicht nur des Kosmos, sondern gerade auch der dritten Dimension. Doch versteht ihr sie nicht, wenn ihr euch nur in der dritten Dimension bewegt und den Kopf nicht darüber hinaus streckt und all dies nicht von der fünften her betrachtet. Nein, es ist nicht, wie viele sagen, Glaubenssache. Es ist ein Wissen um diese Gesetze. Ihr seid doch sonst so wissensdurstig? Jedenfalls viele von euch. Aber eben sich über die dritte Dimension hinausentwickeln, sich die kosmischen Gesetze zu eigen zu machen, sie überhaupt gelten zu lassen, da diese die Manifestationen auf Erden steuern, das liegt an euch und bedarf der Anstrengung. Euch dafür zu öffnen, ihnen wenigstens eine Chance zu geben.

So werden denn die Negativdenker immer mehr Bestätigung finden. Wie sagt doch der Kryon:

„Das Universum antwortet immer: So ist es. "

Wir möchten sagen: „So sei es!". Aber ihr werdet auch immer mehr Verstärkung und Bestätigung kriegen für eure lebensfördernden Konzepte, euer Beachten dieser Gesetze. Auch für das Betätigen der Delete-Taste, wenn mal wieder etwas Negatives dazwischenfunkt. Ihr könnt die Gedanken nicht hindern, aber ihr könnt sie abfangen und neutralisieren. Und an ihrer Stelle einen andern setzen. Ihr könnt sagen: „Das gilt jetzt für mich nicht mehr – ich wähle das anders." Aber das ist Aktivität, während man sich in negativen Konzepten ganz einfach passiv gehen lassen kann.

Es geht letztlich wieder um Wahl
und um Verantwortung übernehmen.

Ja – Wahl und Verantwortung hat man euch ganz lange abgesprochen. Die Machthungrigen, Staat, Kirche, haben ja für euch gewählt, indem sie vorgaben, euer Bestes zu wollen. Sie haben euch die Verantwortung abgenommen. Doch war das ja auch bequem. Man kann ja dann auch jede Beteiligung, jede Schuld von sich weisen.

Aber diese Zeiten gehen zu Ende. Wohl ist ein Aufbäumen da dieser alten Konzepte, doch führten sie nie zum Leben. Schaut euch doch beispielsweise die starren, leblosen Masken autoritärer Führer an, Diktatoren. Es sind Tote unter den Lebendigen.

Und sie ertragen Lebendiges nicht und bringen darum Tod. Immer herrscht in solchen Diktaturen Mangel. Das Paradies wurde zwar versprochen, doch am Schluss klappt gar nichts mehr. Der Einzige, dem es – materiell wenigstens – noch gut geht, ist der Diktator mit seinen Getreuen. Um den Preis der Entwicklung seiner Seele allerdings, den Preis des Lebens. Denn lange schon ist er eine Marionette, gesteuert von seinem Machthunger, und der wiederum hängt an den Fäden der Angst, denn Angst gebiert Enge. Und sie schüren ja auch Angst und Kontrolle, denn mit wahrer Liebe knechtet man niemanden. Nur dann können sie Macht ausüben, dann wird das Gegenüber willenlos.

Verantwortung übernehmen heißt auch, Mut zu haben, Fehler zu machen. Wir denken längerfristig, und wenn ihr eure Leben längerfristig betrachten würdet, würdet ihr oft den Mut nicht verlieren. „Gut Ding will Weile haben" heißt es doch bei euch. Ein guter Spruch! Wenn es tiefgreifen soll und Veränderungen bringen, ist es wie bei einer Pflanze, die Zeit zum Wachsen braucht. Ihr könnt sie zwar chemisch düngen bis zum Umfallen, damit die Umwelt verschmutzen und dann eine Zeitlang größere Ernten einbringen, bis der Boden ausgelaugt ist. Die Pflanzen werden krank und bewirken in euren Körpern nicht viel Gutes. Natur braucht Zeit, und gute Projekte brauchen Zeit. Und eine Kugel war immer bereit für den, der sofort alles umkrempelte.

Doch werden auf einen Führer nicht nur Hoffnungen projiziert, sondern leider auch alle Schatten. Mit Gewalt kann man vieles radikal ändern, doch müssen wir euch wirklich schildern, was Gewalt noch allemal bewirkt hat? Aufbau ist keine Tat des Moments – sie kann zwar in einem Moment starten, aber sie ist langfristig. Sagten wir nicht schon einmal:

„Gebt einander Zeit,
gebt den Dingen Zeit,
so wie wir euch Zeit geben."

Da können scheinbar plötzlich die Puzzleteile an den richtigen Ort fallen, kann sich scheinbar plötzlich etwas ergeben, tun und lösen, aber ihr habt lange den Boden bewässert, das Unkraut entfernt und ihm Nährstoffe zugefügt, so nötig. Auch Gewalt bricht nicht einfach aus. Sie bricht zwar plötzlich aus, aber auch da wurde der Boden genährt. Und manch einer, der sich unschuldig dünkt, hat da wacker gedüngt, wacker gegossen!

Konzepte der Trennung, Feindesdenken, all das begießt den Boden auch, aber sät Gewalt. Es kann nur geschehen, was im kollektiven Feld vorbereitet ist. Und dafür ist jeder Einzelne von euch verantwortlich. Daran führt kein Weg vorbei. Das ist keine Glaubensfrage, sondern das sind Gesetze! Kosmisch-irdische Gesetze. Doch werden sie auf Erden anschaulich und manifestieren sich in der heutigen Zeit immer rascher und eben vergrößert. Ihr habt mal Angst, ihr habt Zweifel, ihr seid mal traurig und vielleicht sogar verzweifelt. Doch ihr braucht nicht dort stehen- und steckenzubleiben. Wir sind ja da – und warten nur, bis ihr ruft, wenn ihr es alleine nicht schafft.

> *„Helft mir, einen andern Gedanken zu denken,*
> *ein anderes Wort zu sagen,*
> *meine Energie in andere Bahnen zu lenken."*

Es ist nicht Schwäche, sich helfen zu lassen, sondern ein Wissen um Verbundenheit, ein Wissen um Frequenzen, dass nur eine höhere eine niedere überspielen kann. Wie oft versucht ihr das Gegenteil. Und wie oft ist es schiere Bequemlichkeit. „Wenn die Dinge stärker sind als ich, ich eh nichts ändern kann, es immer so war und immer so sein wird, da brauche ich keinen Finger zu krümmen und kann bequem sitzen bleiben."

Natürlich kann man das alles auch wieder gegen den andern wenden: „Der ist ja wohl an seiner Misere selber schuld." Ihr könntet eine Hand reichen, versuchen, andere Samen zu säen, anderes Denken zu erläutern. Wenn der andere das nicht annehmen kann und will, ist das dann seine Sache. Es mag in ihm langsam wirken und später zur Auswirkung kommen. Ihr braucht deshalb nicht mit in sein Elend zu steigen, weil dann keiner mehr Wegweiser sein kann. Doch auch dann könnt ihr euch in Mitgefühl üben, auch dafür, dass der andere gewisse Dinge noch nicht sehen kann oder will. Doch hütet euch davor, euch deshalb besser zu fühlen.

Das Ego wartet an jeder Ecke auf dem spirituellen Weg!
Und meist lächelt es freundlich…

Manchmal auch müsst ihr weitergehen, damit es euch nicht hinunterzieht.

Doch kann man immer segnend weitergehen.

Dieser Segen, den ihr dann hinterlasst, kann Samen setzen, kann irgendeine Veränderung bewirken, wenn Zeit und Mensch dafür reif sind. Ihr seht es ja auch an eurem Klima. Wenn es kalt ist, ist es sehr kalt, wenn es heiß ist, ist es sehr heiß. Auch da sind Verstärkungen da und Vergrößerungen. Denn auch Gaia wandelt sich und stößt alte Konzepte ab. Sie hat sich lange zur Verfügung gestellt für eure – fast möchten wir sagen – Kindergartenspiele. Sie möchte das nicht mehr.

Gaia möchte wieder ein geheiligter Platz sein,
geliebt und geehrt, wo ihr euch
gemäß eurer Göttlichkeit entfalten könnt.

Wo ihr in Freude wandeln könnt, wo ihr nicht Angst und Gewalt hinaus setzen müsst, weil ihr eure eigene Angst und Gewalt nicht löst. Doch sind das Gesetze, Konzepte, die ihr von den unteren Chakren her, von der dritten Dimension nicht einsehen könnt (doch erntet ihr dort die Konsequenzen), sondern nur von höherer Warte.

So werden sich Wege trennen von Menschen – wir mögen das Wort „trennen" nicht, vielleicht vorübergehend auseinanderlaufen – aber es werden immer mehr Menschen sein, die die Gesetze der fünften Dimension kennen und versuchen, nach ihnen zu leben. Es gab sie immer, doch sie waren im Exil und in der Minderheit. Es sind mehr geworden, und dank eurer modernen Kommunikationsmittel können sie sich verbinden und vernetzen und gemeinsam, wenn auch von verschiedenen Orten her, ihre Projekte durchführen. Das sehen wir mit Freuden und darauf liegt unser Segen. Manchmal wünscht ihr euch ja, dass ihr euch räumlich näher wärt, oft fühlt ihr euch allein unter den andern, die das noch ablehnen. Doch müsst ihr an verschiedenen Orten sein, damit dort gewirkt und etwas bewirkt wird.

Der Sauerteig muss sich im Teig verteilen
und muss im ganzen Mehl wirken

Ihr seid ja doch verbunden, und nachts arbeitet ihr zusammen, trefft euch und tauscht euch aus.

Den andern aber begegnet mit Mitgefühl, klärt eure eigenen Themen und seht zu, dass eure Leben immer mehr diese höheren Gesetze spiegeln. Da ist allemal noch genügend Arbeit zu tun! Ihr mögt dann nicht zusammen gehen, nicht zusammen etwas auf die Beine stellen, ihr könnt euch trotzdem achten. Und manchmal sogar eine Verbindung von Herz zu Herz haben. Doch lasst euch nicht hinunterziehen – geht unbeirrt und einsgerichtet den Weg der höheren Gesetze – der kosmischen Gesetze. An die sich auch Gaia jetzt wieder erinnert. Ja – auch das wird ja vergrößert und verstärkt, es wird euer Bemühen vergrößert und verstärkt, eure Liebe auch und euer Licht. Wenn ihr euch im Alltag immer mal wieder fragt: „Möchte ich, dass das, was ich jetzt gedacht, gesagt, getan habe, vergrößert und verstärkt wird?" Dann mögt ihr manches zurückrufen, korrigieren und etwas anderes aussenden.

Wir aber vergrößern und verstärken euer göttliches Potenzial,
damit es auf Erden greifen und wirken möge,
wenn ihr euch nur öffnet dafür
und darum bittet und es erlaubt.

Damit diese Schwingung die andere, niedrigere, die lebensfeindliche, überspielt, auflöst, wandelt. Analog der Original-CD...

Seid wachsam, wir bitten euch,
was für ein Lied ihr singt!

Es ruft nämlich die Begleitung, die zu ihm passt,
und die Strophen richten sich danach,
auch die Mitspieler und Mitsänger.

So seid denn wachsam, wessen Lied ihr singt –
singt euer Lied,
das auch unser Lied sein möge!

Und das ist auf ewig
das Lied von Liebe und Licht.

VON FLEXIBILITÄT, HINGABE UND DISZIPLIN

Wir grüßen euch aus dem Zentrum allen Seins – aus dem Ewigen Jetzt – und möchten sprechen von Flexibilität, Hingabe und Disziplin.

Und beim letzten Wort zucken jetzt bereits ein paar zusammen, nicht wahr? Verständlicherweise – das Wort hat einen schlechten Beigeschmack bekommen. Ihr denkt da an militärischen Drill, vielleicht gar an unterdrückende Maßnahmen, an Disziplinarverfahren und -strafen, an ein Abwürgen jeglicher Lebensfreude, an kirchliche Dogmen, klösterliche Askese, ja, auch an autoritäre Eltern – kurz: an alles, was einen in ein Korsett sperrt und das Leben so gründlich verleidet.

So möchten wir das Wort entstauben, reinigen oder es gar ersetzen durch

Dranbleiben, Hingabe durch stetes Training.

Und merkwürdigerweise hat es diesen negativen Klang nicht, wenn ihr an Sport denkt. Keiner gewinnt eine Goldmedaille, der nicht die Disziplin hatte, jahrelang zu trainieren, meist täglich. Der nicht dranblieb, seine Kräfte und Fertigkeiten aufbaute, um es in einer Sparte zur Meisterschaft zu bringen. Im Sport bejubelt ihr das. Und kein Künstler schafft ein gutes Kunstwerk, wenn er nicht dranbleibt und stetig an seinen Fertigkeiten feilt. Ganz stark ist das ja sichtbar beim Musiker, der täglich üben muss. Sich täglich verbessert, stets trainiert. Ein stetes Training ist nötig. Das klingt besser als Disziplin, nicht?

Auch *Hingabe* ist zum Teil etwas negativ besetzt. Wenn sie eingefordert, einem aufgezwungen wurde und dann Richtung Opfer tendierte. Aber eigentlich hat es damit zu tun, seine Gabe zu trainieren und sich ihr hinzugeben, um sie zu vervollkommnen. Gerade Kunst und Sport zeigen ja, dass der Mensch Vervollkommnung bejubelt und sich eigentlich ja danach sehnt, sie anstrebt. Nicht jeder, allerdings. Vielen ist der Weg zu mühsam. Sie möchten die Früchte ernten, ohne den Baum zu bewässern. Dieses Üben, dieses Training, diese Hingabe erfordern auch eine Genauigkeit, einen Respekt auch vor dem Tun, vor dem Werk.

So braucht es denn

Durchhaltevermögen und Dranbleiben und auch Flexibilität,

wenn etwas nicht so rund läuft und vielleicht etwas am Training abgeändert werden muss oder auch die Zielvorstellung neu definiert werden sollte.

Wenn man aber keine Zielvorstellung hat, weder für sein Leben noch für die Welt, die Menschheit, dann kann man schwerlich diese Disziplin und diese Hingabe aufbringen und dranbleiben an seinem Training. Das bedingt schon ein gewisses Aufwachen und über sein eigenes Ego hinauszugehen. Eine persönliche Zielvorstellung – der beste Sportler, der beste Musiker werden – kann diese Fähigkeit schulen. Und so schult denn der Sportler, der Musiker auch seine Hingabe und sein stetes Bemühen. Was ja eigentlich auch für den spirituellen Weg gilt und nötig ist.

Nur ist da die Zielvorstellung erweitert und geht über das eigene Ego hinaus, indem man seine Gabe, seine Fähigkeit hingibt für ein größeres Ziel, für eine größere „Mannschaft". Nämlich für die Menschheit und deren Entwicklung. Wer etwas jahrelang trainiert hat, weiß, dass das viel mehr Befriedigung bringt, wenn man dann ein Resultat erreicht, als ein kurzfristiges Konsumieren. Weil dann Kräfte aufgebaut wurden und ein ganz anderes Potenzial erreicht, als wenn ich jedem Wünschchen und Süchtchen nachrenne und es sofort befriedige. Da entsteht nie Kraft. Ich kann den ganzen Tag etwas in mich hineinfuttern und werde ein schönes, gutes Essen zu gegebener Zeit nicht mehr genießen können, weil mein Appetit verdorben ist. Und in vielem verderbt ihr euch heute den Appetit: im Essen, im Trinken, ja, in beziehungslosem Sex. Der sich von einer wahren Interaktion zwischen Menschen abgekoppelt hat, geschweige denn von einer Interaktion mit uns. Und letztlich schwächen euch alle diese Dinge. Komischerweise auch entsteht dann aus Lust Frust.

Wenn das Leben dann mal Herausforderungen bringt, ist da keine Kraft gesammelt, damit man sie bestehen kann. Wir meinen jetzt nicht nur die physische Kraft, sondern vor allem auch die innere. Die letztlich bestimmt, ob Herausforderungen bestanden werden können. Nicht mal vollkommen geschulte Fertigkeiten und Fähigkeiten bringen Goldmedaillen. Ihr wisst ja, dass die heutigen Spitzensportler sehr viel auch mental und emotional arbeiten. Und sie wissen, warum. Sie können sich im Moment der Abfahrt – oder des Konzerts – voll und ganz lösen von allem andern, sich total konzentrieren und sind dann im Moment, im ewigen Jetzt. Und das ist es auch, was sie dann glücklich macht. Diese Hingabe an das, was sie gerade tun und bewältigen.

Ihr hattet viel zu leiden an aufgezwungener Disziplin und Hingabe. Es geht jetzt darum, dass ihr aus freiem Willen erkennt, dass das gar nicht so negativ ist, sondern sehr wohl Kräfte freisetzt und zu Glück und Zufriedenheit führen kann. Es ist ja auch eine Ausrichtung, ein Zentrieren eurer Kräfte auf etwas hin, was ihr erreichen möchtet. Erst mal für persönliche Ziele und immer mehr – je nach eurem Entwicklungsstand – für überpersönliche Ziele.

Nun ist es zwar so, dass die Energien zurzeit enorm schnell wechseln auf eurem Planeten, ja auch im Kosmos überhaupt. Denn das sind ja alles Wechselwirkungen. Und es wird euch ein Riesenmaß an Flexibilität abverlangt. Ihr könnt auch nicht mehr erwarten, dass Menschen jetzt wöchentlich und über Jahre im

selben Kreis sitzen, im selben Verein sind und keine Stunde aus-
lassen. Erstens haben sie in ihrem Alltag und Beruf sehr viel zu
bewältigen, und sie brauchen Bewegung und auch mal einfach
eine Freude, ein Vergnügen. Zweitens ist das in dem Maß nicht
mehr nötig. Nicht mehr unabdingbar für eure spirituelle und
menschliche Entwicklung.

Die Meister, die 40 Jahre im Lotussitz saßen oder gar in Höhlen
meditierten, haben Wege gebahnt und viel für die Menschheit
getan. In dieser Form ist es nicht mehr unbedingt nötig, und
ihr habt ja auch diese Zeitspanne nicht mehr. Es muss nämlich
vieles jetzt über die Bühne. Diejenigen, die immer noch diesen
ausschließlichen Weg gehen, tragen allerdings viel zur Zentrie-
rung bei und sind wichtig und gesegnet. Aber das Schnuppern
da und dort und das Sich-verzetteln bringt euch nicht sehr viel.
„Wenn ich gerade mal nichts Besseres habe, könnte ich ja mal
wieder ein bisschen meditieren gehen oder mich ein wenig mit
der geistigen Welt auseinandersetzen…" so quasi als Hobby. Es
ist ja nicht mehr gefährlich und ganz schön „in"…Aber vielleicht
merkt ihr, dass euch das nicht viel weiterbringt.

Was jetzt ganz stark nötig ist – gerade in diesen sich verändern-
den Energien – ist ein

sich immer wieder Zentrieren und Ausrichten.
Immer wieder eure Ätherkörper stärken,
euer Verwurzeltsein, eure Verbindung mit uns.

Denn ihr kippt – bildlich gesprochen – immer wieder aus den
Schuhen. Wenn ihr aber etwas aufbauen wollt an euch und der
Welt, dann braucht es halt doch ein Dranbleiben.

Wer ein Haus bauen will,
kann nicht nur hie und da einen Backstein hinlegen –
auch da müsst ihr dranbleiben und wissen,
was ihr bauen wollt.

Das hat ja auch zu tun mit *Prioritäten* setzen. Was ist mir wichtig – und über das Ego hinaus –, was braucht jetzt Welt und Menschheit, um die Kurve zu kriegen? Wenn ihr würdigt, was eure Vorgänger auf diesem Weg getan haben, wie sehr sie sich hingaben, wie sehr sie Dinge gewandelt haben, nämlich Leid in Liebe, wie oft sie diesen Weg bedingungslos gingen und dafür litten. So wie auch der Christus den Weg in Hingabe ging und in Liebe zu seinen Jüngern und seinem himmlischen Vater.

Es muss nicht zur Kreuzigung führen,
aber zur Kreuzung,
zum Punkt der Entscheidung.

Wenn ihr diese Menschen und ihre Wege respektieren und würdigen würdet – auch den Weg des Mannes in Südafrika, der nach 27 Jahren Kerker keine Rache übte, sondern Verzeihen und Versöhnung –, dann müsste man doch meinen, würdet ihr freudig – gemäß eurem Maßstab – andere Dinge wählen und vorziehen und aus- und einsgerichteter euren Weg gehen.

Ihr könnt natürlich – um auf das Meditieren zurückzukommen – hie und da an einer Runde teilnehmen, und das tut euch sicher gut. So ein bisschen Fitness halt. Aber auch dort: Wenn ihr 1x pro Jahr trainiert oder alle zwei Monate – soviel schaut da nicht dabei heraus. Es ist die Frage, ob ihr einfach hie und da für eure geistige Fitness in eine Gruppe geht oder ob ihr etwas für euch und die Welt aufbauen möchtet. Ihr habt ja schon gemerkt, dass die Energie vervielfacht wird, wenn mehr Menschen zusammensitzen und sich ausrichten. Ihr habt vielleicht mehr Bilder und es ist mehr Aufrichte-, Zentrierungs- und Transformationskraft vorhanden. Zusammen könnt ihr schon mehr davon aufnehmen, ist der Kanal stärker. Überall, wo ihr das tut, wird auch der Ort, wo ihr es tut, gestärkt und gereinigt und geheiligt und kann ein Kraftzentrum werden. Da kann ein Ankerplatz für unsere Energien entstehen. Da verstärkt sich das Licht – und diese Lichtpunkte können sich verbinden und die Wende auf diesem Planeten und dieser Menschheit herbeiführen – ist sie nicht nötig, diese Wende? Ist es euch kein Anliegen, dass es nicht mehr so grausam zugehen muss, dass da mehr Liebe, Verständnis und Toleranz sein können?

Wie wäre es, wenn ihr die Schöpfung lieben und ehren würdet? Wenn ihr die Schönheit der Natur tief erfahren könntet, dann würdet ihr sie nicht ruinieren.

Wenn ihr an eure Nachkommen denken würdet,
ihr würdet ihnen keine Wüste hinterlassen.

Wenn ihr den Mitmenschen, ja, alle Wesen,
respektieren und lieben könntet,
und wenn ihr wüsstet, dass es nicht gleichgültig ist,
was hier auf der Erde passiert,
sondern dass es Auswirkungen hat auf das ganze Universum –
auf die eine oder die andere Seite,

dann würdet ihr anders handeln.

Wenn ihr die Chance seht, dass ihr hier und jetzt da seid und daran mitarbeitet und soviel Unterstützung von der geistigen Welt erhaltet wie vielleicht noch nie. Ja – auch von Wesen aus dem Kosmos und auch von andern Planeten und andern Galaxien. –

Es ist nicht gleichgültig für den Kosmos,
was jetzt bei euch passiert.
Ihr habt eine so wichtige Aufgabe –
erkennt sie, wir flehen euch an!

Und wir sagen es ungern: hättet ihr doch die Hingabe eines Terroristen! Aber nicht Hingabe an seine zerstörerischen Ziele, sondern an das Leben,

das immerwährende Leben in seiner Schönheit
und ja – in seiner Güte!

Viele von euch sind lange Wege gegangen und haben vieles auf sich genommen und manchmal sind sie müde – innerlich müde. Können nicht verstehen, dass andere so lau sind. So gar nicht bereit sind, eben dranzubleiben. Zu üben, bis es gelingt. Ihr sprecht von Schulungsweg – ja – es ist ein Schulungsweg – und er kann Freude und Erfüllung bringen trotz Hindernissen. Und es braucht kein grausamer Weg mehr zu sein. Aber bleibt dran, übt weiter, trainiert. Das aber braucht Flexibilität nicht auszuschließen, braucht Freude nicht auszuschließen.

Ihr könnt jetzt – und seid daran – eine neue Art von Leben aufzubauen. Ihr sprecht auch von einer neuen Erde, einer neuen Dimension. Und die Einstrahlungen auf euren Planeten, die das unterstützen, die werden immer stärker. Auch dank der Arbeit, die ihr geleistet habt. Die Reibung mit euren Widerständen und eurer Unentschlossenheit wird auch immer stärker und fühlbarer.

Und wehe, wenn diese Energie in ungereinigte Gefäße kommt!

Das verstärkt Aggression, verstärkt Angst, verstärkt, was immer da noch nicht geläutert ist. Die Folgen sind ja sichtbar. Sie können auch Beziehungslosigkeit verstärken und Mangel an Mitgefühl – es sind Amplifier.

So seid euch denn klar,
was ihr verstärkt haben wollt!
Und entsorgt das,
was ihr nicht verstärken wollt.

Ihr könnt gerne in größeren Abständen zusammenkommen und dazwischen versuchen, das Gelernte und Erfahrene anzuwenden. Das ist uns allemal lieber, als dass ihr euch im Moment erfreut und erhebt und nachher wieder in den Alltagsmenschen zurückfallt. Ihr sollt dazwischen integrieren, aber prüft einmal eure Prioritäten. Es wäre weise, euch zu kräftigen in jeder Beziehung, euch aufzubauen und den inneren Menschen zu stärken. Damit ihr den

Stürmen standhalten könnt. Damit ihr diesen Zuwachs an Energie aufnehmen, halten und weise gebrauchen könnt. Es geht jetzt bei den einen mehr um Kräftigung der physischen Körper, bei andern mehr um Erstarkung des inneren Menschen, bei allen um

Prioritäten, das weise Wählen,
das Ausrichten, das Zentrieren und flexibles Dranbleiben.

Ihr legt Gleise, ihr legt jetzt neue Gleise!
So seid euch klar darüber,
wohin ihr fahren wollt.

Ihr mögt es nicht so sehen und spüren, und doch ist es ein Privileg, jetzt dazuzugehören, jetzt hier zu sein. Vor allem für euch, die ihr hier ja im Normalfall ein einigermaßen sicheres und menschengerechtes Leben führen könnt. Der Mensch im Elend, der um das nackte Überleben kämpft, ist verständlicherweise mit sich selbst beschäftigt. Doch auch dort kann Entwicklung geschehen, kann Mitgefühl gedeihen oder blanker Egoismus. Ihr aber könntet über euch hinausblicken. Ihr habt in den meisten Fällen Kapazität, Zeit und Kraft für eure Pionierrolle. Dafür, diese Gleise zu legen, dafür,

die Weichen zu stellen in eine lebensfördernde Richtung,
zu mehr Liebe und Licht.

Und auch dafür müsst ihr eure Kanäle trainieren, dass ihr nach so langer Dunkelheit und oft auch Verzweiflung auf diesem Planeten wieder fähig werdet, mehr Licht und mehr Liebe aufnehmen zu können, halten zu können, euch zu füllen und überfließen zu lassen in die Welt.

Ihr, die ihr schon erwacht seid: Seid flexibel –
haltet durch und bleibt dran –
wählt weise und gebt eure Gabe hin zum Wohle aller,
zum Wohle der Schöpfung.

Deren Teil ihr seid. Ihr wart oft – ohne es zu ahnen – Mitschöpfer, Mitschöpfer in Dunkelheit. Ihr seid eigentlich immer Mitschöpfer… in lebensverneinender oder lebensbejahender Art.

Seid jetzt Mitschöpfer an einer Welt,
in der jeder sich erfüllen kann,
für ein Leben, das aus dem Großen Leben kommt.
Seid Mitschöpfer aus diesem Licht und dieser Liebe
und werdet immer mehr dazu.

Ihr habt auch in heutiger Zeit leuchtende Vorbilder. Das wäre dann wirklich eine „win-win-Situation!"

Wir grüßen euch – wir bitten euch –
seid flexibel und bleibt dran!

Von Achtsamkeit, Klarheit und Wahrheit

Wir grüßen euch wie immer aus dem Zentrum allen Seins, das da war, ist und immer sein wird, und möchten sprechen von Achtsamkeit, von Wachheit, ja auch von Wahrheit und Klarheit und Liebe, von Zu-Wendung.

Wir möchten euch bitten, die nächsten Jahre nicht mit Erwartungen von Schwierigkeiten und negativen Ereignissen zu etikettieren. Es werden wichtige Jahre sein – ja – es werden Jahre sein, wo ihr Schienen legt, neue Gleise. Und es werden Jahre sein, wo die alten Bauweisen und Verfahren nicht mehr taugen werden. Denn alles wird jetzt gemessen werden an Wahrheit, an Klarheit und ist abhängig von eurer Zu-Wendung. Ihr wendet euch etwas oder jemandem zu. Viele von euch wenden sich noch immer Gewalt und Horror zu – wenn auch nur als „Freizeitbeschäftigung"…. als ob das Erholung wäre! Und sind sie sich klar, was sie dann an Schwingungen, an Energien, z.B. beim Fernsehen, in ihre Wohnung einladen? Ja auch in ihre Körper und ihre Leben, nach dem Gesetz der Resonanz nämlich.

Man kann sich dunklen Geschäften zuwenden, kriminellen Handlungen, seiner eigenen Verzweiflung, seiner Angst und das alles damit verstärken. Man kann das alles an Wahrheit und Klarheit messen und mit Liebe betrachten. Und dann mit Hilfe von uns klären und auflösen. Oder ihr könnt euch positiven, friedlichen und freudvollen Inhalten zuwenden und damit euer Schicksal und dasjenige von Menschheit und Erde wandeln. Das aber braucht Achtsamkeit – Achtsamkeit zu realisieren, wenn ihr wieder auf alten Gleisen fahrt, in alten Gefühlen schwelgt oder euch davon herunterziehen lasst, alte Verletzungen hegt und pflegt, was nur Wiederholungen anzieht.

Darum ist ja auch Verzeihen so wichtig –
weil das die Wiederholung aufbricht.

Ihr könnt fortfahren wie bisher mit allem alten Ballast, ihr könnt Ziele anpeilen, die schon längst überholt sind, und auf diesen alten Strecken in alten Zügen fahren, ohne zu merken, dass sie energetisch ja gar nicht unbedingt mehr existieren und es eh eine Fahrt im Kreise ist. Oder ihr könnt euch vertrauensvoll bereit machen, in neue Züge auf neuen Schienen zu steigen

zu Zielen, die eben der Wahrheit,
der Klarheit und der Liebe entsprechen und dienen.

Es ist ja auch ganz unterschiedlich, was als schwierig angesehen und empfunden wird. Der Eine erklimmt Berge, und die Aussicht lohnt es ihm, trotz Blasen an den Füßen und Durst, der Andere verliert den Mut im Anblick eines Maulwurfshügels. Wir ziehen das Wort „Herausforderung" vor. Oder wir könnten auch sagen: „Wahlmöglichkeiten".

Was ziehe ich an kraft meiner Resonanz,
was wähle ich,
und wie wähle ich,
diese Erfahrung zu etikettieren?

Sie kann ein Lernschritt sein, sie kann Dinge beenden, die nicht mehr zu mir gehören, für die die Zeit um ist, sie kann mich aufwecken und den Wunsch in mir erstehen lassen, mich auf den Weg zu machen. Sie kann mich dazu bringen, meine innere Arbeit zu tun und mir klar zu werden, welche Samen ich gesetzt habe und noch säe im Hinblick auf meine Ernte. Vielleicht muss ich ja alte karmische Samen gar nicht mehr ernten und erlösen, weil ich das längst getan habe, aber mir selbst noch nicht verziehen. Weil ich mich immer noch schuldig und unwert fühle, mir keine Verirrungen und Irrtümer zugestehe, keine Lernerfahrungen, weil ich Schuldige im Außen brauche.

Kennt ihr das Gleichnis vom verlorenen Sohn?
Lest es mal wieder!
Es meint übrigens auch die Tochter!

162

Ihr könnt Gnade erbitten, dass ihr erkennt, wo ihr in alte Züge steigt und das nicht mehr nötig wäre, Gnade, dass ihr wieder ein weißes Blatt sein könnt, aber gereifter durch eure Erfahrungen, aus denen ihr nur die Quintessenz heraus gezogen habt als späteren Kompass.

Viele von euch wären jetzt frei von karmischen Lasten,
aber haben es noch nicht wahr-genommen.

Viele von euch sind noch daran, sie aufzulösen, und viele sind nicht wach genug zu merken, wenn sie in alte Züge steigen und auf alten Gleisen fahren. Vielleicht auch nur, weil es halt so Gewohnheit ist und einfacher und keiner Anstrengung bedarf, weil die neuen Gleise Angst machen – Angst vor Unbekanntem. Da bleibe ich lieber im Alten, auch wenn es noch so unbequem ist und mir schon längst nicht mehr bekommt.

Nun hat es aber keinen Zweck,
mit dem alten, voll beladenen Koffer
und mit einer alten Landkarte
in einen neuen Zug zu steigen.

Ja, dieser neue Zug bringt euch nicht viel, wenn ihr nicht neu programmiert habt, euch und eure Fahrt, wohin ihr fahren wollt. Habt ihr das aus eurem Ego, aus euren Ängsten heraus programmiert, aus eurer Macht, eurer Ohnmacht oder aus eurer wahren Kraft?

Ist es ein Ziel,
das eurer Seele und eurem Hohen Selbst entspricht
und zu aller Wohl sein wird?

Steigt ihr weiter in einen stürmischen, verschmutzten Fluss, der irgendwann alles überschwemmt und mitreißt oder austrocknet und im Geröll versinkt?

Oder steigt ihr in ein reineres Gewässer,
das irgendwann ins Meer der unendlichen Liebe mündet?

Wer oder was aber zeigt euch den Weg, weist euch das Ziel? Nicht eure Verdrängungs-Aktivitäten, und deren sind viele, oft kaschiert mir äußerem Erfolg. Äußerem Reichtum und innerer Armut, wobei äußerer Reichtum – je nachdem wie er gebraucht und gelebt wird – auch durchaus innerem Reichtum entsprechen kann, wenn die beiden Teile im Gleichgewicht sind. Wer oder was weist euch das Ziel? Nicht euer Ego…

Aber vielleicht das Brennen eurer Seele, das Sehnen, das ihr so lange verdrängt habt, immer zugedeckt mit unwesentlichen Dingen. Das kleine Flämmchen im Herzen, die innere Stimme, die des Rufens müde geworden ist und vielleicht nur noch flüstert oder die ihr ganz zum Schweigen gebracht habt, übertönt. Es ist ja heute so viel von Menschen gemachter Lärm in eurer Welt. Soviel Lärm auch in euch. Soviel Müll, nicht nur in der Umwelt, sondern auch in euren Gedanken und Gefühlen. Wie wäre es mit einem tüchtigen Frühjahrsputz auf allen Ebenen? Es gibt ein Entgiften und Reinigen des Körpers, das gilt aber auch für Gedanken und Emotionen, für Erfahrungen, für Verletzungen, für Groll. Wie kann ich denn weiteren Irrtum vermeiden, wenn ich nicht erkannt habe, was dazu geführt hat und dass er mich nicht glücklich machte?

Aber für viele ist es noch immer leichter, einer Parole, einer Partei zu folgen, deren Credo auf Ausgrenzung und Trennung basiert und welche die Angst instrumentalisiert, damit sie Wasser auf ihre Mühlen hat. Wenn ihr aber achtsam seid, wenn ihr wisst, dass das Ziel nicht Trennung sein kann, weil Trennung nie Friede und Gedeihen für alle bringt, sondern nur Verbundenheit das kann – wenn ihr auch darin Achtsamkeit übt, eine größere Wahrheit anruft und um eine größere Klarheit bittet, könnt ihr dem nicht folgen.

Je mehr ihr in euch das ewige Gute spürt,
nämlich das ewige, sich immer neu gebärende Leben,
aus der Liebe des Schöpfers,
je eher könnt ihr das auch im Mitmenschen sehen
und es möglicherweise in ihm wecken.

Wenn ihr euch selbst nicht verlassen habt,
müsst ihr nicht verlassen.

Wenn ihr euch selbst wieder –
trotz gebrochenem Vertrauen – vertrauen könnt,
nämlich eurem ewigen Teil,
dann könnt ihr wieder Vertrauen haben.

Wenn ihr eure Themen klärt, könnt ihr klarer sehen auch im Außen. Wenn ihr euch einer größeren Wahrheit verpflichtet, gibt es nur den einen Weg, der zu dieser Wahrheit führt.

Die göttliche Wahrheit ist nicht Elend, ist nicht Untergang.
Wohl aber ist sie Wandlung und Veränderung,
aber immer auch Auferstehung und Neugeburt.

Auch das werden wir immer wieder sagen.

Außerdem ist es auch so, dass jeder individuelle Lebensstrom ja auch an seinem eigenen Punkt steht, wohl eingebettet in die allgemeine Zeitqualität. Diese aber wird in den nächsten Jahren Wahrheit und Klarheit unterstützen und alles durchleuchten, was dem nicht entspricht. Dieser jeweilige Lebensstrom erntet jetzt eben, was er gesät hat, und ist an seinem ganz persönlichen individuellen Punkt in seinem Leben angelangt. Und so kann die äußere Zeitqualität auch ganz verschieden durchlebt werden – kann sie sich anders auswirken.
Viele von euch haben viele „Schwierigkeiten" gemeistert, viele Berge erklommen und Flüsse durchwatet und haben seit Jahren an sich gearbeitet. Haben sich auch schon lange unseren Energien geöffnet. Für sie kann es durchaus eine glückliche, reiche Ernte sein. Sie brauchen die kommenden, herausfordernden Jahre nicht zu fürchten, sind ja auch gestählt durch das, was hinter ihnen liegt, haben ihr Vertrauen wieder aufgebaut und Mut und Kraft. Sie sehen manches als momentanes Hindernis an, aber nicht als schwierig im negativen Sinne. Ja – sie können, bildlich gespro-

chen, in der Sonne wandeln und Früchte und Blumen ernten. Ihr Leben kann immer harmonischer werden. Umso mehr, wenn sie ihren eigentlichen Kontrakt angenommen haben und ihn leben.

Ein anderer aber wird erst jetzt aufgerüttelt, wird geweckt, um endlich seinen Ballast zu sichten. Oder aber er entscheidet sich, im alten Trott weiterzumachen. Weil es ihm zu mühsam ist, den Schlaf aus den Augen zu reiben und die Dinge anzupacken. Auch das ist Wahl. Nun – wenn er diesen Weckruf wieder und wieder überhört, beharrlich auf altem Gleise fährt, werden ihm auch die alten Erfahrungen wieder zustoßen, die alten Illusionen sich zeigen. Da das nicht mehr seiner Wahrheit entspricht, wird es sich reiben mit der Wahrheit, die jetzt gelebt werden soll. Auch darauf liegt kein Urteil. So kann jeder das gleiche Außen vollkommen verschieden erleben. Können in seinem Garten Disteln wachsen oder Blumen und Früchte gedeihen. Könnt ihr im Außen das Schlechte sehen und anziehen oder das Gute und Schöne, und das erwecken.

Redet nicht von schwierigen Zeiten.

Sprecht von Zeiten, wo Wahl immer wichtiger wird.
Wo Zielvorstellungen immer wichtiger werden

und das Wissen um den Ursprung und die Liebe zu euch,
der Schöpfung und ein Wissen darum,
dass ihr Schöpfer seid.

Aber eines wird es brauchen in den nächsten Jahren: erhöhte Wachheit, erhöhte Achtsamkeit, ein Hören auf die innere Stimme, Flexibilität, bereit sein, seine Pläne immer wieder zu ändern, bereit sein, alles an Wahrheit und Klarheit zu messen.

So prüft denn nicht nur eure äußere Wahrheit und Klarheit, sondern auch eure innere. Ist ein gewisser Zustand noch eure Wahrheit? Die Wahrheit eines Wesens, das sich mehr und mehr seines göttlichen Ursprunges bewusst wird?

Ist raffen deine Wahrheit?
Ist Workaholic-sein deine Wahrheit,
deinen Körper überstrapazieren?

Ist sich zurückziehen deine Wahrheit?

Ist das Leben deiner Gaben deine Wahrheit
oder das Verleugnen davon?

Ist Egoismus deine Wahrheit
oder das Sich-klein-machen?

Ist das ewige Lecken deiner Wunden
und Verletzungen deine Wahrheit –
oder ist Heilung deine Wahrheit?

Ist Weitergehen deine Wahrheit -
oder Stillstand?

Ist Hass deine Wahrheit –
ist Angst deine Wahrheit
oder Liebe und Mut?

Ist Krankheit deine Wahrheit?
Oder ist Heilung deine Wahrheit?
Wenn ja – was braucht dieser Teil deines Körpers,
damit er zur Wahrheit, zur Gesundheit kommt?

Wie lebst du das, wofür du angetreten warst?

Ist Trennung deine Wahrheit
oder Verbundenheit?
Und findest du deine Wahrheit in dieser Trennung –
auch von uns – oder zusammen mit uns?

Ist Ablehnen und Auslöschen von Leben deine Wahrheit,
in größerem oder kleinerem Maße?

Oder ist deine Seele, dein Hohes Selbst,
das Leben, das ewig ist, deine Wahrheit?

Ist Unterdrückung deine Wahrheit oder Befreiung –
von andern und dir selbst?

Ist Wiederholung alter Themen deine Wahrheit
oder Auferstehung und Neugeburt?

Kannst du dich reinwaschen von allem
und reinwaschen lassen und neu sein?

Was brauche ich die nächsten Jahre?
Was nehme ich mit an Gepäck, was sortiere ich aus?

Wem oder was diene ich?
Was möchte ich ernten?

Diene ich dem Großen Ganzen
oder orientiere ich mich an einer Krebszelle,
die aus dem Team ausgeschert ist,
mir aber wohl etwas klarmachen kann?

Ist ein ausgebeuteter Planet deine Wahrheit,
geschundene Tiere, missbrauchte Menschen?
Oder das Wohl aller und von allem?

Sind Wohlergehen, Gesundheit,
Friede und Glück deine Wahrheit?

Ist der Mensch, „der ja so schlecht ist,
immer war und nie besser sein wird“, deine Wahrheit –
oder dein göttliches Erbe?
Das du jetzt antreten und erlauben kannst!

Wo liegt deine Zuwendung, deine Achtsamkeit,
deine Verantwortung?

Und wiederum – und wir werden es noch oft sagen:

Was antwortest du dir,
dem göttlichen Wesen, das du bist,
was antwortest du der Schöpfung?

Es werden Jahre sein, wo das die wichtigsten Fragen sind – Jahre, wo Achtsamkeit wichtig sein wird,

wo alles an Wahrheit, Klarheit und Liebe
gemessen werden wird.

Was willst du ernten – für dich und das Ganze?

Jahre der Wachheit – und es können Jahre des Segens sein, wo du hinter die Dinge siehst, wenn du das übergeordnete Große Ganze betrachtest oder uns bittest, es dir zu zeigen in verzagten Momenten. Wenn du aufmerksam bist, was du in Gedanke, Wort und Tat programmierst. Denn *Programmierer seid ihr alle ohne Ausnahme!* Welche Software wählt ihr, welchen Provider? Wir stellen euch den unseren zur Verfügung. Unser Provider ist ein Provider von Gedeihen, von Leben, das den Namen verdient, von Liebe, Wahrheit und Klarheit. Es kommt darauf an, was ihr auf eure Computer herunterladet.

Wir aber wachen immer –
sind immer aufmerksam und begleiten euch –
so ihr es nur zulasst.

Und es können Züge sein
in blühendes Land!

Von Bewusstsein und Quantensprung

Wir grüßen euch aus dem Zentrum allen Seins – dem Ewigen Jetzt – das da ist:

Bewusstsein,
immerwährendes
und sich immer neu gebärendes
kreatives Bewusstsein.

Und da gilt es, ein paar Dinge zu klären.

Ihr kommt ja eigentlich so ziemlich alle von der Denkweise her, irgendein Schicksal bestimme euer Leben von außen her, eure familiäre Herkunft, eure Gene bestimmen euch, euer Geburtsort usw. Ich bin also quasi ein Spielball dieses Schicksals. Und ob ich ihm auszuweichen versuche oder nicht – es wird mich erwischen. Ich kann es höchstens mit Anstand durchleben. Dem zugrunde liegt ja eigentlich ein Opfergedanke. Und natürlich war es auch ein willkommenes Macht- und Manipulationsinstrument eurer Machthaber, seien sie nun in Staat oder Kirche. Wenn ich eh nichts ändern kann, kann ich nur demütig alles hinnehmen, oder ich lehne mich auf, werde zum Rebellen und somit zum Täter. Das duale Spiel, wie wir es nennen.

Mein Charakter ist also unabänderlich so, wie er ist, meine Herkunft ohnehin und auch meine Gene. Damit kann man dann ganze Ethnien behaften. Das ist ja nicht ausweichbar, und es lähmt und schließt aus.

Dann erschienen vor einiger Zeit alle diese Bücher, Techniken und Ratschläge: „Ich kann alles erreichen, was ich will." Ich brauche es nur zu visualisieren, besser noch zu fühlen, ich bin der Macher, der Erbauer meiner Wirklichkeit.

Das funktioniert auch so, wenn ihr nicht nur bewusst wählt, sondern euch auch bewusst seid, aufgrund von was ihr wählt, sei es bewusst oder unbewusst.

Wählt ihr aus dem Ego, aus ungelöstem Karma,
oder fragt ihr nach Weg und Wahl des Hohen Selbstes?

Erinnert ihr euch an das Kinderspiel, dass man irgendetwas beschwor, ableugnete etc. und hinter dem Rücken heimlich die Finger kreuzte? Was bedeuten sollte: „Es gilt nicht, was ich da eben gesagt habe." Und was ist dieses Fingerkreuzen im Rücken, das eure Manifestationen durchkreuzt und eure Pläne? Eben: euer unbewusster Anteil.

Ihr mögt vor eurer erneuten Inkarnation gewisse Pfade gewählt haben, um euer Verständnis zu schulen, euer Mitgefühl zu vergrößern, euer Erwachen zu beschleunigen. Und dann muss das gelebt werden. Was nicht heißt, für die nächsten hundert Jahre! Sobald ihr in die Erkenntnis, in die liebende Wahrnehmung geht und ins Segnen, könnt ihr das ändern. Aber da müsst ihr erst mal wissen, was euch hemmt. Ihr könnt euer Auto polieren bis zum Geht-nicht-mehr, die Reifen wechseln, es neu lackieren lassen, Benzin einfüllen…wenn etwas im Motorgetriebe kaputt ist, wird es nicht fahren. Dann nützen euch alle Karten, Pläne und Affirmationen nichts. Ihr müsst erst den Schaden auffinden und ihn beheben.

Das ist aber das Spiel eurer Dualität – dass ihr zwei verschiedene, sich beinahe ausschließende Maxime habt. Mal proklamiert ihr die eine versus die andere, und umgekehrt. Zuerst aber: Was und wer kreuzt euch denn die Finger hinterm Rücken? Der Rücken steht ja auch für die Vergangenheit. Niemand kreuzt eure Finger – ihr tut das selbst. Und womit und warum?

Und da wären wir wieder einmal beim Gepäck-sichten. Bei den Schlüsselsätzen auch. Die mögen harmlos daherkommen. „Dieses Talent hat unsere Familie nicht. Wie soll der Sohn das erreichen, wenn man den Vater ansieht.…..." Aber diese limitierenden Sätze, die durchaus nicht böswillig weitergegeben werden von Eltern und Familie, sind halt die „Lebenswahrheiten", die für sie galten und gelten. Und wenn es allen andern auch so geht, alle andern auch limitiert sind, ist es doch auch leichter zu ertragen als so einen rebellischen Spross in der Familie, der versucht, die Fesseln zu sprengen.

Nun könnt ihr ewig und drei Tage euer Gepäck sichten, und natürlich findet ihr immer mehr. Ihr werdet nie fertig damit. Oder ihr könnt das Programm mit einer andern CD überspielen. Es wird immer mehr möglich sein, das mit der Original-CD zu überspielen. Wenn aber diese hemmenden Glaubenssätze von Erziehung, Religion, vom Kollektiv etc. stärker sind, weil oft repetiert, wenn ihr total gegen den Strom schwimmt, dann muss man vielleicht da doch mal die saure Milch ausleeren und den Topf reinigen. Denn frische Milch in saure gegossen, wird bekanntlich auch sauer.

So versucht denn eure Schlüsselthemen, eure Schlüsselsätze zu erkennen und das, was ihr euch für diesmal vorgenommen habt, zu lösen. Manchmal reduziert sich das auf ein oder zwei hemmende Sätze. Und wenn ihr ganz tief in euch hineinhorcht auch darauf, was ihr euch vorgenommen hattet für diese Inkarnation. Wenn ihr das hervorholen könnt – manchmal ist es nur ein Spüren – „das wollte ich doch, das war meine Vorgabe für dieses Leben", dann kann das die CD sein, die die hemmenden Einflüsse überspielt…

Das Thema eures Lebens ist wichtig.

Vielleicht war ich immer Opfer, dazwischen aus lauter Wut und Frust Täter. Will ich da immer hin- und herkippen oder gibt es einen dritten Weg?

Vergesst beim: „Woher komme ich, was trage ich mit?" nicht das: „Wohin möchte ich gehen?" Doch das Wohin – wenn es euch wahrhaft tragen soll – bedingt den Kontakt mit eurem Hohen Selbst, eurem Innersten, eurem Herzensraum auch. Wir erinnern dich an den Satz, den wir dir vor Jahren gaben:

„Und führen dich, wohin du nicht möchtest,
damit du dorthin gelangst,
wohin du immer wolltest."

Das Ego ist das „nicht möchtest" und das „immer wolltest" der größere Plan – dein Herzensplan, dein Seelenplan. Dann mag es erst schmerzlich sein, den Egoweg nicht gehen zu können, aus irgendwelchen Hemmnissen und Hindernissen heraus, bis man realisiert: Hadern bringt nichts, Groll bringt nichts, Frust bringt nichts.

Da ist vielleicht ein Kontrakt B,
der jetzt zur Anwendung kommen will.

Da könnte eben in dieser Zeit ein anderer Kontrakt angebrachter und auch möglich sein. Denn das Projekt Erde wurde ja nicht abgebrochen – ihr seid immer noch hier und euer Planet auch. Wenn auch in veränderter Schwingung. Da könnte sich eure Seele mehr Raum verschaffen, könnte mehr Kontakt zum Hohen Selbst sein, sind andere Dinge vonnöten. Ihr habt euch mittlerweile in den Dienst gestellt, nämlich einer größeren Sache. In den Dienst, dass die Menschheit aufwachen kann und sie und der Planet heilen. Und dann macht plötzlich – nach einer Transformationszeit, die bis in den Körper hinein gehen kann – dieser neue Plan nicht nur Sinn, sondern auch noch Freude. Wenn es stimmt, macht es in der Regel Freude oder fühlt sich wenigstens stimmig an.

Was aber sollen wir denn jetzt tun? Alles schlittern lassen? Wacker visualisieren, was wir alles möchten? Ja – es ist mal wieder sowohl als auch. Visualisiert, was ihr möchtet, wohin ihr möchtet, was ihr glaubt zu brauchen, aber fragt mal im Herzen nach – fragt beim Hohen Selbst nach, fragt bei uns nach, ob das euer Weg sei. Und räumt Hindernisse und Hemmnisse aus dem Weg, findet die gekreuzten Finger hinter eurem Rücken, die den Bewusstseinsstrom stören. Dann, ja dann, kommt die *Hingabe*, die *Demut*, das alte *„Dein Wille"*. Wir sagten schon mal:

Sein Wille ist nicht der Wille des rächenden, strafenden Gottes,
es ist letztlich der Wille deiner Seele, deines Hohen Selbstes.

Aber manchmal ist das ein Kampf mit dem Ego.

Sagen wir mal: Ihr braucht für eure Lebensumstände ein neues Auto. Es geht nicht darum, dass ihr alle wieder zu Fuß geht. Es wäre nicht mehr machbar. Aber vielleicht geht es darum, für eure Autos eine andere Antriebsart zu finden. Ihr seid ja schon am Suchen und am Finden: erneuerbare, nachhaltige Energien einzusetzen nämlich.

Ihr braucht jetzt also dieses Auto. Natürlich könnt ihr das visualisieren. Ihr könnt euch das erlauben, zusprechen, ihr könnt einen Wunsch betreffs Marke haben, ihr könnt euch fixieren, dass das Geld dafür nicht da ist, oder darauf, auf welchem Wege es kommen soll. Aber das ist doch *der* Teil, den ihr übergeben könntet. Es gibt so viele Wege, wie Geld zu euch kommen kann. Man kann auch ein Auto gewinnen. Lasst doch den Postboten frei, und welcher da kommt, auf welchem Wege. Es soll ein ehrlicher Weg sein, der keinem schadet. Aber sobald ihr euch fixiert, klemmt die Sache ja auch schon.

Ihr könnt euch fixieren, dass ihr Arbeit braucht. Und hinterher seht ihr, dass euer Körper Zeit brauchte, eure Seele nachkommen wollte. Für einen Transformationsschub, für einen kurzen Durchgang einer gesundheitlichen Störung. Dann könnt ihr das annehmen. Und dieses Annehmen öffnet die Tür dafür, dass das eintreffen kann, was ihr braucht, dass Dinge sich ändern können. Zweifeln, hadern schließt die Tür. Manchmal aber muss man auch das „Nicht-verstehen-können" aushalten. Aber im Bewusstsein, ich nehme an, dies sei zu meinem Besten. Das ist auch so ein Türöffner.

Und somit hat die Quantenphysik recht:

„Es ist alles Bewusstsein!"
Und Bewusstsein ist stärker als Materie.

Da Materie ja doch nur Schwingung ist in verschiedener Dichte. Der alte materielle Ansatz hatte ja so was Fatalistisches, Unentrinnbares. Das konnte euch nur blockieren. Wenn alles Bewusstsein ist – nun, Bewusstsein kann man ändern. Und je mehr einzelne Individuen ihr Bewusstsein ändern, erhöhen und ausdehnen, desto eher kann das Kollektiv mitziehen.

Für den Quantensprung hingegen
braucht es nur eine gewisse kritische Masse.

Doch ist noch der Sog des alten Massenbewusstseins stark. Ihr seht das an der wieder neu entstandenen Rechts-außen-Szene. Das Leben der Trennung, das Ausschließen, das Wegsperren von ganzen Völkergruppen.

Man würde doch meinen, das wäre gelebt und könnte abgehakt werden. Das ist auch ein Zeichen eines niedrig schwingenden, irrigen Bewusstseins. Es füttert die niedrigen Instinkte, füttert die Ängste, und das schwingt ja sehr niedrig. Es bedarf auch keiner Anstrengung, keiner Arbeit an sich selbst. Nicht mal Selbsterkenntnis. Man kann getrost alles auf den Schatten im Außen projizieren. Dabei wäre der innere Schatten anzusehen. Doch ist zu sagen, dass höheres Bewusstsein höher schwingt und auch mehr Kraft und Wirkungsradius hat.

Wir freuen uns, dass namhafte Wissenschaftler, denen man wahrlich nicht mangelnde Intelligenz vorwerfen kann, jetzt vermehrt sagen: „*Es ist alles Bewusstsein!*" Das sind starke Geister und Persönlichkeiten, und das hat Auswirkungen. Immerhin könnt ihr das bereits auf You Tube herunterladen! Nebst dem Schrott, der auch dort ist. Das ist wieder Wahl, was ihr euch anseht und anhört.

Es ist wirklich alles Bewusstsein!

Somit könnt ihr auch hemmende Sätze ändern. Doch braucht es die Bereitschaft, vom alten Pferd herunterzusteigen, neue Wege zu gehen, Veränderungen anzunehmen. Denn auf altem Pfade ereignen sich wieder die alten Dinge. Es gibt für manche von euch nur noch den neuen Kontrakt. Dort wird es auch vermehrt klappen. Doch seid achtsam, ob die Finger noch immer gekreuzt sind, was sie hinter eurem Rücken flüstern…ob ihr alte Sätze und Programme mitschleppt. Was die Vergangenheit flüstert, die Eltern, Lehrer, Priester, was das Kollektiv flüstert…Wollt ihr das noch länger als eure Wahrheit annehmen, oder könnt ihr das neutralisieren mit eurer neuen Wahrheit, eurer Original-CD, eurer Erkenntnis, dass alles Bewusstsein ist? Sonst seid ihr quasi im Niemandsland – zwischen zwei Kontrakten. Das Alte wird dann nicht mehr funktionieren, und das Neue sich nicht gebären können.

Schon so mancher „Schicksalsschlag" hat sich als Segen erwiesen, doch nur, wenn ich mein Bewusstsein ändere. Ein Türchen offen lasse, dass es Segen sein könnte, auch wenn ich das im Moment nicht sehen kann. Damit es Segen werden kann. Die Etiketten mal wieder. Und dazu braucht es das Hören nach Innen. Nicht diesen pausenlosen Lärm, den ihr kreiert habt. Obwohl, wenn man das Nach-innen-hören trainiert hat, das auch im größten Lärm praktizieren kann. Wenn euer Bewusstsein sich darüber ausdehnt und erhebt und ruhig ist wie ein stilles Gewässer. Ganz, ganz unten in euch sind nämlich die stillen Gewässer. Mancher findet wieder dorthin durch aufgezwungene Ruhephasen oder durch Meditation.

Vielleicht wählt ihr plötzlich ein ruhigeres Leben, aus Erkenntnis heraus, aus einem neuen Bewusstsein heraus.

Und erkennt euer Thema,
erkennt, dass heute neue Kontrakte möglich sind,
fragt danach, was dieser neue Kontrakt für euch beinhaltet.

Später werdet ihr vielleicht staunen, wie ihr euch gewandelt habt, wie sich euer Leben verändert hat, eure Umgebung und auch die Mitwanderer. Das könnt ihr als Verlust betrachten oder als Aufbruch ins Neue, als segensreicher Aufbruch ins Neue.

Eines aber können wir euch sagen. Das Leben dieser neuen Kontrakte, im Herzen erkannt, mit dem Hohen Selbst verbunden, wird in der heutigen Zeit mächtig unterstützt, auch wenn es für euch nicht immer so aussehen mag. Es mag Zeiten geben, wo ihr nur aus dem Vertrauen leben könnt. Aber ihr werdet dieses Vertrauen noch brauchen – so seid froh, wenn ihr es geschult habt. Aber die neuen Kontrakte werden immer mehr unterstützt – die alten Maxime immer weniger.

Es mag eine Zeitlang noch das alte Programm nebenher laufen. Dann ist es wieder eine Wahl, ein Umsteigen auf eine Parallel-schiene. Irgendwann aber wird der Zug auf der alten Schiene keine Energie mehr haben oder von selbst in die nächste Wand hineinrasen.

Jetzt fragt ihr, warum wieder soviel Altes, Dunkles, Totalitäres, Grausames geschieht? Erstens erfahrt ihr das alles dank eurer neuen Medien. Zweitens bäumt sich die alte Energie auf, doch bäumt sie sich auf im Todeskampf. Ihr erkennt auch früher die Zeichen und ruft früher: „Halt – so nicht mehr." Es gehen Tausende auf die Straßen in arabischen Ländern – junge Menschen, die Freiheit und freie Meinungsäußerung noch nie gekannt hatten! Aber sie kämpfen dafür!

So betrachtet denn auch, ohne die Augen zu schließen, die Anzeichen dieses neuen Bewusstseins. Dass man für die Unterdrückten kämpft. Es gab das immer, doch waren es meist Einzelne. Es werden immer mehr werden. Auch diejenigen, die jetzt noch gut gepolstert den Weg der Lauheit gehen können, des Nicht-Entscheidens, werden vom Leben selbst an einen Entscheidungspunkt geführt werden. So sie es nicht erkennen und nicht neu wählen, wird es für viele die Auflösung der Physis bedeuten. Denn Physis ist verdichtetes Bewusstsein und hat die Tendenz, in niedrige Schwingung zu ziehen. Ins rein Triebhafte, ins Massenbewusstsein. Diese Seelen brauchen dann manchmal den Aufenthalt bei uns, um sich zu klären.

Wir fassen zusammen:

Es ist alles Bewusstsein.
So werdet euch bewusst,
was euer Lebensthema ist,
euer neuer Kontrakt,

nehmt Änderungen an, ohne zu hadern, segnet das Vergangene und seid euch klar über gekreuzte Finger hinter dem Rücken, die eure Manifestationen des höheren Bewusstseins verhindern oder hemmen. Visualisiert im Einklang mit höherem Bewusstsein –

zum Wohle eurer Seele,
zum Wohle des Großen Ganzen,
aus gereinigtem, geläutertem Herzen.

Und das ist ein ganzer Katalog, nicht? Das gibt zu tun. Aber es ist eine lohnende Arbeit. Vielleicht nicht lohnend in dem Sinne, dass ihr Millionär werdet, aber zufriedener, dankbarer. Und euren wahren Weg findet und geht. Nämlich

den Weg des Wesens,
das ihr wart, seid und immer mehr sein werdet.
Immer weniger limitiert durch eure wechselnden Verkleidungen.
Immer mehr wirkend und strahlend
aus dem göttlichen Urbild,
das ihr in Wahrheit seid.

Oder zumindest ein Abglanz davon. Bringt es wieder zum Glänzen, zum Strahlen, zum Wirken. Es wird euch Zufriedenheit und Erfüllung bringen, wie auch immer eure Lebenslage sein möge in diesen wechselnden Umbruchszeiten. Und immer mehr werdet ihr unsere Unterstützung fühlen und spüren – wird sie wirken und bewirken in euren Leben. Aber das zu verinnerlichen, anzunehmen und zu leben – auch wenn es manchmal nicht so aussieht –, ist auch ein Quantensprung. Ein Sprung in Vertrauen, in Hingabe und ein Bewusstseinssprung. Aber seid gewiss, ihr fallt nicht ins Leere. Ihr habt ja nicht nur Beine, ihr habt ja auch Flügel, und wir sind ja da. Das Sicherheitsnetz ist bereits ausgespannt, bevor ihr springt, ja, sobald ihr euch zum Sprung entschließt.

Was aber ist dieses Sicherheitsnetz?

Die Liebe des All-Einen und euer Erlauben dieser Liebe.
Dann könnt ihr nirgendwo anders hinfallen als in diese Liebe.

Kann da Angst noch sein?

Gesegnet sei euer Bewusstseinssprung, gesegnet euer neuer Kontrakt, gesegnet euer Vertrauen. Sagten wir nicht schon einmal: „Ihr zieht immer zu uns"? Und dass wir euch von Herzen wünschen, weniger Umwege zu machen!

Vom freien Willen

Ihr seid ausgestattet worden mit und ausgesandt im freien Willen.

Freier Wille ist ein Privileg!

Freier Wille – vom Ego gesteuert – eine mit Leid gepflasterte Sackgasse, die nur scheinbar Glück und Reichtum für die einen bringt – doch darbt ihre Seele, und haben die andern nicht, was sie zum Leben brauchen. Freier Wille – vom Ego gesteuert – ist Verirrung, Verwirrung und gleitet oft ab ins Triebhafte. Er ist nicht genährt vom Hohen Selbst, das um eure Göttlichkeit weiß.

Freier Wille, verbunden mit
und ausgerichtet auf eure Göttlichkeit,
ist Segen für alle und alles.

Kümmert sich um das Wohl des Ganzen, hegt und pflegt und ist sich bewusst, dass der eigene Garten an den Garten des Nachbarn grenzt. Ehrt und pflegt auch die Natur und hat „Ehrfurcht vor dem Leben" – wie einer das mal so schön sagte. Ehrfurcht vor dem Leben, Respekt und Anerkennung der Göttlichkeit allen Lebens.

Es könnte eine freudvolle Reise sein!

Doch wolltet ihr, aus eurem freien Willen, den andern Pol erkunden, den Egopol, alle Energien kennenlernen. Aber es gibt einen Punkt auf dieser Reise, wo Energien, gekoppelt mit dem Ego, nach „unten" ziehen und einen beherrschen. So wie im Gegensatz dazu eure Ausrichtung auf eure Göttlichkeit eure Entwicklung auf das ausrichtet, was nach „oben" zieht. Beim einen werdet ihr von Dunkelheit vereinnahmt, beim andern Weg immer mehr durchlichtet.

Es liegt kein Urteil darauf, aber es sind Mechanismen, und es wäre gut, um sie zu wissen. Dann müsste nicht allemal der Weg der leidvollen Erfahrung beschritten werden –

Es könnte ein Weg der Erkenntnis sein.

Und dieser Weg der Erkenntnis ist in allen großen Religionen möglich, so ihr auch diese reinigt vom Egoballast, von Machtstreben, Gier, von Angst und Angstmache. Lange kam die Wahl des freien Willens aus eurem Ego, lange habt ihr Dunkelheit genährt. Und schwer war es für euch Lichtträger, diese zu durchlichten. Doch war eure Arbeit nicht umsonst, auch euer Leiden nicht.

Freier Wille wurde unterdrückt in althergebrachter Erziehung, in Ländern, wo Tyrannen herrschten und herrschen, ja auch in der Kirche. Und daraus entstehen dann ängstliche Mitläufer.

Freier Wille muss gekoppelt sein
mit eurer Göttlichkeit, eurem Hohen Selbst.

Aber da Gott als strafend, rächend und kleinlich dargestellt wurde, nicht als Gott der Liebe, fühltet ihr euch auch darin unfrei. Und doch seid ihr dann wahrhaft frei, wenn ihr diesen göttlichen Willen – der auch der Wille eures Hohen Selbstes ist – ausdrückt und lebt. Diese Freiheit wird niemandem schaden, sondern Entwicklung sein für alles und alle.

Dieser freie Wille
wird Segen sein
für alle und alles.

Ihr aber könnt ein Beispiel sein, könnt Zeichen setzen im Universum, dass diese Menschheit fähig und willens ist, sich aus den Verstrickungen des Egos zu lösen und den freien Willen in seiner Göttlichkeit wieder zu leben.

Damit ihr wieder leuchtet,
dass euer Stern leuchtet,
euer Planet.

Ihr könnt eine neue Matrix schaffen und beitragen zur Entwicklung und Vollkommenheit des Universums.

Freier Wille ist ein Segen,
ist aber auch Verantwortung.

Und wiederum fragen wir:

Was ist eure Antwort
der Schöpfung gegenüber?

VON DER FREIHEIT

Wir grüßen euch aus dem Zentrum allen Seins – das da war, ist und immer sein wird – und möchten sprechen über **Freiheit – Freedom!**

Und im zweiten, englischen Wort, steckt auch DOM drin – und ein Dom ist ausgerichtet auf die Vertikale, auf Höheres, auf die Verbindung zum Schöpfer, zur All-Macht, zur Quelle.

Freiheit! Freiheit wozu? Wohin?

Freiheit, nicht um zu zerstören, sich und die Schöpfung in uferloser Gier und Anmaßung, sondern

Freiheit, sich zu besinnen
auf die Einheit der Schöpfung,

auf dass ihr Teil davon seid, dass ihr nur gedeihen könnt mitsamt eurem wunderschönen Planeten, wenn ihr in und aus dieser Schöpfung lebt.

Freiheit, euch auszurichten auf diese Wahrheit;
diese Wahrheit, die euch frei macht.

Freiheit, die euch auch aber erlaubt, euch abzukehren, euch zu trennen. Doch werdet ihr die Konsequenzen spüren, und diese werden euch unfrei machen. Ihr habt die Freiheit, eurem Körper zu schaden durch Süchte, durch Drogen, durch ungesunden Lebenswandel. Doch wenn dann die Konsequenzen kommen, die Abhängigkeiten, die Krankheiten, seid ihr dann noch frei? Seid ihr nicht freier, wenn ihr *mit* der Schöpfung lebt? Was heißt: Mit euren Körpern so umzugehen, dass sie möglichst optimal funktionieren können, ja, dass sie wieder göttliches Gefährt und Gefäß sind, das euch unterstützt auf eurer Reise zur Freiheit, euch unterstützt in eurer Art, euer göttliches Leben auszudrücken. Mit eurer vermeintlichen Freiheit, die aber letztlich nur

Abhängigkeit ist von eurem Ego, von Gier, Angst und Mangel an Liebe, habt ihr eurem Planeten und der Schöpfung geschadet, habt ihr Umweltgifte produziert, die jetzt für eure Körper kein Segen sind, dem Planeten Dürre, Überschwemmung und andere Plagen bringen.

Nein, ihr habt Freiheit nicht missbraucht, ihr habt sie missverstanden!

Frei-Sein erreicht ihr, wenn ihr nach und mit den Naturgesetzen lebt.

Wenn ihr die Schöpfung ehrt und würdigt, dann belohnt sie euch mit ihren Früchten. Und alsdann könnt ihr in Freiheit gedeihen, nämlich, wenn ihr eure Körper gesund ernähren könnt. Und das ist leider heute kaum mehr möglich. Eine *Schein-Freiheit* ist es, wenn ihr euch abkehrt von den göttlichen Gesetzen, die Naturgesetze missachtet, den kosmischen Lauf der Dinge, denn das schafft Trennung, und ihr seid nicht mehr im Fluss des Lebens. Dann gelten plötzlich diese missverstandenen, irdischen Gesetze. Macht, basierend auf Angst, der Glaube an begrenztes Gut, wo jeder möglichst viel an sich reißt, oft auf ungesetzlichem Weg, bar jeglicher Ethik, bar jeglichen Verständnisses für das Ganze, für den Andern. Nämlich im Glauben, dass das Gute beschränkt sei, dass Schöpfung beschränkt sei, und das ist kein freier Gedanke. Dieser Mensch handelt zwanghaft – hat darum auch kein Unrechtsbewusstsein. Doch ist es schwerlich möglich, ihn von dieser Verblendung zu heilen, so er das nicht selbst einsieht, so er nicht selber seine Verarmung, ja auch seine Verrohung, erkennt. Er wird zwar äußerlich gewinnen und innerlich immer mehr verdursten und verkümmern.

Nun aber, was nützt das euch? Die ihr nicht den großen Teil des Kuchens für euch habt? Die ihr oft kaum wisst, wie es überhaupt gehen soll, dass ihr euch über Wasser halten könnt.

Ihr könnt den andern ihr Stück Kuchen nicht abjagen, aber ihr könnt das Missverständnis loslassen, dass der Kuchen, der Schöpfungskuchen, begrenzt sei.

Wie denn könnte das sein, da Schöpfung sich immer neu gebiert?

Und da sind wir mal wieder bei den Glaubenssätzen. Laut eurer Bibel war die Schöpfung am 7. Tag abgeschlossen – Punkt. Aus. Amen! Und das war's denn auch. Es sind Allegorien, Symbole, die viel tiefer sind. Diese Geschichte zeigt eine Evolution auf – zum einen, dass euer irdischer Garten Eden bereits reich bestückt war, bevor ihr die Bühne betretet. Es waren eure hilfreichen Brüder schon da – die Tiere –, es war Nahrung da – die Pflanzen –, und dann kamt ihr, die ihr Verwalter sein solltet und nicht Herrscher. Und verloren ging bei dieser Geschichte, dass nach diesen sieben Tagen – nach dieser Woche – immer wieder sieben Tage kommen! Wir meinen damit eben,

dass Schöpfung nicht abgeschlossen ist,
sondern pausenlos weitergeht –
und das ist für euch schwer verständlich –,
dass sie eben „war – ist – und immer sein wird".

Wie denn könnte der Kuchen begrenzt sein? Wohl mag der Planet altern, mag sich wandeln in eine andere Form, hat sich schon x-mal gewandelt, wohl wandelt ihr euch, und heute bis in die Zellen, und habt euch kaum noch so stark gewandelt, seit ihr in der heutigen Form seid. Der Glaube an die Endlichkeit der Schöpfung hat euch Mangel beschert, Gier, die Ressourcen auszubeuten ohne Nachhaltigkeit.

Und ihr, die ihr scheinbar am kürzeren Hebelarm sitzt, werft diesen Glauben über Bord! Lasst eine neue Schöpfungswoche entstehen! Die Zeit stand nicht still – sie steht nie still –, sie stand nicht still nach den sieben Schöpfungstagen, sie stand nicht still nach den biblischen Propheten, sie steht auch heute nicht still.

Nie steht Evolution still!
Und wenn ihr ganz stark in euch verankert,
dass Schöpfung ewig ist, nicht nur ewig dauert,
sondern ewig schöpft, ewig kreiert,
dann ist der Kuchen nicht begrenzt,

dann könnte es euch egal sein, wie viel der andere an sich reißt, denn es kann nachfließen. Ihr habt doch diese Märchen und Legenden, wo etwas nachwächst. Der Käse wieder wächst, doch nur, wenn du ihn nicht ganz aufisst. Wobei wir wieder bei der Nachhaltigkeit wären.

Heute aber, wo ihr immer mehr – so ihr das wählt – ins Mitschöpfertum eintretet oder zurückkehrt, immer mehr erkennt, kann auch der Käse im Märchen wieder wachsen. Doch es ist der *Geist,* der sich immer neu gebiert, und der neue Materie schafft, der nachfließen lässt, was scheinbar aufgebraucht ist. Begrabt den Glauben an die Endlichkeit!

Lasst zu, dass es ein immerwährendes Werden ist,
eine scheinbare Vergänglichkeit nur,
dass Schöpfung immer wird,
immer kreiert, immer fließt.

Ihr könnt das nicht sehen – wenn ihr im Mangel sitzt –, woher denn solches kommen soll. Arbeit ist vielleicht nicht da, die Dinge laufen nicht unbedingt, das Geld scheint schlecht verteilt. Das muss nicht so sein, nicht so bleiben.

Ja, wir wissen, mathematisch-verstandesmäßig sind diese Dinge nicht zu begreifen, zu verstehen, scheinen sie absurd zu sein. So schaltet denn mal wieder euren Verstand aus, der zwar für vieles gut ist, nicht aber unbedingt, um kosmische Gegebenheiten einzusehen. Ein-Sehen, nicht Verstehen – Erfassen, Fassen, Gefäß.

Es hat auch mit Identifikation zu tun, und es gab diese großen Heiligengestalten – Franziskus, Siddharta, die ganz hinübertraten, weil sie erleben wollten, wie es ist, weil sie es sich in ihren Palästen nicht vorstellen konnten, gar nicht kannten, weil sie dieses ärmliche Dasein teilen wollten, um da ihre Erleuchtung zu erlangen, ihre innere Liebe zu finden. Dagegen ist nichts einzuwenden, doch ist es nicht der Weg aller. Denn wenn es alle täten, wer würde dann noch eure Hilfsprojekte unterstützen? Es ist ein Unterschied, ob ihr in Freiheit hinübertretet oder euch so identifiziert, so ins Mit-Leid geht, dass ihr in die Fluten mit hineinsteigt und mit versinkt. Wie denn könnt ihr ein Boot aussenden, eine Rettungsleine auswerfen, wenn ihr nicht am Ufer steht? Wie denn könnt ihr einem Obdachlosen ein Dach über dem Kopf geben, wenn ihr kein Haus habt? Wie denn könnt ihr Nahrung geben, wenn ihr kein Essen habt? Kann denn eine halb verhungerte Mutter ihr Kind noch stillen?

Freiheit – nicht missbrauchen könnt ihr sie, aber gründlich missverstehen, das wohl. *Denn Freiheit ist in sich frei* – wohl kann sie aber nach euren Missverständnissen zurechtgebogen, aber letztlich nie aufgehoben werden. Und jetzt, wo die Schleier dünner werden, wo ihr mehr erfassen könnt, wo ihr die Möglichkeit habt zu sichten, was man euch eingetrichtert hat, oft aus Macht-Streben, geboren aus den Ängsten derer, die da predigten. Jetzt könnt ihr abschütteln diese alten, einengenden, verqueren Glaubenssätze, die euch im Mangel festhalten und in der Angst und in der Trennung und welche die Liebe verhindern. Erwartet nicht, dass das alle tun können oder wollen. Aufwachen ist frei-willig. Ihr könnt Stütze sein, Wegweiser und die nicht verachten, die gerne noch weiterschlafen, die gerne in ihren Ängsten bleiben, in ihrem verwirrten Denken, weil sie sich da – vermeintlich – wohler fühlen. Angst lähmt, lähmt selbst die Schritte, die die Angst überwinden könnten.

Man kann Freiheit keinem bringen, kann sie nicht verordnen, das ist ein Irrtum, der vielen eurer Kriege zugrunde liegt. Man kann Menschen befreien, ein Land befreien, wenn diese die Freiheit schon in sich tragen, die Freiheit wollen. Sonst geht die Sache nur in eine andere Art von Unfreiheit über, eine andere Art von Mangel.

Freiheit kann nur bringen, wer frei ist, innerlich frei.
Frei seid ihr, wenn ihr nach den kosmischen Gesetzen lebt,
von denen ihr ein Teil seid.

Teil nicht im Sinne von „geteilt". Da ist eure Sprache nicht sehr glücklich. Glied sein, vielmehr, eingebettet sein, zugehörig sein. Man müsste eure Sprache irgendwann neu überdenken. Eingebettet sein in die Schöpfung, der ihr zugehört.

Freiheit, die Schöpfung, den Schöpfer anerkennen, nicht sich unterwerfen, sondern als übergeordnetes Prinzip, zu dem auch ihr gehört, in eurem Mit-Schöpfertum. Auf dieses übergeordnete Prinzip ausgerichtet sein, aus dem alles fließt, was da „war, ist und immer sein wird". Und das ist

Liebe – Ganzheit – Einschließlichkeit –
immerwährendes Leben –
immerwährendes Werden –
ist Einheit.

Wenn ihr das erkennen könnt, wenn ihr euch das zu eigen macht, dann seid ihr in wahrer Freiheit! Und in dieser Freiheit herrscht *Fülle*!

So seid denn gesegnet, ihr, die ihr *frei* geboren seid, so ihr es nur erkennt. Die ihr frei seid, wenn ihr nur aus dem Kerker des Verstandes tretet, eurer Glaubenssätze, euren aus Angst geborenen Lehren. Aus dem Kerker – eurem selbst gebauten Kerker – aus Trennung und Angst. Frei-Sein, wenn ihr *zulässt*, wenn ihr *erlaubt*. In Ausrichtung auf, eingebettet in die *immerwährende Schöpfung*.

Wir segnen euch in Freiheit, und immer sind unsere Hände ausgestreckt zu euch. Und immer – so ihr es nur zulasst –

seid ihr eingebettet in den Strom der immerwährenden Schöpfung,
der immerwährenden Liebe, die da „war, ist und immer sein
wird".

Was ihr in eurer Sprache nur so ausdrücken könnt, denn für etwas, was weder Anfang noch Ende hat, habt ihr keine Worte. Und es ist euch letztlich unbegreiflich. Aber ihr könnt es ahnen, es tief in euch spüren, ihr könnt es zulassen.

Und das ist letztlich GLAUBE!

VON GÖTTLICHER BALANCE

Wiederum grüßen wir euch aus dem Zentrum allen Seins, das da war, ist und immer sein wird. Und sprechen möchten wir über die Balance des Innen und Außen – über Erkennen und Erlösen.

Über das Nach-außen-gehen, die aktive Kraft, das Yang – das Nach-innen-gehen, die passive Kraft, das Yin. Oft habt ihr Yang negativ erlebt, als Machtspiel. Das aber ist ein Yang, das mit dem Yin nicht in Balance ist, was sich in äußerer Aktion erschöpft. Ihr könnt ja wählen, euer Yang anders zu leben, könnt wählen, euer Yin nicht nur als Passivität zu leben, nicht nur als Rückzug, als Erdulden, sondern als Phase des Auftankens und Regenerierens. Doch geht es oft darum, *euer Selbstbild zu ändern.* Der eine oder der andere Pol wurde oft unterdrückt bei euch – nun: Korrigiert das! Jede Seite funktioniert besser, wenn sie im Einklang mit der andern ist. Es kann sonst Ungleichgewichte bis in den physischen Körper geben, der es dann oft mittels Krankheit zu lösen versucht.

Yin hat mit dem Kontakt mit eurer Seele zu tun, mit eurem Hohen Selbst, wenn es positiv gelebt wird, Yang mit dem äußern Erfolg. Kein Erfolg, wo man andere überfährt und über Leichen geht, sondern ein Erfolg, wo man einfach dasteht in seiner Größe und seine Sache so gut wie möglich macht, damit das Resultat erfolgen kann.

So passt denn auf, was ihr sät,
weil daraus die Ernte erfolgt!

Es geht um das Wirken im Außen – gestützt durch das Innen. Nur dann könnt ihr segensreich wirken, zu aller Wohl. Das erschöpft euch nicht, stellt aber euer Licht auch nicht unter den Scheffel.

Ein Außen, das vom Innen genährt wird –
ein Innen, das sich im Außen ausdrückt.
Dass das, was ihr zu sagen und tun kamt,
den Weg in die Welt findet, zu aller Gedeihen.

Ihr habt auch falsche Bilder von der Art, wie die christlichen Inhalte euch überbracht wurden. Erfolg hatten ja die dunklen Mächte, denn sie brachten den Christus-Jesus um und verfolgten seine Anhänger. Er aber wollte euch zeigen und vorleben, dass er nicht umgebracht werden konnte. Leider missverstanden bis auf den heutigen Tag…wenn ihr doch die Auferstehung mehr feiern würdet! Und auch die Pfingstausgießung…

Es wurden ja gerade die Gewalt und die irdische Macht gekreuzigt,
indem er diese überwand durch seine Auferstehung.
Gewissermaßen die zweite Geburt, die ihr alle erlebt
und heute immer mehr in diesem Körper erleben könnt.

Geistige Wiedergeburt, Verbindung mit Seele und Hohem Selbst, in Liebe, Kraft und Freude und gesunder Macht – nämlich *in Vollmacht* – das ist euch heute in diesem Leben möglich. Nicht allen, aber vielen von euch, die schon erwacht sind und sich aufgemacht haben. Eine Wiedergeburt auch eurer Körper in Kraft und Gesundheit.

Doch können diese Prozesse durch eine Phase des Ungleichgewichtes gehen, die anstrengend sein kann und Symptome hervorruft. Stuft dann diese nicht als Krankheit ein, sondern als Korrektur und Geburtsschmerzen. In Tat und Wahrheit gewann damals die Kraft des Yin über die Gewalt des Yang. Das Lamm Gottes über den Schlächter. Doch habt ihr das nicht erfasst, habt nur das Leid gesehen und fühlet euch berufen, einander Leid zuzufügen. Nun gibt es zwar immer wieder diese Kreuzigung, den Kreuzweg auch, an dem ihr euch entscheiden müsst, wohin ihr eure Schritte lenkt. Es gibt Verlust und Trauer, aber man kann es annehmen, und so man es annimmt, kann es in

Auferstehung münden, in Entwicklung eures Selbst. Aber man kann darin steckenbleiben.

Viele eurer geistigen Lehrer haben das Leid über alle Maßen gepriesen, und so seid ihr im Leid steckengeblieben – ja, habt Leid angezogen.

Es war ein Schritt zur Akzeptanz der düsteren Seite eures Weges,
der dunklen Nacht der Seele,
die aber in den Tag übergehen soll,
in die Freude des Tages,
und nicht in der Nacht verharren.

Es war auch die Art, wie ihr euer Karma aufgelöst habt. Doch Auflösen des Leides durch Leid braucht wiederum Opfer und Täter – das übliche duale Spiel, das ewig hin- und hergehen kann. So ihr nicht den dritten Punkt annehmt und hineinnehmt in euch als übergeordnete Wahrheit, nämlich den Punkt der Auferstehung, des Hinauswachsens über das Leid. Ihr könnt verharren im Zustand, der euch Leid gebracht hat, oder ihr könnt diesen Zustand wandeln. Da gibt es verschiedene Wege, und die sind nicht für jeden gleich. Doch starrt nicht auf dieses Leid, fixiert euch nicht auf dieses Leid, das ihr erdulden müsst, weil ihr dann bessere Menschen seid und das Himmelreich euch offen steht.

Lernt – wie wir immer sagen –
an Freude und Dankbarkeit zu wachsen,
am Schönen und Guten.

Sodass positive Nachrichten euch „high" machen und ihr nicht den Nervenkitzel der negativen braucht.

Wenn ihr ein Leben von innen heraus lebt, ist es nie ein langweiliges Leben – es mag ein ruhiges Leben sein, aber ihr erlebt so viel im Innen, dass es nie langweilig wird und diesen äußern Kitzel nicht braucht. Wohl aber könnt ihr dann diesen innern

Reichtum nach außen tragen. Dann wird Freude nicht bloß eine äußere Freude sein, sondern euch ganz erfüllen, und ihr werdet den innigen, tiefen Wunsch haben, diese Freude weiterzugeben, euch gegenseitig beizustehen in eurer Entwicklung und nicht zu eurer Entmachtung beizutragen. Ergreift die Freude des Lebens, und selbst wenn dann dunklere, schwierige Zeiten da sind, könnt ihr doch immer wieder die Freude spüren, könnt hindurchschreiten und irgendwann wieder ins Licht, ins Leben kommen. Ihr könnt dieses Dunkle hinter euch lassen und nicht darin versinken, weil das ja scheinbar so edel ist.

Nun – es kann auch bequem sein – nicht? Das andere ist ein Stück Arbeit, ein Sichten seiner Konzepte, Programme und Muster. Ja, auch seiner Gedanken und Worte, kurz: der ganzen Software! Wenn ihr nicht immer denselben Brief ausdrucken wollt, müsst ihr den Text ändern, müsst auch sehen, was habt ihr abgespeichert, und den Text dort ändern. Ihr habt heute diese Möglichkeiten, weil die Energie der Transformation jetzt so stark auf eurem Planeten ist.

Doch ist es im Physischen immer noch am zähesten und dichtesten. Dort etwas zu lösen und umzupolen, das kann dauern, muss aber nicht. Doch wenn es sich dann löst, sich wandelt, dann ist das auch in einem langen Prozess ein plötzliches Umschalten, so wie man einen Schalter dreht. Der aber lässt sich oftmals erst drehen, wenn das Umfeld gereinigt ist, *wenn eure Körper und Psyche den größeren Stromzufluss verkraften können*, weil ihr stärkere Strukturen aufgebaut habt, die Leitungen repariert, ja vielleicht neue verlegt habt. Euch geweitet habt, dass ihr diesen stärkeren Energiezufluss auch aufnehmen könnt. Das heißt auch, dass ihr die Ängste beseitigt und auflöst, die das verstellen. Die Ängste vor der eigenen Kraft und Macht, die Ängste vor dem Yang. Dass ich diesmal eben diese Kräfte weise gebrauche, auf allen Ebenen, in allen Körpern; den Körper unterstütze und ihn nicht ständig überanstrenge, gemäß seinem Zustand. Nicht jeder muss auf den Himalaya klettern, aber jeder sollte nach seinem Maße etwas für seine Beweglichkeit und seine Fitness tun. Und auch für die Beweglichkeit und Fitness eurer Seele, eures psychischen Körpers, sollt ihr etwas tun.

Doch eben – wie wir schon sagten –

ein Tun aus dem Sein,
ein Yang, das sich aus dem Yin speist.
Ein Yin, das sich im Yang ausdrückt.

Balance – und die ist nicht immer hundertprozentig. Das kippt mal auf die eine oder andere Seite, es wird die eine oder andere Seite mehr gelebt, und das ist auch gut so, sofern es nicht ganz kippt und einseitig wird und nur die eine gelebt wird. Die andere sich dann aber irgendwann einmal durchsetzt, oft nicht auf angenehme Art und Weise. Dies ist auch der Sinn eurer Auszeiten – seien sie freiwillig oder unfreiwillig. Damit ihr solche Dinge klären, Ballast abwerfen und euer Material sichten könnt und eure Lebensgrundsätze. Und seht, wo ihr euch immer überfahren habt, euch zuviel zugemutet habt, auf euch habt anhäufen lassen, ja selbst auf euch gehäuft habt. Dann könnt ihr klarer eure Bedingungen stellen, auch im Außen, und das Vertrauen aufbringen, um zu warten, bis bessere Bedingungen sich zeigen, und die dann *zu erkennen und nicht vorbeigehen zu lassen.* Sie mögen vorübergehend sein – sie mögen länger andauern – aber erkennt sie.

Erkennt immer wieder neu im Moment.

Auch wir passen immer wieder unsere Lösungen an. Wenn ein Mitspieler vielleicht nicht mittut, den wir einsetzen wollten, ein neuer aber plötzlich dasteht und sagt: „Ich mache mit." So kann es dann plötzlich anders aussehen, andere Lösungen sich zeigen.

Aber es sollen Lösungen sein,
die euch stärken und nähren im guten Sinne.
In allen Teilen.

Und nicht schwächen und abbauen.

Mehr als Arbeit aber baut nicht erkannt werden, nicht gewürdigt werden, ab. So achtet denn auf eure Würde, was etwas anderes ist als Stolz. Stolz kommt aus dem Ego und ist eigentlich so sinnlos.

Doch Würde steht euch als göttlichem Wesen zu.

Doch wie soll jemand die Würde des Göttlichen erkennen, wenn ihr unwürdig lebt und euch eure Würde nehmen lasst? Wie soll denn das gehen? Doch ist ein Abbild des Göttlich-Seins auch eine Aufgabe, und da will mancher nicht mittun. Gewiss habt ihr auch dann Stolpersteine auf eurem Weg. Wir sagen nicht, dass er immer frei von Leid und Schmerzen sein wird. Aber ihr gewichtet das anders. Und ihr schaut nach vorn und betrachtet Leid und Schmerz als Durchgang. Seid immer offen dafür, dass ihr das vielleicht nicht mehr braucht, darüber hinausgehen könnt. Doch das braucht *Bewusstheit* und *Aufmerksamkeit*.

So geht es denn jetzt darum, Ballast abzuwerfen und ins Vertrauen zu gehen. Ihr müsst alles vorbereitet haben, doch wann es glückt – das Timing nämlich –, liegt nicht nur bei euch. Da braucht es eben Zuversicht, Geduld und Vertrauen. Doch seid bereit, wenn der Schalter gedreht wird, und macht dann mit!

Starrt nicht auf ein vergittertes Fenster,
wenn in der Zwischenzeit die Tür geöffnet wurde.

Geht hinaus ins Freie! Wenn ihr faul im Bette liegt, könnt ihr nicht plötzlich aufstehen, wenn die Reise losgeht. Also seid bereit, reisefertig! *Seid immer bereit!* Dass ihr wahrnehmt, wenn die Tür offen ist, und dann gewissermaßen euer Koffer gepackt ist und ihr ins Neue schreiten könnt oder das Bisherige neu lebt. Es muss nicht immer sein, dass alle alten Möbel liquidiert werden, vielleicht könnt ihr auch die alten umstellen und polieren. Ihr könnt soviel mehr, als ihr wisst!

Sagt nicht: Die Mächtigen, Erfolgreichen, die haben das Leben erfasst. Wir noch nicht so ganz. Hätten sie es erfasst, müssten sie nicht raffen und gieren, müssten nicht die andern übervorteilen und den größten Teil an sich reißen. Müssten nicht mit Gewalt herrschen, im einen oder andern Sinne Terroristen sein. Die einen Terroristen fallen mehr auf als die andern...die Mentalität ist aber nicht gar so verschieden. Nein – wenn ich weiß, dass mein Teil mir zusteht,

weil ich als göttliches Wesen Anteil habe am göttlichen Kuchen –
der übrigens nicht limitiert ist in seiner Größe –,

dann muss ich es nicht erstreiten, erraffen. Dann bleibe ich auch nicht nur passiv sitzen, bis mir die Früchte in den Schoß fallen. Dann tue ich das Nötige, damit Ernte möglich wird. Im Bewusstsein, dass ich zwar den Baum pflanzen, hegen und pflegen muss, dass aber letztlich genug Früchte für alle da sind. Doch Macht und Gier und auch Angst und Zweifel beschränken diesen unbegrenzten Fluss und kreieren Mangel. Materiellen Mangel bei den einen und seelischen Mangel bei den andern. Manchmal auch beides. Es ist nicht einfach schlecht, reich zu sein, und ist nicht einfach gut, arm zu sein – auch da wieder ist Balance nötig. Der Reiche hat die Gnade und die Möglichkeit, wegzugeben, der Arme ermöglicht ihm den Segen der guten Tat. Nähert euch der Mitte an, dem dritten Punkt! Allzu lange habt ihr das Spiel der Dualität gespielt, wo es Opfer und Täter, Schmerz und Leid braucht. Und nicht immer entwickelt man sich im Leid – es kann allzu erdrückend sein.

Richtet euch aus auf die Auferstehung – hier, jetzt, in diesem Leben und diesem Körper!

Wichtig ist, dass Auferstehung stattfindet,
dass Neugeburt stattfindet,
dass ihr im Werden seid.

Dann ist es nicht mal so wichtig, auf welcher Seite des Vorhangs ihr aufersteht. Doch um das Steuer herumzureißen auf Erden, dass auch der Planet in diese Auferstehung hineinkommt, nämlich zu einem gesunden Leben, brauchen wir euch hier auf Erden, brauchen wir viele Auferstandene hier auf Erden! Damit die Waagschale in Balance kommt.

Und gut ist es, am Jahresende – und auch während des Jahres sich diese Gedanken zu machen, dann zu sichten das Gepäck, nicht aber wahllos alles hinauszuschmeißen, sondern eben weise zu sichten, wo und wie kann ich etwas verbessern, ihm neues Leben einhauchen. Wo muss ich weitergehen und Altes lassen? Es gibt dafür kein Patentrezept. Es gibt Menschen, die mehr das Loslassen üben müssen, und andere, die auch mal etwas halten lernen sollten, und nicht immer, in jeder Phase des Lebens, steht das Gleiche an.

Doch lasst vor allem los
das alte Bild von euch selbst!

Wir sprachen schon vom Wechselrahmen, nicht? Wo man immer wieder ein neues, aktuelles Foto hineinstecken kann. Ihr habt ja in eurem Pass auch nicht ein Bild, wo ihr zwanzig wart, sondern ein heutiges. *Aktualisiert das Bild, das ihr von euch habt!* Es gibt dann wohl im Außen diejenigen, die auch das nicht sehen. Nun – das ist ihre Wahl. Dann schreitet weiter zu denen, die es sehen können. Vielleicht zieht ihr dann auch andere Menschen an. Und überlegt euch immer mal wieder:

„Wie möchte ich sein – im Rahmen meiner Möglichkeiten?"

Doch – wie gesagt – sind die meistens größer, als ihr meint.

„Wohin möchte ich mich entwickeln?
Zu was, zu wem möchte ich werden?"

197

Und wenn man es gar nicht weiß, kann man auch das übergeben und erbitten:

„Helft mir, dass ich zu meinem göttlichen Selbst hier,
in diesem Körpergefährt, in dieser Psyche auferstehe
und dementsprechend handle.

Dass eine Leuchtspur bleiben mag,
wenn ich vorübergehe,
und keine Spur der Zerstörung. "

Dann könnt ihr zwar Leid annehmen, und auch das, wenn ihr es annehmt, kann eine Leuchtspur sein, je nachdem, wie ihr es durchschreitet. Doch fixiert euch nicht darauf und seid bereit, wenn eine neue Phase kommt, wo ihr diesem Leid entwachsen könnt. Wenn ihr den Segen darin seht, aber nicht daran festhaltet. Die Erde behält ja auch nicht in sich, was im Winter tief drinnen sich schon zum Wachstum bereitet. Sondern lässt es sprießen im Frühjahr zu neuem Leben und eurer Freude.

Ihr habt oft im Leid verharrt, anstatt es zu wandeln, statt immer, immer bereit dafür zu sein, dass es sich ändern kann. Dass ihr gesund auf allen Ebenen sein könnt. Oder mit dem, was da ist in eurem Leben, freudig umgehen könnt. Reichtum hat so viele Facetten, Gesundheit hat so viele Facetten, und Auferstehung auch. Doch ist Auferstehung, sich darauf auszurichten, vorwärtszugehen. Und manchmal auch, eine leere Fläche zu lassen.

Wenn alles voll geschrieben ist,
ist kein Platz mehr für Neues.

Eine leere Fläche für etwas, was euch zu eurem Besten dient, was euer Höchstes ausdrückt.

Ihr aber seid bereit für dieses Höchste!
So drückt es denn aus in allem, was ihr tut!

Auch in den sogenannten geringen Handlungen. Alles kann ein Preisen des Lebens sein.

Was ist denn ein Engel anderes
als ein Wesen, das immer das Leben preist?
Das immer den höchsten Willen ausdrückt?

Und ein Meister ist jener, der in seiner freien Wahl
dieses Höchste wählt und zu leben versucht.

So könnt ihr aus freiem Willen alle Engel sein –
ist euer Hohes Selbst ein Meister,
zu dem ihr euch entwickeln könnt.

Ihr seid schon dort –
doch müsst ihr darauf zuschreiten und bedenken:

„Jeder Schritt schlägt Richtung ein…"

Wir aber werden nie müde, euch in Erinnerung zu rufen, dass euer Engel immer an eurer Seite geht…doch braucht er eure Erlaubnis, euer Erkennen, um wirken zu können.

Durch Erkennen wird Schöpfung erlöst –
durch Liebe wird der Mensch erlöst.

Heißt es nicht:
„Ich habe dich bei deinem Namen gerufen…"
ja – bei deinem göttlichen Namen!

Wenn ihr zu dem werdet,
seid ihr in Balance,
seid ihr in der Liebe!

VON TORÖFFNUNGEN UND HÖHEREN FREQUENZEN

Wir grüßen euch wie immer aus dem Zentrum allen Seins, dem Ewigen Jetzt, und freuen uns, dass so viele von euch jetzt diese kosmischen Toröffnungen wahrnehmen.

Kosmische Portale können aufgehen, wenn wieder mehr Menschen bewusster sind und das auch wünschen – und sei es nur nachts auf Seelenebene. Das kann sich aber nur auswirken, wenn ihr das bewusst wahrnehmt. Ihr wisst ja, dass Ereignisse sich so oder so energetisch auswirken, je nachdem wie ihr sie etikettiert – gut oder schlecht zum Beispiel. Somit habt ihr auch die Möglichkeit, diese Chancen vorbeigehen zu lassen, wenn ihr sie nicht bewusst wahrnehmt oder euch nicht getraut, darauf einzugehen. Man kann Dinge wirklich verpassen – jedenfalls für den Moment.

Nun sind aber doch genug Menschen da, die sich auch auf den Kosmos einstellen und dessen Energien, sodass Dinge, die vorbereitet sind, gewissermaßen in der Warteschlaufe, geschehen können oder jedenfalls größere Auswirkungen haben können. Gewisse Dinge geschehen im Kosmos ohnehin aufgrund seiner Entwicklung, aber sie können sich für euch günstiger oder weniger günstig auswirken, auch mehr oder weniger stark.

Wir sagten schon einmal, dass viele Katastrophen hausgemacht sind und mit weniger Gier und mehr Verantwortungsgefühl vermieden werden könnten. Aber dann gibt es die Geschehnisse im Kosmos, die davon nicht abhängen. Da genügend Seelen zum Aufstieg Ja gesagt haben, können gewisse Dinge sich auswirken und rascher geschehen. Das heißt, dass die Energiewellen des Kosmos für den Aufstieg benutzt werden können. Ihr wisst ja, wenn ein Rad sich mal dreht und einen gewissen Schwung hat, rollt es fast von alleine weiter und kommt immer mehr ins

Rollen. Es entsteht eine Eigendynamik. So werden auch diese kosmischen Entwicklungen, die eure Erde mit einbeziehen, sich bei euch auswirken. Das Universum hat ja auch seine Gezeiten und Entwicklungen. In welches Gefäß ihr aber diese Energien leitet, hängt von euch ab.

Ein Energieschub ist eigentlich neutral –
er kann für das oder jenes gebraucht werden.

Ihr hattet ja oft Kriege, wenn die Marsenergie besonders stark war. Ihr hättet sie aber auch einsetzen können, um lebensfördernde Dinge durchzusetzen.

Und da ist jetzt doch tatsächlich mehr Licht, auch wenn es nicht danach aussieht, wenn man die Nachrichten anschaut. Ihr habt jetzt diesen politischen Rechtsrutsch zurzeit in manchen Ländern. Das könnt ihr durchaus als bedrohlich wahrnehmen. Und ihr sollt auch sehr wach und aufmerksam sein und wirklich den Anfängen wehren. Das Rassismusgesetz betrachten wir als eine gute Sache, und es ist im Moment einfach noch nötig. Wenn jeder nach seinem Herzen leben würde, bräuchtet ihr gar keine Gesetze. Es gäbe dann höchstens Richtlinien und Vereinbarungen, die jedermann freiwillig befolgen würde. Aber da seid ihr noch nicht so ganz!

Ihr habt die Tendenz, immer die machthabende Partei verantwortlich zu machen für alles, was schiefläuft. Dass jeder Einzelne mit seiner Gesinnung Energie auf die eine oder andere Seite häuft, ist vielen noch nicht bewusst, und ja auch unbequem. Weil man dann mit verantwortlich ist.

Ihr werdet in nächster Zeit viele Umwälzungen haben, und es wird nach Chaos aussehen und nach menschlichem Ermessen vielerorts eine Katastrophe sein. Bei bewusstem Umgang mit allen Elementen müsste sich das nicht so grob auswirken. Wenn aber viel Licht da ist, sieht man halt auch die Spinnweben und

den Schmutz in den Ecken. Es hilft gar nichts, nur drüberzu-
streichen mit neuer Farbe. Dieser Schmutz kommt nun eben
zum Vorschein – all das Verdrängte, was sich an der Lichtferne
orientiert, sich nekrophil verhält: Macht im negativen Sinne,
Zerstörung. Eben „der Geist, der stets verneint!"

Das ist ja ein Merkmal dieser Parteien: das Verneinen – Nein
sagen. Das Trennen und Nein rufen. Halt wie kleine Kinder…
der Emotionalkörper ist ja wirklich bei manchen Menschen so
ca. 4–6 Jahre alt. Und da ruft das Kind dann vor allem „Nein".
Es löst sich schon ein bisschen ab von der Mutter – das passiert
in der Pubertät dann nochmals und heftiger. Ein erwachsener
Mensch könnte freiwillig sichten,

und es bräuchte endlich mal ein Ja zur Schöpfung.

Daraus kann dann zwar auch ein Nein resultieren, aber der Fokus müsste auf der Einheit liegen. Davon sind diese Parteien
weit, weit weg. Sie agieren ja ganz persönliche ungelöste Themen und Dramen aus und ziehen alle diejenigen an, die im
Frust sind und auch ihre Themen nicht gesichtet haben. Da
landet man dann in der Regel in der Projektion. Wäre auch
nicht mehr nötig. Ihr habt genügend Techniken, um das aufzulösen. Aber auch die werden nur benutzt und greifen nur bei
entsprechendem Bewusstseinsstand. Und der Bereitschaft, mal
bei sich anzufangen.

Immer wieder läuft es auf „bewusst sein" hinaus oder
„Schuld zuweisen".

Ihr könnt auch das alte Beispiel vom Milchtopf nehmen, wo
die neue Milch auch gleich wieder sauer wird, wenn der Topf
nicht gut gereinigt wurde. Wie wahr! Und es gibt ja im Moment doch recht viel saure Milch bei euch. Wenn ihr aber nicht
selbst reinigt, kommt da manchmal ein Sturm, der Altes hin-
wegfegt.

So ihr Licht und Liebe wählt, wird Neues aufbauend sein,
ausgerichtet auf die Einheit und den Menschen als göttliches
Wesen.

So ihr euch aber weiterhin auf die alten Konzepte ausrichtet, wird das Neue nur eine Kopie des Alten sein: trennend, lebensverneinend, ja zerstörend.

Sind aber die Mauern zu starr gebaut,
werden sie splittern im Sturm und es entsteht Chaos.

Sie sträuben sich ja gegen eine sanftere Wandlung. Seid also wachsam und achtsam, was ihr dann aus diesen Puzzleteilen baut! Ob ihr wirklich etwas Lebensförderndes und Aufbauendes konstruiert damit. Nach alten Maximen wird das nicht gehen. Es muss der Fokus verlagert werden – eben auf die Einheit, die kein Einheitsbrei sein muss. Eine Einheit – ein Team, wo alle freiwillig zusammenarbeiten, aber dieselbe Ausrichtung haben auf das *Leben*.

Ein Leben, das sich aus der Einheit speist
und sich daran orientiert.

Da können die Teammitglieder durchaus verschieden sein, verschiedene Ethnien, Sprachen und auch Hautfarben einbringen. Darauf steuert ihr trotz allem zu.

Aber für viele ist das bedrohlich. Wenn du dich durch Trennung definierst – so wie das Kind, das erstmal das Gegenteil macht wie die Eltern, um sich selber zu finden – das ist ja im Prinzip gut. Aber es müsste nur eine Durchgangsphase sein.

Sich selber finden wäre eigentlich,
sich als göttliches Wesen definieren
und von daher leben und wirken,
auf Erden wandelnd und die Erde achtend.

Dann würdet ihr auch auf eure Körper achten und ihnen nicht schaden. Ihr mögt dann wohl schwierige Herausforderungen haben, aber braucht daran nicht zu verzweifeln. Doch Mauern werden immer starrer gebaut und mit Eisen verstärkt, wenn man eigentlich merkt, dass der Untergrund schon wankt und wackelt. Dann klammert man sich an.

Die Lösung wäre,
im Vertrauen loszulassen,
sich vom Fluss tragen zu lassen,
bevor man unter den Trümmern begraben wird.

Denn diese starren Mauern werden wanken.
Ist doch der Grund, auf dem sie stehen, nicht fest,
er ist eine Illusion.

Die Zeit der starren Mauern ist um, und viele von euch haben beschlossen, dass sie um sein soll. So bringt denn Licht erst einmal Chaos und viel Schatten. Vieles, das im Dunkeln gemunkelt wurde, kommt ans Tageslicht – vieles wird von euch nicht mehr toleriert, und die einzelnen Staaten – z.B. in Europa – sehen einander auf die Finger. Sie rügen auch einmal einen Nachbarn, rügen verbal, mögen Sanktionen einleiten...nanu, das ist doch ein Fortschritt! Es ist gerade mal ca. 70, 80 Jahre her, seit ihr euch in Europa noch die Köpfe einschlugt und eure Jugend auf dem Schlachtfeld opfertet. Und Europa lag in Schutt und Asche.

Dein Land, in dem du lebst, war verschont. Darum auch haben wir viele Lichtarbeiter dort angesiedelt, damit sie wirken können. Euer Stolperstein aber ist die Lauheit, es euch im Luxus allzu bequem zu machen. Ihr könnt den durchaus genießen, aber als Aufforderung verstehen, an der neuen Welt mitzuarbeiten. Ihr könnt das in Frieden und ohne Verfolgung tun – was ja auch ziemlich neu ist. Das bedingt aber auch immer *Verzeihen* und seinen eigenen Anteil sehen.

In so vielem wirkt Gnade,
und ihr erkennt sie nicht.

Was tut also not in diesem Chaos?

Erden, zentrieren, immer wieder in der Natur und bei uns auftanken, immer wieder versuchen, in der Liebe zu sein und dem
Körper dann Ruhe zu geben, wenn er sie braucht. Damit er diese Umstellungen, die so tiefgehen, integrieren, bewältigen kann.
Denn es geht bis auf die Zellebene. Und wenn ihr manchmal so
müde seid, ist es, weil so viele Zellen ausgetauscht werden, auch
vor ihrem Ablaufdatum. All jene nämlich, die die höhere Frequenz
nicht integrieren können. Gebt euch dann wenn möglich diese
Zeit. Es muss dann nicht via Krankheit oder Operation geschehen.

Das sind anstrengende Zeiten – so gebt euch genügend Ruhe.
Vielleicht braucht ihr dann mehr Schlaf. Manchmal aber ist es
auch nötig, dass ihr bei diesen Anpassungen wach seid. Es ist
uns eine Hilfe, leichter feststellen zu können, was ihr verkraftet,
als wenn ihr in der Ohnmacht des Schlafes seid. Also, wie weit
können wir gehen, damit ihr am Morgen aufwachen könnt. Da
kann es nötig sein, euch als Vorsichtsmaßnahme wach zu halten.

Schlaflosigkeit kann aber auch zu tun haben mit einem Mangel
an Mineralstoffen, mit dem Ungleichgewicht im Zuckerhaus-
halt, mit unverarbeiteten Themen oder Angst vor Kontrollver-
lust. Das kann wiederum viele Gründe haben. Zutiefst ist die
Angst: Wache ich dann am Morgen noch auf? Das müsste jeder
für sich selbst ansehen. Vielleicht habe ich mal irgendwo in voller Hingabe mitgemacht, und diese Hingabe wurde ausgenützt,
oder es kam nicht gut heraus. Nun ängstigt mich das. Ich habe
Angst, mich wieder hinzugeben, sei es nur dem Schlaf. Einschlafen braucht ja eigentlich Vertrauen.

Ihr seid alle jetzt aufgerufen, ganz stark ins Vertrauen zu gehen.
Das ist nicht leicht als Mensch, wenn um einen herum so man-

ches wankt. Es braucht die Synchronizität, um zur rechten Zeit am rechten Ort zu sein mit den richtigen Leuten. Die aber kann nur entstehen, wenn ihr wieder auf dem „Hauptgleis" seid, und dafür muss man die Nebengleise eben sichten. Und das sind die verflossenen Erfahrungen. Manchmal muss man wirklich springen auf ein neues Gleis. Ihr seid jetzt an so einem Sprung – einem Quantensprung nämlich.

So wisst denn, wo ihr letztlich hin wollt,
auch wenn die Zwischenstationen nicht bekannt sind.

Aber wo wollt ihr im tiefsten Sinne hin?
Das klärt!

Energieportale gehen natürlich nicht punktuell genau an einem bestimmten Tag auf. Es fängt schon vorher an und hat nachher Ausläufer. Ein großes Tor braucht Zeit, bis es ganz geöffnet ist. Aber irgendeinmal ist es ganz offen, und das ist dann dieser Moment. Was kommt da hindurch, wenn es offen ist?

Mehr Klarheit, mehr Weisheit, mehr Licht,
also auch mehr Wahrheit.

Und so komisch es klingen mag, mehr Klarheit wirkt auf viele Menschen sehr verwirrend. Heißt, es zeigt ihnen ihre Verwirrung auf. Sie steht dann wirklich da. Da hält man sich dann gern wieder an eiserne Maxime. Projiziert seine Verwirrung, statt sie zu lösen bei sich. Doch wird das immer weniger greifen. Verwirrtheit ist im Nebel, aber wenn die Sonne stark genug scheint, löst sich dieser auf. Woran hält man sich dann, wenn diese Mauern nicht mehr da sind?

Mehr Weisheit wird auch das vergrößert zeigen, was nicht weise ist.

Mehr Licht und Liebe…mehr Licht ist wie ein Vergrößerungsglas, was ja auch bewirkt, dass sich Dinge rascher auswirken. Am besten könnt ihr zu Klarheit kommen, wenn ihr eure Beteiligung erkennt. Denn die könnt ihr ja ändern.

So braucht es denn Menschen, die das nicht scheuen, weil sie ihren „Keller" schon ausgemistet haben, weil sie wissen, wohin sie gehen wollen. Weil sie sich an dieser Klarheit und an diesem Licht orientieren. Und dadurch und davon auch Unterstützung erhalten werden. Weil es dann bewirken kann, dass sie an sicherem Orte sitzen und dafür immer dankbarer werden. Weil sie wissen, dass Zeiten, die wie Wartezeiten erscheinen, intensive Zeiten sind, wo der Körper nachkommen kann. Weil sie wissen, dass sie trotzdem unterstützt sind und alles zu ihrem Besten ist. Und sich dann plötzlich eine Tür öffnen kann…scheinbar plötzlich.

Viele Seelen aber verlassen jetzt den Planeten, weil sie dazu nicht Ja sagen oder diese Umstellung nicht mehr bewerkstelligen können. Ihr Körper das nicht mehr mitmacht, ihr Geist es vielleicht auch ablehnt. Oder sie sich verirrt haben oder sich wegsehen. Auch da gibt es viele Gründe, und meist kennt ihr die der andern nicht. Sie können sich läutern, können neue Körper aufbauen, und sie werden bald wieder da sein. In den meisten Fällen jedenfalls.

So seid euch denn bewusst, dass ihr mit allem Samen setzt, und sei es nur mit einem Lächeln. Da, wo ihr seid. Ihr mögt keinen Orden dafür kriegen, aber ihr habt lebensfördernd gesät.

Natürlich ist jede Toröffnung auch wieder eine Frequenzerhöhung, und darum auch tun sich eure Körper manchmal schwer. Sie müssen eine größere Spannung aushalten. Das kann auch diese Schlafstörungen, ja Prickeln und Zucken hervorrufen. Oder eine Überladung, was sich dann in großer Müdigkeit äußern kann. In der Ruhe kann sich das dann stabilisieren und ausgleichen oder auch in maßvoller Bewegung.

Diese Frequenzerhöhung bewirkt auch, dass gewisse Dinge immer weniger Nahrung haben, weniger Boden unter den Füßen.

Nämlich die Vorgehensweisen, die sich an der Lichtferne orientieren. Betet für die Lichtträger um ihren Schutz, ihre Erleuchtung und wisst, dass die andere Seite umso extremer vorgeht und um sich schlägt, weil der Boden wankt. So betet auch für die, welche in der Illusion der Lichtferne leben. Beackert nicht jenen Boden, denn er muss wanken.

Düngt euer Äckerlein,
düngt es mit Licht und Liebe.
Und pflanzt in aller Verschiedenheit
Pflanzen der Einheit.

Stellt euch auf diese Portalsöffnungen ein, gebt euch Raum dafür, denn es sind Energien, die durch euch verankert werden sollen. Dann können auch diese Toröffnungen klärend wirken, was für die einen allerdings nicht immer so angenehm ist. Klärend und stärkend und aufbauend, auch wenn ihr erst einmal Adaptionsschwierigkeiten zu meistern habt. Es ist doch leichter, wenn ihr wisst warum.

So ruht denn unser Segen, wie immer, in starkem Maße
auf euch Lichtarbeitern und Lichtträgern,
aber letztlich auf allen, auch auf den Irrenden.

Und dankbar sind wir jedem, der sich verpflichtet hat,
diese höheren Frequenzen zu verankern
und immer mehr zu leben.
Geht es doch nur mit und durch euch!

VON EIN- UND MEHRDIMENSIONALEN LEBEN

Brauchen wir euch denn zu grüßen? Sind wir nicht immer bereit, zu euch zu sprechen, sobald ihr hört?

Und doch schafft dieser Gruß: „vom Zentrum allen Seins" eine Verbindung zu euch, ist ein Code, der Bewusstseinserweiterung und Schwingungserhöhung möglich macht – verbindet euch das „das da war, ist und immer sein wird" mit dem Ewigen Jetzt – und immer mehr auch mit eurer Multidimensionalität.

Alle Fehlleistungen, Taten, Worte, die gegen das Eine gerichtet sind, gegen die Liebe, entspringen letztlich dem

> *Leugnen eurer Göttlichkeit,*
> *dem Vergessen dieser Göttlichkeit,*
> *der Göttlichkeit der Schöpfung,*
> *da alles mit allem verbunden ist.*
>
> *Da es in der Schöpfung nichts Totes gibt,*
> *nichts, was nicht Leben in sich trägt.*

Und warum leugnet ihr diese Göttlichkeit? Wenn das Heimweh zu stark ist, die Verzweiflung des Vertriebenen, kann es einerseits zur Weltflucht, ja zum Suizid führen, aktiv oder passiv durch euer Verhalten – so ihr euch eurer Heimat noch erinnert, und das Heimweh löst euch aus eurer Inkarnation heraus oder ihr schlagt wild um euch, boxt euch durch, um diesen Heimweg wieder zu finden.

Doch wäre es kein Vorwärtsstürmen in immer neue Verstrickungen hinein, sondern eben eine Re-Ligio, eine Rückverbindung, ein Zulassen der Erinnerung von Allem-Was-Ist. So wie der verlorene Sohn nach allen Irrungen und Wirrungen und dem

Ablehnen des Vaterhauses sich so sehr sehnte nach Zuhause, nachdem er diese Sehnsucht lange betäubt hatte, sich endlich auf den Heimweg machte. Und einsah, dass er es dort als „Knecht" – sprich Mitarbeiter – des Vaters doch besser hätte als in seinem egogesteuerten, angstgesteuerten Dasein, das von Kampf, Macht und Ohnmacht überschattet war. Vom Ausleben dieser abgespaltenen Triebe.

Denn alles Leid resultiert letztlich aus der Trennung, dem Schmerz darüber, dem Gefühl des Verbanntseins, Vertriebenseins. Und immer wieder inszeniert ihr ja diese Situation des Vertriebenseins in euren Millionen von Flüchtlingen. Indem ihr euch und andere, anderes zerstört, wild um euch schlagt, Tier und Mensch abschlachtet und die Schöpfung schädigt oder dieses Heimweh zudröhnt mit irgendwelchen Drogen – und auch Grausamkeit kann eine Droge sein, ein Hinaussetzen des eigenen Schmerzes und den andern leiden machen: „Du sollst es nicht besser haben! Wenn ich euch alle zerstöre, finde ich vielleicht den Eingang wieder, leide wenigstens nicht allein".

Doch findest du den Eingang, den Heimweg nicht über Leichen:
Nie und nimmermehr!
Sondern nur über Mitgefühl, Respekt,
über ein Stützen des Andern,
über eine lebensvolle Art zu leben.

Du findest diesen Eingang nur in dir selbst,

auch nicht über Dogmen, Vorschriften und Macht und den alleinseligmachenden Weg, der ja immer auch ausschließt. Die Tür ist in deinem Innern! Und du müsstest den Mut haben – jetzt sagen wir es drastisch –, all' den intellektuellen Schutt wegzuräumen. All' dieses zerstörerische Argumentieren deines Verstandes, der sich in Dinge einmischt, die er nicht versteht, nicht nachvollziehen kann.

Es gibt ein erkenntnisreiches Verstehen,
und es gibt ein zerstörerisches Argumentieren,
wo am Schluss kein Stein auf dem andern bleibt.

Und wo ist da der Respekt, das Zulassen des Konzeptes, dass
mein Bewusstseinsstand nicht notwendigerweise der höchste ist?
Und dass meine verkümmerten Sinne nicht das Potenzial dieser und zusätzlicher Sinne sind. Wenn ich etwas nicht verstehe,
wenn mir etwas nicht einleuchtet – wie ihr so schön sagt – heißt
es nicht, dass es falsch ist und nicht existiert. Versteht ihr denn
wirklich eure Computer? Und braucht sie doch tagtäglich. Warum nicht einmal etwas offen lassen und sagen: „Im Moment
leuchtet mir das nicht ein – mal sehen, was wird."

Wenn ihr euch erlaubtet, dieses Heimweh wieder zu spüren,
diesen Urschmerz, und dann eben jene Tür im Innern suchen
würdet, nicht um zu fliehen. Denn dort würdet ihr erkennen,
dass ihr euch vorgenommen hattet, Alles-Was-Ist auszudehnen
und ein Abbild dieser ewigen Heimat hier in der materiellen
Welt zu errichten. Wenn ihr dann anschaut, was ihr errichtet
habt, dann müsst ihr auch diesen Schmerz aushalten, bis ihr
letztlich erkennt,

dass nicht nur alles Irrtum ist,
was nicht Liebe ist,
sondern auch Illusion,
wenn auch schmerzliche und bittere, schmerzhafte Illusion.

Aber dass das zusammenfallen kann wie ein Kartenhaus. Ihr
müsst nicht Tausende von Jahren zurückgehen, denn

in die Gnade kann man nur hinein fallen.

Die Erkenntnis ist eine Delete-Taste und kann ein leeres, weißes
Blatt sein. Darum auch – unter anderem – empfahlen eure Meister die abendliche Rückschau als Delete-Taste, als Erkenntnis,

was zu ändern wäre. Damit der nächste Morgen nicht schon wieder voll bepackt ist und ihr mit denselben Lasten startet, eure Wiederholungen abspult.

Man kann das verlorene Paradies wieder erschaffen, bzw. sich damit verbinden, sich einklinken, damit es hier und jetzt erstehen möge. Das reibt sich mit der Dichte der Materie, das ist nicht ohne Herausforderungen, aber dann kann Gnade wirken. Dann könnt ihr eure irrigen Glaubenskonzepte, eure Meinungen auch über euch selbst, in diesen reinigenden Strom hineingeben. Ihr könnt zumindest theoretisch annehmen – auch wenn es schwer zu glauben ist und euch eure körperlichen Schmerzen oft eines andern zu belehren scheinen –, *dass ihr immer wieder neu sein könnt.* Doch achtet auf das, was ihr sprecht, was ihr denkt. Und natürlich auch, wo hinein ihr eure Energie gebt, wo euer Tun sich nach altem Muster richtet.

So umgebt euch denn nicht mit Menschen, die euch hinunterziehen. Es sei denn, sie lassen sich hinaufziehen. Denn was ihr selbst jetzt zu bewältigen habt, ist genug. Ihr sollt eure Energie nicht in negative Strukturen, in negatives Denken hineinpumpen, wenn es sich nicht umpolen lässt, der andere auf seinem Stand beharrt.

Ihr habt so lange eindimensionale Leben gelebt. Einerseits, weil ihr eine Energie wirklich ausprobieren und ausleben wolltet, oft bis zum bitteren Ende, ein andermal dann eine andere oder das Gegenteil davon oder ein ganz spezifisches Talent auch. Das kann dann in einer Sparte auch Großes hervorbringen, wie bei vielen Künstlern. Aber oft eben auch eindimensional, sodass im Menschlichen dann Etliches fehlt. Der ganz große Künstler aber mag ganz hingebungsvoll auf der Schiene seiner Kunst fahren und kann doch ein wahrer Mensch sein. Und so seine Kunst aufbaut und nicht nur die Destruktivität der Welt abbildet, so kann auch er Schatten in Licht wandeln. Es gab eine Zeit, da solltet ihr das Elend abbilden, um aufzurütteln, aufzurufen. Immer mehr aber sollte Kunst heilend sein und Lichtqualität haben, nicht nur intellektuelle Spielerei sein.

Wenn ihr doch versuchtet, Hintergründe zu verstehen, und nicht immer anklagend mit dem Finger zu zeigen und damit gerade jene Energie zu stärken, die ihr anklagt! Mit demselben Aufwand könntet ihr für eine bessere Lösung beten. Das wäre erst noch förderlich für euch selbst. Ihr könntet die Vision dieser Lösung aufrechterhalten. Wenn Diktatoren, verblendete, verängstigte, traumatisierte und grausame Führer, nicht genügend Menschen um sich hätten, die sie unterstützen, ihnen zujubeln oder auch mit den eigenen negativen Konzepten unbewusst unterstützen, mit ihren eigenen Projektionen und Feindbildern, sie wären bald machtlos. Ohne willige Ausführende wäre kein Schreckensregime möglich. Ihr habt heute eine große Chance, indem diese Verirrungen ruchbar werden, ans Tageslicht kommen. Das ist jetzt einmal das Wichtigste. Dass sich der Arm des Gesetzes oft noch umbiegen lässt und sich der Macht unterordnet, das muss und wird sich ändern. Aber bevor man etwas verändern kann, muss es sichtbar sein, muss es bewusst sein. Müssen alle diese Lügen bekannt werden.

Was ihr tun könnt, die ihr euch klein und einflusslos dünkt? Beobachtet eure Sprache, euer Denken, wählt, wo ihr die Energie hingebt. Und das fängt nun mal beim Denken, bei der Sprache an.

Keine Tat fängt als Tat an,
und jede Tat im Außen braucht ein Feld,
in dem sie sich manifestieren kann.
So bedenkt, was ihr in dieses Feld hineingebt.

Was für ein Feld ihr selbst aufbaut. Dann erkennt ihr, wie oft ihr mitgewirkt habt. Und dann werdet ihr vielleicht mit eurem Finger auf euch selbst zeigen…

Wir sagten, ihr habt so oft eindimensionale Leben geführt. Auch, weil ihr eine Ecke des Kristalls polieren wolltet, die es noch braucht. Es ist nun an der Zeit, dass ihr nicht nur auf dieser einen Schiene fahrt. Denn Eingleisigkeit führt letztlich immer zum Extrem.

Leben in Grausamkeit sind eindimensionale Leben,
ohne Rückverbindung zu eurer wahren Heimat.

Das, was euch fehlt, bewusst oder unbewusst, das, was euch helfen könnte, weiterzukommen, euch zu ent-wickeln zu Leben und Licht, das liegt manchmal auf andern Gleisen. Darum sprachen wir schon von Parallelschienen und dass es immer diese Knotenpunkte gibt, wo man umsteigen kann. Ihr hört jetzt ja immer mehr von 11 Dimensionen – wir könnten auch sagen: 11 Parallelschienen. Und da liegen auch – wie Kryon sagt – Talente drauf, Potenziale drauf, da liegen auch die bereits polierten Teile eures Kristalls drauf. Da findet ihr auch die Kraft eurer Heimat. Das ist dann kein Sehnen, das euch hinauszieht oder in Verzweiflung treibt, ins Ausagieren, sondern

mit dieser Kraft könnt ihr hier dann Heimat bauen.

Vielleicht ist so mancher heimatlos, damit er wieder erkennt, dass er von einer andern Heimat kommt und die in sich trägt.

So baut denn eure Körper auf, verhelft ihnen dazu, gesund und stark zu werden, arbeitet an eurem Energiekörper, damit ihr die Kraft dieser andern Schienen integrieren könnt. Was dann Schmerz ist, körperlicher und seelischer Schmerz, entsteht, wenn ein Teil von euch noch Widerstand bietet, aus alter Angst heraus. Ihr könnt dann sagen:

„Ich danke, dass mich der Fluss
des göttlichen Lebens ungehindert durchfließt
und sich für mich, meine Mitwanderer
und die Erde segensreich auswirkt."

Dann seid ihr zugleich genügend geerdet, und ein Teil von dieser Kraft fließt dann durch euch auch in die Erde und hilft ihr zu gesunden. Das kann vorübergehend sehr unangenehm sein, nämlich, wenn sie – bildlich gesprochen – ihren Eiter ausspuckt, ihre Spannung auflöst.

So mancher, der jetzt den Job verliert oder kündigen sollte, weil er sich darin total übernehmen muss, so mancher braucht einfach eine Ruhepause, wo er wieder zu sich kommen kann, sich besinnen kann. Und er kann nachher Besseres finden. Dazu braucht er Vertrauen.

Und ihr seid einmal im Vertrauen gestartet.

Auch das könnt ihr wieder hereinholen. Einschlafen braucht jeden Abend Vertrauen. Ihr wisst ja, dass manchmal kleine Kinder das nicht möchten, weil sie nicht sicher sind, ob die Spielsachen noch da sind am Morgen, die Eltern noch da sind.

Wenn ihr irgendein Manko habt, etwas,
was ihr nicht bekommen habt
und hättet es so bitter gebraucht,
dann ist es das, was ihr in euch wieder aufbauen wolltet aus eurer
Kraft. Denn dann ist es euer in allen Situationen!

Es wird dann zu einer Qualität, die auch andern zur Verfügung steht. So öffnet euch diesen andern Dimensionen. Sagt nicht: „Das kann ich nicht!" Vielleicht ist auf einer der Schienen genau dieses Können, dieses Potenzial. So holt es herüber, limitiert euch nicht stetig! Auf einer dieser Schienen ist da vielleicht ein immenses Vertrauen. Gesundheit, Kraft und Mut. Vielleicht auch ist der Körper eine Zeitlang schwach und schmerzt und hindert euch sogar, damit ihr zu einer neuen Tätigkeit geführt werdet. Vielleicht sollt ihr diesmal nicht im Außen physisch tätig sein – obwohl das spannend wäre –, sondern das, was ihr oft als Einschränkungen erlebt, hat euch zu eurem Kern geführt und die Entwicklung eines ganz andern Talentes gefördert.

Es laufen jetzt in euch große Anpassungen – wie bei vielen, die sich dazu bereit erklärt haben. Wenn ihr ganz auf der neuen Schiene seid, wird vieles leichter werden für euch. Darum sind ja die Etiketten so wichtig, die ihr einem Ereignis verpasst. Ihr wählt damit Richtung – mögt ihr es erkennen! Die Schleier sind nicht mehr so dicht – ihr könnt jetzt mehr von eurem Gepäck herholen, und zwar von eurem hilfreichen Gepäck, mehr von eurer Göttlichkeit. Ihr könnt jetzt mehrdimensional leben – verbunden mit Allem-Was-Ist –, ihr könnt und sollt jetzt Heimat hier errichten! Die Pakete sind geschnürt – fordert sie an!

Glaubt an und vertraut
auf euer Neusein und Neuwerden!
Auf eure Neugeburt
als Wesen von Liebe und Licht!

Wir aber feiern jeden, der diesen Weg beschreitet im Mut überwundener Angst. Fackelträger seid ihr dann – wart es schon oft und trefft euch jetzt wieder. Es ist jetzt eine gute Zeit, die Flamme wieder zu schüren – und der Wind wird sie nicht mehr ausblasen, so ihr mit uns zusammen den Weg geht. Noch nie hattet ihr soviel Unterstützung – seit langem waren wir euch nicht mehr so nah. Und zwar nicht, weil ihr an unbewusster Nabelschnur hängt, sondern weil ihr euch bewusst entschieden habt, unsere Nähe wieder zu suchen und zu erlauben. Es ist ein Aufeinander-zugehen von beiden Seiten her – doch ihr macht es möglich.

So ergreift denn die Fackel
und nehmt unsern Segen an!
Damit ihr das Licht der Welt werdet und seid!

Vom Weg meiner Seele und meiner Entscheidung

Wir sind immer da aus dem Zentrum allen Seins – dem Ewigen Jetzt – dem Zentrum von Liebe und Licht.

Doch brauchen wir euch, die ihr hört. Und euch öffnet dem, was wir euch kundtun, erklären und zeigen möchten. So bieten wir denn an, doch nicht jeder nimmt an. Nicht jeder will empfangen, Antenne sein. Selbst mancher, der sich das vorgenommen hatte, lehnt es dann aus dem Ego ab – vermag die Schranken seines limitierten Bewusstseins nicht zu überwinden. Er geht den – scheinbar – leichteren Weg.

Und doch bieten wir an…aber dann konzentrieren wir uns auf diejenigen, die sich für die Botschaft öffnen. Denn darauf sind wir angewiesen. Die Kanäle, die Verteiler sind nötig. So wie ihr eure Waren in einem Geschäft anbietet, aber der Käufer sich entschließen muss zu kaufen. Dem verkauft ihr sie dann und werft sie nicht den andern, die sie nicht wollen oder schätzen, nach. Denn Energien sollen angeboten werden, aber letztlich dorthin gesandt, wo sie aufgenommen und weitergegeben werden. Du weißt ja, dass es sonst einen Energiestau geben kann. Wenn du eine Kerze jemandem anbietest, und er löscht sie aus, wird das Licht nicht weitergetragen. Wohl aber, wenn du damit eine andere Kerze anzünden kannst. Die Kerze eines Menschen, der bereit ist und seinerseits wieder eine andere Kerze anzündet.

So bietet denn an, aber konzentriert euch dann darauf,
wo euer Licht – das auch unser Licht sein möge –
aufgenommen und weitergegeben wird.

Deine Frage war doch: Warum sagt Kryon: „Versammelt euch nicht nur unter Lichtarbeitern, geht auch ins Dunkel, tragt euer Licht dorthin, arbeitet an Orten, wo ihr vielleicht nicht von euresgleichen umgeben seid..." Das hat dich verwirrt wegen der Botschaften, die du letzthin für Menschen gekriegt hattest. „Geht dort weg, wo ihr seid. Ihr könnt dort nichts mehr ausrichten, höchstens Schaden nehmen. Und euer Licht wird dort weder aufgenommen noch weitergegeben." Das ist aber kein Gegensatz, denn es stimmt beides.

Wenn ein Arzt – sagen wir mal – eine Medizin dem einen Patienten geben will und der spuckt sie immer wieder aus, dann wird er einmal sagen: „O.k., das ist dein freier Wille, sie nicht schlucken zu wollen. Aber ich gebe sie dem, der sie einnimmt. Denn sie ist dazu da, denen zu helfen, die gesund werden möchten."

So seid ihr ja nicht nur unter euresgleichen, sondern verstreut über die Erde. Was manchmal schmerzt, wenn ihr euch in eurer Umgebung unverstanden und allein fühlt. Aber ihr trefft euch immer mehr. Es gibt jedoch auch diejenigen, die ihr nie trefft, die in fernen Landen leben. Und doch seid ihr ihnen verbunden und trefft sie nachts, um mit ihnen zusammenzuarbeiten. Das als kleiner Hinweis darauf, warum du und andere zurzeit sehr viel Schlaf benötigen. Abgesehen von den Umstellungen, den Mutationen, die in euren Körpern jetzt stattfinden.

Also: Ihr könnt es versuchen, sollt es versuchen, und dann kommt vielleicht ein Moment, wo ihr seht, dass sich irgendetwas Kleines tut in eurer Umgebung, sei es am Arbeitsplatz, sei es in euren Beziehungen. Oder ihr realisiert, dass die Energien nicht verbindbar sind, dass ihr dort nichts ausrichten könnt – wenigstens im Moment nicht – und euer Licht dort nur noch flackert. Denn gerade diejenigen, die es ablehnen, nähren sich am meisten davon. Dann kann es geschehen, dass ihr euch davon löst und sagt: „Ich möchte etwas bewirken, und das, was ich zu geben habe, wird nicht aufgenommen. Das macht keinen Sinn mehr." Oder ihr werdet von der andern Seite freigestellt. Sei es, dass das Licht, das durch euch scheint, sie verunsichert, sie es als Anklage verstehen, den Gegensatz nicht ertragen oder dass sie befürchten, dass ihr ihre dunklen Geschäfte durchschaut. Jemand, der nicht mitmacht, ist oft ein Stein des Anstoßes. Wenn man sich von diesem Licht nicht durchlichten und erleuchten lassen mag, so muss man es aus seiner Umgebung entfernen.

Das ist nun nichts, was euch überheblich und stolz machen soll, aber es mag euch helfen, das was euch widerfährt, in anderem Lichte zu sehen. Und an dem, was als Ungerechtigkeit daherkommt, nicht zu leiden und im Groll zu versinken. Ist es doch nur ein Schubs in die Richtung, die ihr selbst noch nicht gewagt hattet zu gehen.

Gewirkt habt ihr ohnehin, auch wenn es nicht so sichtbar ist. Auch wenn es nur war, dass ihr zur Entscheidung aufgerufen hattet durch euer Sein, euer Wesen, euer Handeln. Die Möglichkeit war ja da für die andere Seite. Zum Beispiel mit und nicht gegen euch zu arbeiten. Sich an euch zu orientieren, nicht am eigenen Dunkel.

Ja – ihr seid Menschen – wenn ihr die Fackel tragt –,
die zur Entscheidung aufrufen.

Die das Fünklein im andern trotz allem etwas anfachen. Und das wird dann ja so unbequem. Man müsste ja vielleicht sein Tun und seine Wege, ja sein Denken und Fühlen ändern. Das aber wäre ja eine Anstrengung. Man müsste vielleicht ausscheren aus dem großen Haufen und sein Leben überdenken, umdenken, und gar andere Wege einschlagen.

Da ist es doch allemal leichter, den Fackelträger in die Wüste zu schicken. Wenn Licht in einem Raum angezündet wird, sieht man halt die Spinnweben und den Dreck in der Ecke. Wer da nicht den Besen nehmen will – am besten bei sich selbst –, der schaltet das Licht wieder aus. So habt ihr denn die unangenehme Aufgabe, in die Ecken zu leuchten, Sauerteig zu sein und zur Entscheidung aufzurufen – oft nonverbal, ohne zu predigen.

Und die Entscheidung, die fällt dann auch – mit euch zu gehen oder gegen euch zu arbeiten oder euch gar aus dem Umkreis zu entfernen.

Das kann euch schwierige Zeiten im Außen bescheren, ist aber letztlich doch zu eurem Wohl. Wenn ein Wagen nämlich immer durch einen Sandsturm fährt, wird der Lack der Karosserie mit der Zeit doch angekratzt. Die Karosserie wäre dann euer Ätherkörper.

Wenn ein Bauer sät und weiß, dass er die Ernte dringend benötigt,
prüft er Grund und Boden und sät ja auch nicht auf Fels oder auf Kuppen,
wo der Sturm jeglichen Samen davonträgt.

So bietet denn an – lasst eure Fackel leuchten, aber erwartet nicht, dass euch das nur irdisch Angenehmes bringt. Nicht, dass euer Weg mit Honig gepflastert sei. Menschen, die durch ihr Sosein zur Entscheidung aufrufen, sind nicht bei allen beliebt. Darum auch fragen so viele nicht nach uns Meistern, denn auch wir rufen zur Entscheidung auf.

Und einer dieser großen Rufer war Jesus, der Christus.
Doch blendete sein Licht so stark,
dass sie es versuchten auszulöschen.
Aber es gelang nicht und es gelingt nicht –
nie und nimmer.

So bietet denn an, versucht, eure Fackel in alle Ecken leuchten zu lassen. Aber lasst sie euch nicht auslöschen. Und geht weiter, wenn eure Gabe nicht angenommen wird. So wie wir, wenn jemand vielleicht zum Kanal berufen wäre und das nicht annehmen will, uns einen andern Kanal suchen, einen andern Botschafts-Überbringer, ihn aber trotzdem segnen und begleiten.

Nein – ihr sollt nicht nur unter euresgleichen leben, aber dort Samen streuen, wo sie aufgenommen werden können, und dort weitergehen, wo ihr im Moment nichts mehr ausrichten könnt. Ihr wirkt ja eh – ihr wirkt durch euer Sein. Ein freundliches Wort, ein Lächeln tut mehr, als ihr auch nur ahnen könnt. Vielleicht weiß euer Nachbar nie, was ihr denn so tut oder dass ihr meditiert oder was ihr anbietet, und er wird nie zu euch kommen, aber vielleicht wird er sich wohler fühlen, nachdem er euch begegnet ist. Weißt du denn, ob du nicht damit einen Samen gesetzt hast?

Es ist eine Zeit der Entscheidung –
in der Welt und für jeden Einzelnen.

Es ist für jeden jetzt eine Zeit der Entscheidung –
alle steht ihr jetzt am Kreuzweg, an der Kreuzung.

Was lasse ich zurück an altem Ballast,
was hindert mich an meiner Seelenreise?
Daran, meinen Kontrakt zu erfüllen?

Worauf möchte ich zugehen?
Was verträgt sich nicht mehr mit diesem Weg?

Kann ich meinen Schatten transformieren und integrieren?
So wie Nacht und Tag ein Ganzes sind?

Wähle ich, Licht und Liebe zu generieren
in meinem Leben, in dieser Welt,

oder den Abgrund des Egos, der irregeleiteten Macht?
Und damit das Licht meiner Seele zu verdunkeln?
Mich zu nähren an Dingen, die mich leer lassen und nicht
wirklich sättigen. Mich von Angst leiten zu lassen und von
Grausamkeit?

Oder wähle ich den Weg meiner göttlichen Seele?

Keiner sagt, dass der immer leicht wäre. Aber ihr werdet die Kraft haben, Herausforderungen zu meistern und selbst froher und lichtvoller zu werden. Und Glücksmomente zu haben – tiefe Glücks-und Friedensmomente. Die derjenige, der dieses Licht leugnet und sich von ihm abkehrt, überhaupt nicht kennt. Er mag den Rausch der Sinne kennen, die laute Freude, das sich Zudröhnen und die falsche Freude der missbrauchten Macht. Den Sog der ungeläuterten Triebe – das wohl.

Aber er kennt nicht die Momente –
denn oft sind es erst mal Momente –

wo ihr Einheit erfahrt,

diese magischen Augenblicke,
wo ihr eins seid mit dem Baum, dem Vogel, mit
der Natur, mit dem Leben.

Eins mit der Welt
und verbunden mit dieser andern,
göttlichen Welt, aus der ihr stammt
und der euer Sehnen gilt –
bewusst oder unbewusst.

Ihr werdet diese Glücksmomente immer mehr haben, auch wenn vielleicht euer Leben nicht so verläuft, wie ihr es gerne hättet. Wenn Mitmenschen euch nicht gut behandeln. Diese Friedens-und Glücksmomente im Innen – trotz allem –, die kann euch niemand nehmen. So haltet denn die Fackel hoch – tragt die Laterne weiter. Und wo sie nicht ertragen wird, weil sie zur Entscheidung aufrufen würde, geht weiter. Dann könnt ihr sogar froh sein, wenn ihr weiter „gegangen" werdet! Manchmal habt ihr den Mut zu einer Entscheidung noch nicht. Manchmal seid ihr nicht gewahr, wenn sich eine

Aufgabe ändert, wenn ein Ortswechsel ansteht. Dann wird es euch manchmal von außen zugeschoben, „angetan". Und das ist gut so.

„Jeder Schritt schlägt Richtung ein"...das stimmt noch immer. Ihr seid *Entscheidungsträger* und nicht immer gerne gesehen. Aber ihr seid nötig und wichtig. Und manch einer schließt sich euch an. Ihr seid eine starke Macht und Kraft – ihr seid immer mehr, auch wenn ihr euch oft nicht kennt.

> *Je mehr Menschen Frieden und Freude*
> *in sich tragen und ausstrahlen –*
> *auch wenn ihr eure Tiefs habt –,*
> *desto heller wird es im Außen.*

Desto weniger kann im Dunkeln gemunkelt werden. Desto weniger Energie fließt zu denjenigen, die dieses Licht immer noch leugnen und auslöschen möchten. Damit man eben ihre Machenschaften nicht sehen kann. Damit dieser Gegensatz sie nicht schmerzt oder sie gar aufrüttelt.

Übrigens ein schönes Wort – wenn auch eine Beschönigung einer Kündigung – „freistellen". Aber das Wort freistellen gefällt uns doch sehr. Frei – gestellt! Ja – frei!

Dann könnt ihr für euch neu wählen. Könnt euch erholen an Körper und Seele, ihr könnt wählen, in dieser Ungerechtigkeit zu bleiben und im Groll oder euch eben frei zu fühlen.

> *Frei nämlich für den Weg eurer Seele.*

> *Es ist nicht immer Gnade,*
> *wenn einem das Schicksal erlaubt,*
> *die alten Wege weiterzugehen.*

Viele Wege trennen sich jetzt. Es ist keine Trennung der göttlichen Wesen, die ihr seid. Wohl aber eine Trennung der Verkörperungen auf Erden.

Eine Entscheidung:

Möchte ich immer mehr
diesem göttlichen Wesen, das Ich Bin,
Platz einräumen in meinem irdischen Wesen?
Und danach zu leben trachten?
Oder verschließe ich sämtliche Türen und Fenster?

Irdische Wege können sich trennen im Jetzt. Und das ist auch gut so. Ihr könnt euer Licht leuchten und strahlen lassen, einfach so. Aber ihr könnt wählen, ob ihr in einer Umgebung oder bei Menschen bleibt, die es auszupusten versuchen oder jedenfalls sein Leuchten zu mindern. Und die es nicht – noch nicht – annehmen wollen und können. Dann sendet es dorthin, wo es – wie wir schon sagten – aufgenommen und weitergeleitet wird. Denn es soll ja verbreitet werden, damit es letztlich alles erhellen kann.

So wird es denn Welten in den Welten geben.
Und jeder wählt sich die Welt, zu der er gehören will.
Welten von Frieden und Miteinander
und immer mehr Einheitsbewusstsein –
und Welten von Trennung, Hass und Gewalt.

Auch das eine Entscheidung: zu welcher will ich gehören? Wo mache ich mit? Dann kann es sein, dass ihr im Frieden sitzt und der andere nicht. Es kann auch sein, dass ihr für diesen Frieden und diese Freiheit euer Leben hingebt. Es kann auch sein, dass ihr aus einer Gefängniszelle strahlt. Aber eigentlich habt ihr das hinter euch – die meisten von euch Lichtarbeitern. Ihr braucht es nicht zu wiederholen! Ihr könnt euch – wo ihr seid – eine Oase des Friedens und des inneren Glücks schaffen.

Ein Ankerpunkt dieses göttlichen Lichtes könnt ihr sein,
der von dort aus strahlt und wirkt auf alle und alles,
aber sich nirgends aufdrängt.

Und ihr könnt die Botschaft denen überbringen, die sie hören wollen und die zu euch kommen, um an diesem Ankerplatz aufzutanken. Aber ihr werdet nicht Menschen einladen, die ihn verwüsten.

So wählt denn weise!

Wenn aber die Balance von Lebensförderndem und Lebenverneinendem auf eurem Planeten auf die Seite des Lebensfördernden und der Liebe kippt – und die Möglichkeit ist da –, dann werden Seelen, die das nicht ertragen – noch nicht –, gar nicht mehr hier inkarnieren können. Es wird schwingungsmäßig nicht mehr möglich sein. Je mehr ihr die Schwingung erhöhen könnt zugunsten von Licht und Liebe, desto weniger werden diejenigen inkarnieren können, die das ablehnen, und schon gar nicht ertragen. Es wird auch das nicht mehr schwingungskompatibel sein. Für sie wird es andere Orte im Universum geben, wo sie ihre langsamere Entwicklung nachholen können oder so lange in ihren Verstrickungen bleiben dürfen, bis auch sie es satt haben.

So vermehrt denn eure Liebe,
vermehrt das Miteinander!

Strahlt denn, wo immer ihr geht, und gebt doch gezielt dort, wo es gewollt und aufgenommen wird. Meidet die Orte, wo der Wind versucht, euer Licht auszublasen, der Wind des Anti-Lebens. Ihr wirkt immer, und ihr wirkt auch, wenn ihr nicht in die Höhle des Löwen geht und euch dort freiwillig in Stücke reißen lasst. Mit euren Gebeten aber, in euren Meditationen könnt ihr auch dort etwas bewirken.

Es sind so viele jetzt, die sich sehnen nach dieser Schwingung, und immer mehr werden es sein, die sie aufnehmen möchten.

So gebt denen zu trinken, die trinken wollen,
und verschüttet euer Wasser nicht.

Je mehr Frieden aber ihr in euren Herzen tragt,
desto eher kann Friede werden.
Stärkt diese göttliche Vision
und nährt sie mit eurem Glauben!

Sich für diesen Weg entscheiden, Prioritäten setzen oder den
Weg der Lauheit gehen – auch das ist eine Entscheidung, zu
der ihr jetzt aufgerufen seid. Denn in der Lauheit bewirkt man
eigentlich gar nichts. Da ist man auf keiner Seite, und es ist auch
nicht der Weg der Mitte. Es ist eigentlich Stillstand. Und so man
Samen setzt, haben sie keine Kraft.

Entscheidung heißt auch:
Ja zu sagen zum Weg
und ihn dann auch zu gehen.

Ihr könnt nun mal nicht gleichzeitig euren Fuß auf mehrere
Wege setzen.

So seid denn gesegnet, ihr, die ihr zur Entscheidung aufruft und
die ihr weise wählt und weise Prioritäten setzt. Die ihr euch
führen lasst von Orten weg, die euch nicht gut tun, zu andern,
wo ihr wirken könnt.

Das aber braucht Vertrauen, Mut und Glauben!

Aber ihr seid ja nicht allein!
Ihr seid geführt und begleitet
und wahrlich gesegnet,
denn was wären wir ohne euch?
Die ihr auf uns hört und mit uns geht.

Vom Vertrauen als Versicherung

Und wiederum grüßen wir euch aus dem Zentrum allen Seins, dem Ewigen Jetzt, das unter anderem auch Vertrauen ist. Denn aus Vertrauen wurde Schöpfung erschaffen.

Es sieht jetzt vieles für euch so unsicher aus, und klar macht das auf Erden Angst. Es sind ja auch alte Themen drin. Ihr kommt heute mit dem, was ihr tut, nicht mehr auf den Scheiterhaufen – Gott sei Dank –, aber natürlich seid ihr auch einmal verhungert und was der nicht so schönen Dinge mehr sind. Aber auch wenn es oft nicht so aussieht, die neue Zeit, die im Anbrechen ist, unterstützt euch mehr und mehr. Glaubt uns, ihr könnt von Glück sagen, dass ihr schon so viel in eurem Inneren aufgebaut habt. Den Weg des Vertrauens – manchmal mit Stolpern – schon lange geht. Denn was da so sicher scheint im Außen und den Reichen immer noch sicher scheint, es wackelt bedenklich. Jene haben nicht gelernt, auf die innere Kraft zu bauen und auf das Vertrauen in den göttlichen Plan, den göttlichen Weg.

Aber natürlich gibt es die – sagen wir – Gegenmächte, die sehen das gar nicht gern. Wo kann man euch denn jetzt schaden? Am ehesten halt doch mit dem lieben Geld. Wir sind nicht der Meinung, dass dieses, doch immerhin neutrale Zahlungsmittel verschwinden soll. Wenn dir alle Kartoffeln und Eier bringen, ist dir auch nicht gedient. Aber diese Gegenkräfte, die nicht wollen, dass sich eine neue Menschheit gebiert und die Erde aufsteigt, sind nicht untätig. Oft auch in großer Hingabe, wenn auch an den dunklen Weg. Oft sagen wir, dass wir uns diese Hingabe auch für den andern Weg wünschen.

Aber wir haben nie gesagt, die irdische Welt sei gerecht! Das ist sie nicht. Die Lichtarbeiter wurden immer auch bekämpft. Aber: Das andere Schiff ist am Sinken – glaubt es uns. Darum schießen die doch aus allen Rohren. Wie man das ja auch in andern Ländern sieht, wo es dann immerhin ums nackte Überleben geht. Das ist es ja hier nicht.

Was immer wieder hilft, ist die tägliche Dankbarkeit für das, was ihr habt. Und nicht nur das Vertrauen, sondern unsere Zusage und das Wissen um unsere Zusage: dass auch ihr in unserem Mitarbeiterstab seid! *Wir brauchen euch!* Und wir lassen euch nicht zuschanden werden, in keinster Weise.

Die größte Kraft habt ihr ja, wenn ihr ganz zu euch selber steht.

Doch heißt das nicht, dass ihr keine Herausforderungen mehr haben werdet. Aber ihr könnt sie leichter meistern und auch dann hindurchgehen und im Vertrauen bleiben, wenn vorübergehend mal ein Sturm aufzieht. Wir denken, dass ihr es schaffen werdet. Nicht in riesengroßem Luxus, aber doch so, dass ihr bestehen könnt in Würde. Das ist ja wichtig. Beansprucht unsere Hilfe, beansprucht, dass ihr jetzt Erleichterungen erfahrt, damit ihr eure Arbeit weitermachen könnt. Und dass diese Angriffe von außen keine Macht mehr haben. Es ist immer die Angstecke und die karmische Ecke, wo sie wieder eindringen können.

Betrachtet jetzt vieles als Verhinderungstaktik der Mächte, die nicht wollen, dass die Menschheit sich entwickelt. Ihrerseits aus Angst natürlich. Angst vor Machtverlust. Sie sind zu bedauern. Aber es ist beschlossene Sache, dass genügend Menschen diese Wandlung vollziehen werden. Und die Erde ebenfalls.

Es ist jetzt ein nicht leichter Durchgang,
weil ihr rasch und immer rascher umgepolt werdet.

Dann habt ihr manchmal kaum Arbeit, und die Existenzangst kommt dann natürlich. Aber es ist doch zu euren Gunsten, damit ihr eben im Körper bleiben könnt. Damit eure Zellen sich umpolen können und ihr euch mit dieser Schwingung entwickelt. Da braucht es manchmal Ruhepunkte und Verschnaufpausen.

Aber ihr habt die größere Macht und Kraft auf eurer Seite –
das ganz sicher!

Doch bittet immer wieder darum, dass für eure Existenz gesorgt sei. Wir haben alles Interesse daran, dass dem so ist. Immer sagen wir: „Was wären wir ohne eure Hände und Füße?" Nur mit den Flügeln schlagen reicht da manchmal nicht!

Aber ihr habt auch Flügel!
Flügel, die euch immer wieder durch diese Schwierigkeiten
hindurch tragen.

So seid auch ihr Seiltänzer. Und ihr wisst ja, ein Seil ist keine breite Autobahn! Sondern halt doch ziemlich schmal. Aber so wie Wasser immer einen Weg findet, um hindurchzufließen, wird das euer Lebensstrom auch tun. Werden in Bälde die äußeren Strukturen, die so stark und stabil scheinen und die ihr bis jetzt hattet, die unstabilen sein: Es wird bröckeln. Da ist manchmal das Leben von Tag zu Tag – von Jahr zu Jahr – komischerweise doch das sicherere, unangenehm wie es ist.

Aber ihr wiegt euch immer in falscher Sicherheit. Eine von Menschen gemachte Sicherheit, die dann oft auch mit Klauen und Zähnen verteidigt wird. Die größte Angst, glaub uns, ist oft bei den Millionären, bei den Tyrannen und Diktatoren. Das ist ein Los, das wir keinem wünschen – keinem…

Geht euren Lichtpfad, und es wird euch geholfen werden. Ihr werdet da hindurchkommen. Diese Zeit Jahr ist wirklich energetisch enorm herausfordernd, ganz enorm.

Aber ihr werdet trotzdem diejenigen sein,
die am ehesten unbeschadet hindurchkommen.

Doch kann man da manchmal nicht im Außen groß tun. Weil es gilt, die innere Wandlung zu bewerkstelligen. Die aber umfasst, wie gesagt, auch eure Körper.

Immerhin ist es das erste Mal, dass ihr das tut. Premieren sind immer ein bisschen aufregend. Aber ihr setzt Zeichen.

Ihr tut etwas, was kaum jemand im Universum
noch für möglich gehalten hätte.

Ihr habt Publikum, und ihr habt viele, die für euch beten. Viele, denen ihr ein Vorbild seid, denn ihr setzt eine neue Matrix. Dass eine Menschheit nicht ausradiert werden muss durch irgendwelche Katastrophen, wenn ihre Schwingung zu sehr abgesunken ist. Dass Transformation im physischen Körper möglich ist, und zwar nicht nur für die Meister. Ihr setzt Maßstäbe, und ihr setzt eine Matrix, eine Form, dass das auch auf andern Planeten möglich sein wird. Das ist eine Riesenaufgabe, aber auch eine wunderbare! Da mitzuarbeiten, das ist auch Gnade. Gnade, die ihr euch verdient habt über viele Leben hinweg, auch durch viel Stolpern hindurch.

Noch seid ihr alle nicht in eurer ganzen Kraft.
Holt sie von dort! Ihr wart in der Kraft!
Aber es ist jetzt die Zeit, diese Kraft in die Materie zu holen
und hier materiell zu leben.

Nach alldem, was war. Es war eine lange – kurze – Zeit der Verfinsterung.

Aber ihr seid jetzt an der Morgenröte.

Stellt euch immer wieder mal darauf ein und verbindet euch mit dieser Priesterin von damals, von Lemurien. Dass ihr ihre Kraft wieder habt, verbunden mit der Person, die ihr jetzt seid, in dieser heutigen Materie.

Darum seid ihr doch wieder da – darum trefft ihr euch doch, um das in euch gegenseitig zu wecken. Und immer innerlich gewisser zu werden: „Wir können es diesmal schaffen!" Alle, die schon so lange miteinander gegangen sind und jetzt wieder hier sind. Und immer mehr aufwachen. Alle, die in der Hingabe sind. Ihr könnt es schaffen, aber: Ihr seid in Geburtswehen – ihr und die Erde. Das ist nicht immer so angenehm. Das wusstet ihr, als ihr kamt, erneut kamt. Nie sagten wir: „Es wird eine ebene Straße sein." Doch eines sagten wir und sagen es immer wieder:

„Ihr geht nie allein. Und wir schicken euch die Kraft,
dass ihr auch steile Berge bezwingen könnt. "

Die Aussicht oben ist allemal doch schön. Ihr habt schon viele Berge bezwungen, viele. Ihr seid geübte Bergsteiger – das als Bild. So seid getrost! Es sind Herausforderungen, Angriffe, aber ihr seid geschützt, auch wenn es manchmal schlimm aussieht.

So werdet nicht irre, wenn ihr jetzt vieles seht, was nicht verständlich ist. Geht ins Erbarmen und ins Mitgefühl mit denen, die leiden und auch in Katastrophen umkommen. Sie haben ihre Gründe dafür. Aber ihr seid an sicherem Orte. Dafür haben wir gesorgt. Es wird noch mehr Angst gesät werden. Es ist das beste Mittel, um Leute zu manipulieren und klein zu halten. Aber ihr braucht da nicht mit hineinzugehen – das nicht.

Es hat ja einen Grund, dass ihr hier inkarniert habt und nicht in einer Gegend, wo Dürre herrscht oder Hunger und Überschwemmung. Ihr habt das alles gehabt – *wiederholt euch nicht.* Aber Dankbarkeit ist ein ganz wichtiger Schlüssel. Es ist nicht selbstverständlich, dass man einen gedeckten Tisch hat, das nicht.

Vertrauen ist in diesen Zeiten die allergrößte Versicherung!

Auch wenn man wenig hat – an Geld z.B. –, kann man ein Lächeln geben, ein Gespräch schenken. Es gibt immer etwas, was man schenken kann. So arm ist man nie, dass nichts mehr zu geben wäre. Wir sehen ja auch mit Freude, wie ihr euch gegenseitig nicht mehr konkurriert, sondern unterstützt. Und Dankbarkeit merkt auch die Natur. Die Blumen und die Gräser brauchen das auch.

Trotz allem: Ihr seid doch auf gutem Wege. Weil ihr euch ja wieder mehr öffnet, können wir näher kommen und euch begleiten. Denn ihr habt den freien Willen. Den soll man nicht verlieren, aber man kann ihn in Einklang bringen mit dem göttlichen Willen. Dieser will nicht, dass ihr zugrunde geht, sondern euch unterstützen. Es kann ein Beispiel sein und werden für das gesamte Universum, was ihr jetzt tut. Da könnt ihr euch doch ein bisschen auf die Schulter klopfen! Dass das nicht nur so ein Picknick ist, ist ja dann wohl auch klar.

Ihr habt noch nicht erfasst, wer ihr seid
und was für Kraft und Macht in gutem Sinne ihr habt.

Alles andere hat – wie ihr sagt – sehr kurze Beine. Alles andere richtet sich gegen einen selbst.

Denn wenn dieses Universum aus Liebe geschaffen wurde,
wie soll es denn anders überhaupt gedeihen können?
Es wäre gegen die Gebrauchsanweisung.

Ihr habt das alles schon probiert – die andern Routen – und sie führten alle in Desaster und Verzweiflung. Es ist nur Liebe, bleibt darin, und es wird euch nichts geschehen, was ihr nicht bewältigen könnt. Ihr könnt ja immer rufen, immer! Es ist ja nicht nur, was wir sagen, ihr spürt die Energie, die zwischen den Zeilen durchkommt. Es ist auch ein Segen, wenn man fähig ist, dies zu spüren.

So wollen wir euch jetzt einhüllen in unsere Liebe
und die Liebe des Schöpfers und ganz fest umarmen.

Sprache des Herzens

Eine Sprache des Herzens versteht nur,
wer auch im Herzen ist.

Eine Sprache der Verantwortung für die Schöpfung
versteht nur der, der sie liebt.

Doch wenn man ein Haus auf ein solides Fundament stellen will,
geht das langsamer, als nur ein Zelt aufzustellen.

Was aber ist das Fundament?
Ein Boden, der trägt?

Die Herzenssprache bringt Veränderung, und Wandel macht
Angst. Angst, wenn das eigene Fundament mit dem Herzen
nicht übereinstimmt. Mit dem Herzen der Schöpfung.

Und in Angst klammert man sich an – an Altes, an Strukturen,
an scheinbar Sicheres. Doch wäre Intuition gefragt, ein Erspüren
aus dem Herzen, ein Wagen aus dem Herzen. Denn die neue
Zeit macht Angst, wenn man nicht gelernt hat, sich auf sein
Herz zu verlassen und auf die Geistige Welt und die Verantwortung zu übernehmen. Das behindert Veränderung – oder
bringt Änderungen ohne Vision, ohne Blick auf das Ganze. Es
sind Übergangserscheinungen, Klammerungen aus Angst. Angst
auch, die alten Pfründe zu verlieren – Angst vor dem Neuen,
Unbekannten. Sturheit und Starrheit aus Angst.

Leben aber erneuert sich nicht aus Starrheit, sondern aus Veränderung, die von einer Vision getragen ist. Diese Vision sollte
sich am Großen Leben orientieren, an dem Menschen, der Gottes Ebenbild ist – sein sollte. Und da hapert es zurzeit mächtig.
Jedenfalls bei den Entscheidungsträgern, bei denen, die noch
immer das Sagen haben.

Aber das bröckelt, da es unterirdisch brodelt. Der Sauerteig wächst, um es biblisch auszudrücken. Und dieser Sauerteig sind all' die Menschen, die daran sind, ein licht-und liebevolleres Konzept zu leben und aufzubauen. Noch mehrheitlich im Hintergrund, aber immer stärker werdend. Auch da potenzieren sich die Energien – es geht immer rascher. So klammert euch nicht an äußere Dinge – geht in euer Herz. Fragt, was es zu sagen hat, lernt wieder seine Sprache.

Die Sprache des Herzens trennt nicht, sondern eint.

Wer die Sprache des Herzens spricht,
liebt und ehrt die Schöpfung und ihre Wesen.

Wer die Sprache des Herzens hört,
verzweifelt nicht – ist getragen von ihr und geführt.

Wer die Sprache des Herzens hört,
ist nicht allein, sondern verbunden:
untereinander, verbunden mit uns.

Wer die Sprache des Herzens spricht und hört,
ist im Herzen Gottes.

Und wer sich im Herzen Gottes weiß,
hinterlässt eine Leuchtspur,
wo immer er geht.

Vom Gezeugt-Sein in Liebe

Und wiederum sprechen wir zu euch aus dem Ewigen Jetzt:

Göttliche Wesen, die ihr seid, in Liebe gezeugt!

Und manch eines dieser Wesen wird den Kopf schütteln, die Stirne krausziehen und vielleicht sogar bitter sagen: „Ich – in Liebe gezeugt? Im Streit! In Trunkenheit, passiert in sexuellem Rausch, weil man halt Kinder hat oder gar durch eine Vergewaltigung."

In Liebe gezeugt?
Ist dieser Satz nicht Spott und Hohn für viele? Oder vielleicht dachte der eine oder andere Elternteil an einen ganz andern Partner, während er oder sie die „eheliche Pflicht" erfüllte. Dieser Ausdruck sagt ja schon alles.

In Liebe gezeugt?
Was heißt das?
Besonders, wenn wir sagen:

„Alle seid ihr in Liebe gezeugt – in und aus Liebe!"
Der göttlichen Liebe nämlich!

Die irdische Verwirklichung mag größere oder kleinere Mängel gehabt und von dieser Liebe mögt ihr wenig gespürt haben. Karma zwischen den Elternteilen mag euch angezogen haben, euer Karma, um etwas auszugleichen. Vielleicht auch um – mangels dieser irdischen Liebe – sich auf eine andere beziehen zu lernen, die immer da ist. Oder ihr habt eine Aufgabe, einen Kontrakt, und wollt den jetzt verwirklichen. Vielleicht sind ja diese schwierigen Umstände nicht nur Stolpersteine und Aufgaben, sondern gerade der Dünger, den ihr braucht.

Ihr seid – in eurer Substanz und eurem Kern –
göttliche Geschöpfe.
Abkömmlinge der Quelle,
und somit alle in Liebe gezeugt.

Das mag euch helfen, wenn irdische Liebe unvollkommen ist, euer Start in ein neues Leben nicht in diese Liebe gebettet war. Wenn ihr das erfassen könntet trotz allem Leid, aller Mängel, dass ihr ursprünglich in Liebe gezeugt wart und jedes Mal in Liebe ausgesandt – denn Jünger sein bezieht sich nicht nur auf jene Zwölf – dann könntet ihr Zeuge sein dieser Liebe. Nicht im Dogma, nicht nach strikten, menschengemachten Gesetzen, aus menschlicher Enge entstanden und aus Trennung…dann würde euch diese Liebe erfüllen, und ihr könntet Zeuge sein davon. Und sie hineintragen in die Welt.

Doch reibt sie sich dann an der Welt. Und oft wurden die größten Liebenden verfolgt. Denn wie wir schon sagten:

Liebe ist Konsequenz, Liebe ist Licht,
und Liebe ist ein ganz anderer Bewusstseinszustand.

Basierend auf Einheit, Verbundenheit und Respekt der Schöpfung und ihren Wesen gegenüber. Nicht auf recht haben – nicht auf falsch verstandener Macht, sondern auf Überzeugung, auf Verantwortung:

Eurer Antwort allem gegenüber, einer Antwort,
die aus dieser Liebe kommt.

So ihr euch aber dieser Liebe nicht mehr bewusst seid und sie nach menschlichem Denken begrenzt seht, werdet ihr immer streiten und kämpfen. Werdet ihr euch immer euren Vorteil ergattern wollen, koste es, was es wolle. Und ist euch komischerweise wohler mit starren Grenzen, wo man sich zumindest anklammern kann. Wohler in der Trennung und wohler mit dem

Feindbild. Letzteres erspart einem ja auch das Ansehen der eigenen Schatten, des eigenen Liebesmankos, ja der eigenen Lieblosigkeit. So ihr ahnet, dass da eine Quelle ist, eine verschüttete, würdet ihr zu graben beginnen. Aber nicht in Nachbars Garten, sondern in eurem eigenen!

Ist es nicht letztlich der Glaube an Begrenztheit – und die entsteht, wenn ihr euch nur auf die horizontale Ebene beschränkt –, an Begrenztheit einer Liebe oder gar dem Zweifel am Vorhandensein dieser einen großen Liebe, dieser Sonne, die auf alle scheint, der sich euch gegenseitig bekämpfen lässt? Und gerne würden ein paar auch diese Sonne aufteilen nach ihren Wünschen und nach ihren Grenzen. Und sicher schiene sie dann nicht auf Nachbars Garten, sondern nur auf den eigenen. Was allerdings zur Folge hätte, dass ihr gebündeltes Licht diesen Garten versengen würde. Wäre dieses Licht doch viel zu stark… Somit waren die Lichtbringer, die Avatare, die Meister oft eine solche Lichtquelle, die versengend wirken konnte. Versengend auf das Ego, auf die Schatten, und dann war das ja hilfreich. Doch letztlich auch versengend für diesen Menschen, wenn er ihm nicht Einlass gewährte.

Liebe aber, die nicht eingelassen wird,
kann zu Hass führen, zu brennendem Fanatismus.

Zwar strahlten die Lichtbringer diese Liebe rundherum aus, auf alle, doch hat dieses Licht die Eigenschaft zu versengen, wenn ihm nicht erlaubt wird, starre Mauern aufzubrechen, wenn ihm nicht Einlass gewährt wird, obwohl das Herz dahinter sich so sehr nach dieser Sonne sehnt. Sonne – Sohn/sun – son. Und das kostete manchem Sohn der Sonne, manchem Christusträger, Träger dieser göttlichen Liebe, das irdische Leben – für den Moment jedenfalls.

Es fällt jedoch auf, dass diejenigen, die in Trennung bleiben wollen, nur Trennung sehen und in der Dunkelheit verharren –

nämlich in der Dunkelheit ihrer verschlossenen Herzen – dass jene meist nicht mit fairen Mitteln kämpfen. Sondern mit Verleumden, Terror…kurz: Dreck werfen. Dass sie den andern – der vielleicht Lichtträger ist – in ihrer Beschränktheit sehen und ihm miese Eigenschaften andichten, und am liebsten würden sie diesen vernichten, irdisch-physisch vernichten. Ist es doch ein Licht, das sie blendet, ihre Dunkelheit erhellt – doch wenn da Leichen liegen – was dann? Die Versöhnung und Hand-reichen nicht verstehen können, denn noch profitieren sie ja – scheinbar – von dieser Trennung und ihren obskuren Geschäften und Machenschaften und werden – irdisch – reich damit.

Je mehr einer im Dunkeln munkelt, desto mehr muss er ja den Lichtstrahl fürchten. Sind sie aber konfrontiert mit einem Menschen, der aufbauend wirken möchte, vereinend zum Wohle aller, dann werden sie oft zu notorischen Nein-Sagern und schmettern alles ab, was von jener Seite kommt. Kennen sie doch nur ein Ziel – mit was für Mitteln auch immer –, an diese Macht zu kommen, die nicht zum Wohle aller ist. Letztlich auch nicht zum Wohle ihres Ausdrucks der Göttlichkeit auf Erden. Sie sind dann nicht mehr Zeuge davon, dass auch sie in Liebe gezeugt und in Liebe ausgesandt wurden.

Es wäre interessant, die Lebensgeschichte dieser Menschen zu kennen und auch die Verhältnisse in ihrer Jugend. Aber das wäre ihre Arbeit, nämlich den Schmerz des Mangels an Liebe auszuhalten. Nicht um in Hass und Verzweiflung zu fallen, sondern eben diese Liebe anderswo zu suchen, auf einer andern Ebene. Das wird nie aufgehen und nie heilen, wenn ihr nicht in der Vertikalen die *eine* Liebe aufnehmt und einströmen lasst.

Eben die nie versiegende, auf Einheit
und dem Gedeihen aller basierende Liebe.

Die aber offenbar in der Dualität so schwer zu erfassen ist. Sie wurde ja wieder an Konditionen gebunden: Nur wenn du in diese Kirche gehst, diese Gebete sprichst, diese Regeln einhältst, andere verurteilst, einen Teil deines Wesens ausschließt – dann bist du würdig, diese Liebe zu empfangen. Denn da ist einer oder eine Institution, die diese verwaltet. Und schon sind wir wieder in der Trennung, in dem, was ihr jetzt „alte Energie" nennt – alt, veraltet. Die ihr jetzt ablegen solltet wie alte, zerschlissene, schmutzige Kleider, wenn ihr euch rüstet zum Fest.

In vielen religiösen Gebräuchen gibt es diese Reinigungsrituale für den Körper. Doch ist damit natürlich mehr gemeint. Reinigt euch jetzt von der alten Energie – von dem, was ihr so nennt. Ihr könnt das auch in der Meditation tun, gerade am Jahresende, gerade in diesen dunklen Nächten, gerade dann. Macht euch klar, was denn die „neue Energie" ist, die jetzt doch viele von euch auf Erden etablieren möchten. Aber sie hat diese Eigenschaft, dass man sie nicht aufzwingen, nicht institutionalisieren, beschränken kann, dass man sie nur leben kann und aufzeigen. Dass sie sich nicht verbreitet durch Doktrin und Gesetze, sondern durch jeden, der da möglichst stark in ihr wandelt. Sie aussendet, sie versucht zu leben, und seine Schatten auflöst, so sie diese Liebe und dieses Licht hindern.

Es wird nicht heller,
wenn die eine Partei die Kerzen
der andern Partei ausbläst.

Aber es wird heller,
wenn immer mehr Kerzen
aufgestellt und angezündet werden.

Irgendwann einmal sind es zu viele,
um sie auspusten zu können.

Irgendwann ist es so hell, dass das, was ihr dunkle Machenschaften nennt, sichtbar wird und somit an Macht verliert. Ihr könnt euch zusammentun, um euch gegenseitig zu stärken und eure

239

Lichter zu potenzieren. Doch ärgert euch nicht über mangelndes Bewusstsein eurer Mitmenschen – vermehrt *euer* Licht. Und sendet es als Schutz zu jenen, die im Rampenlicht stehen und versuchen, es dort zu vermehren. Sendet es zu internationalen Konferenzen, dass dort Verbundenheit entstehe. Nicht nur Verbundenheit im Geschäftemachen auf Kosten anderer, sondern zum Wohle der Schöpfung.

Vielleicht ginge es jetzt – in irdischen Worten – um einen Rettungsplan für den Planeten Erde und das Göttliche im Menschen. Nicht auf fundamentalistischer Basis, auf dem, was ihr Religion nennt – so es nicht re-ligio, Rückverbindung, ist – sondern ein Bündeln aller guten Absichten und auch Techniken für das eine Ziel: „Wie halten wir diesen Planeten bewohnbar, wie behandeln wir ihn so, dass für alle genug da ist, wie erkennen wir, dass wir alle gleichberechtigt sind, da alle aus dieser Liebe gezeugt wurden und davon Zeuge sein könnten – auch jener, der Träger einer andern Hautfarbe ist."

Multikulti wird das Wesen sein
und die Tatsache der neuen Gesellschaft
in dieser neuen Energie.

Allerdings ein Multikulti, wo alle sich bemühen, es für alle lebbar zu machen. Das kann auch mal etwas Anpassung bedeuten, alle leben lassen – zum Wohle dieser neuen Gesellschaft. Es wäre also besser, sich nicht dagegen zu sträuben, sondern Ideen zu entwickeln, wie das gestaltet werden kann, dass jeder Lebensqualität hat. Das würde auch heißen: den andern nicht zu seinem Glauben bekehren wollen, den eigenen aber daraufhin zu prüfen, ob er lebensfeindlich oder lebensaufbauend, nämlich liebevoll ist. Diesen Glauben aber auch in Rücksicht auf die andern auszuüben, auf kulturelle Gegebenheiten auch.

Wenn ihr doch alle eure Kampfenergie – eure Recht-haben-wollen-Energie, eure Trennungsenergie – umpolen würdet in Richtung einer Gesellschaft und einer Erde, wo ihr Zeuge seid, dass alles aus göttlicher Liebe geboren wurde, wie auch immer dann die irdischen Umstände waren. Denn das würde diese Umstände wandeln. Daraus würde sich ergeben, dass ihr euch würdig fühlt, und da der andere ja gewissermaßen dieselben Eltern hat, nicht in Konkurrenz geht, sondern ihm *seine* Würde zugesteht. Denn diese göttliche Liebe ist ja nicht beschränkt. Sie wächst mit dem Verteilen.

Respekt würde daraus entstehen allem und allen gegenüber –
Dankbarkeit, Träger dieser Liebe sein zu dürfen und Zeuge davon –
daraus resultierte Freude, und aus wahrer Freude zerstört man
nicht,
sondern erkennt auch Schönheit –
nämlich die Schönheit der Schöpfung und aller Wesen darin.

Dann gäbe es auch nichts zu retten,
sondern wieder einmal zuzulassen, zu erlauben,
dass diese göttliche Energie übernimmt und ich sie nicht hindere.
In mir nicht, im andern nicht und nicht im Außen.

Das wäre die wahre Brotvermehrung: Denn die entstand eben aus dieser Liebe, die nicht begrenzt ist. Und aus dieser Liebe ist Fülle nicht begrenzt, entsteht kein Mangel. Weder auf Erden noch anderswo. Doch begrenzt du diese „Wasser des Lebens", wenn du versuchst, sie nur auf dein Äckerlein zu leiten. Das wäre das Geheimnis. Denn sie speist sich aus der einen großen Quelle und speist viele Kanäle. Nur dann kann sie wahrhaft fließen. Ihr mögt mal ein Reservoir bauen, einen Brunnen für trockenere Zeiten, aber werdet doch den Acker des Nachbarn nicht verdursten lassen und nur den eigenen bewässern. Das wiederum würde den Fluss der Quelle hemmen. Denn sie fließt am besten, wenn sie sich in möglichst viele Kanäle verzweigt. Das ist so eine ihrer merkwürdigen Eigenschaften. Sie wird nicht weniger, wenn da ein Kanal mehr angeschlossen wird – im Gegenteil, sie sprudelt umso besser.

Das aber ist ein bisschen schwierig zu verstehen für den menschlichen Geist. Aber ist eigentlich das, war ihr Quantenphysik nennt. Und natürlich wird das von den Physikern, die noch in der materiellen Trennung denken, bekämpft. Es wird noch vieles bekämpft werden, ihr Lieben. Fühlt euch stark! Denn der, der sich in der Dunkelheit häuslich eingerichtet hat mit vielen Polstern oder auch in seiner Verzweiflung, in Groll, in Wut, der sehnt sich zwar im tiefsten Grunde seines Herzens auch nach Wärme und dieser Liebe, nach diesem Licht. Doch ist die Furcht größer. Die Furcht, seine Pfründe zu verlieren oder auch seine Wut zu verlieren und keine Schuld mehr zuweisen zu können. Vielleicht kennt er nur Schatten und hält sie für das Licht. Vielleicht erträgt er ja die Strahlkraft dieses Lichtes nicht. Fühlt sich ihrer auch nicht würdig. So seid ihr, die ihr euch darauf besinnt, Söhne und Töchter des Lichts zu sein, Gefahr für sie.

Es könnte Erlösung sein.

Doch noch immer wird oft derjenige, der Erlösung brächte, bekämpft, bildlich gesprochen, gekreuzigt. Doch entsteht dadurch, komischerweise, eine Lichtvermehrung. Wüssten sie das, würden sie ihn nicht bekämpfen und umbringen. Eine Lichtvermehrung, so jener vergibt und nicht die Gegner angreift. Was nicht heißt, dass man sein Leben nicht schützen soll, und sich auch mal in Sicherheit begibt. Ihr könnt nur eure Leuchte immer wieder auffüllen lassen bei uns, ihr könnt nur damit eure Schatten durchleuchten und auflösen, damit ihr sie nicht ins Außen setzen müsst. Ihr könnt versuchen zu erspüren, dass diese Liebe immer fließt, ihr könnt sie zulassen und erlauben. Dann wird sie immer mehr aus euch ausstrahlen, wird im Außen immer mehr Wandlungskraft besitzen.

Dann braucht ihr nicht zu verurteilen,
dann seid ihr eben jener Leuchtturm,
der auf seinem Felsen steht
inmitten tosender Wasser
und leuchtet.

Jedem leuchtet.
Bedingungslos strahlt.

Ob sich dann der Kapitän des Schiffes nach ihm richtet oder nicht, ist nicht in eurer Verantwortung. Er leuchtet einfach. Weil er weiß, dass das seine Aufgabe und Funktion ist, wenn er Leuchtturm sein will. Wenn der Kapitän aber festet, trinkt und nicht auf ihn achtet und dann sein Schiff zerschellt – nun, der Leuchtturm hat geleuchtet und den Weg gezeigt. Aber manch Verirrter kann sich danach richten und sicheren Hafen finden.

Wenn der Leuchtturm aber in Angst gerät, in Panik und allzu große Zweifel, dann fängt das Licht an zu flackern, im schlimmsten Fall hüllen es die Nebelschwaden ein, und es flackert so sehr, dass es nicht mehr gesehen werden kann. Dann muss der Leuchtturm wieder auftanken, sich Mut und Zuversicht wieder schenken lassen, sich reinigen lassen, verrußte Scheiben putzen und sich anschließen lassen an den ewigen Energiestrom. Er wird nicht dem einen leuchten und dem andern nicht, wohl aber wissen, dass es Verschiedenes bewirken kann. Er wird nicht seine Laterne ausknipsen und nach Hause gehen – das, was er für sein Zuhause hält –

sondern er wird leuchten,
weil Leuchten sein Wesen geworden ist.

Er wird sich nachfüllen lassen von jener Quelle, die fließt, wenn die Kanäle offen sind, wenn sie aufgenommen wird. Sie fließt zwar immer, aber sie fließt besser und ihr Wirkungsradius ist größer, wenn ihr sie aufnehmt.

Der Leuchtturm hat nicht den Anspruch,
dass immer ruhige See sei.
Auch nicht, dass ihm jeder Kapitän freundlich zuwinkt –
er leuchtet.

Und damit ist er Zeuge. Indem er Licht aussendet – Zeuge des Einen großen Lichtes. Zeuge davon, dass ihr in Liebe gezeugt wurdet und aus dieser Liebe leuchtet. Weil diese war, ist und immer sein wird! Wenn er sich darauf bezieht, wird er nicht ausbrennen, sich aber auch nicht übernehmen, sodass er seine physischen Ressourcen vor der Zeit aufzehrt. Sondern auch seinem körperlichen Gefährt Würde, Respekt und so nötig Schonung angedeihen lassen, Ruhe, um aufzutanken. Ist dieser physische Körper doch Leiter, Kanal. Man könnte ganz salopp auch sagen, gewissermaßen ein Mietwagen, den man ja möglichst auch nicht zu Schrott fährt. Den man immer mal wieder wäscht und ihm nicht Dinge zumutet, die ihn schädigen. Komischerweise tut ihr das bei euren Autos. Wie wäre es, wenn ihr euren „Mietwagen", nämlich euer körperliches Gefährt, auch so gut behandeln würdet?

Doch Spaß beiseite:
Ihr seid in und aus Liebe gezeugt – alle,
was auch immer die irdischen Umstände waren und sind.

So seid Zeuge dieser Liebe, seid Zeuge eurer königlichen Abstammung und beschmutzt eure königlichen Kleider nicht im Schlamm, im Sumpf von ego-gesteuertem Tun. Nutzt das Ego zum Überleben, doch weist es auch in seine Schranken, wenn es versucht, euer Licht zu verdunkeln. Wenn ihr das verinnerlichen könnt,

seid ihr in Würde und Respekt und gebt Respekt,
seid in der Freude, handelt in Schönheit
und leuchtet in Dankbarkeit.

Und das tut immer mehr!

Gesegnet seid ihr,
die ihr Leuchtturm seid!
Gesegnet seid ihr,
wenn ihr euch leuchten lasst.

VON MITGEFÜHL UND MITLEID – VOM GLAUBEN, DER ALLES WANDELN KANN

Da sind wir wieder auf dem Zentrum allen Seins, dem ewigen, immerwährenden Leben, das ihr respektieren und lieben sollt, damit es sich wieder erneuern kann.

Zuerst möchten wir eine Geschichte aus der Bibel etwas anders betrachten, nämlich die von Jesus und der Heilung des Gelähmten.

Jesus hatte den Gelähmten, den man zu ihm brachte, geheilt,

aber er trug ihm nicht sein Bett!

Nun heißt das nicht, dass ihr nicht auch mal tragen helfen sollt, wenn der andere das nicht kann. Wohl aber heißt es, er hat ihm sein Leben nicht abgenommen. Nämlich sein Leben zu bewältigen mit allen seinen Herausforderungen. Aber er hat ihn durch die Heilung ermächtigt, dass er dieses Leben wieder selbst bewältigen kann. Und somit sein Bett, sein Leben, wieder tragen kann.

Ihr seht darin den Unterschied zwischen Mitgefühl und Mitleid, auch zwischen Hilfestellung und Übergriff, was gerade bei wohlmeinenden Menschen immer mal der Fall ist. Jesus aber gab nicht Hilfe zum Liegenbleiben. Der Mann wurde hingegen ermächtigt, aber dann wurde von ihm erwartet, dass er seine Last wieder trägt. Weil er dazu wieder fähig war. Eine weise Geschichte! Wie ja diese alten Überlieferungen in der Regel weise sind.

Jesus gab also nie Hilfe zum Liegenbleiben.
Er gab Hilfe und Heilung, damit der andere
sein Leben wieder bewältigen konnte

mit all dem, was da eben anstand. Und er hat seine Heilungen auch nicht aufgenötigt. Der andere musste einverstanden sein, diese Heilung wollen. Er musste ihm vertrauen und den Glauben haben, dass Heilung möglich sei. Den Wunsch, sein Leben wieder selbst in die Hände zu nehmen. Das sind ganz wichtige Unterschiede.

Wenn einer darin bleiben möchte, was ihr Krankheitsgewinn nennt, geschieht entweder nichts in Richtung Heilung, oder es mag eine Spontanheilung geben, die aber nicht dauerhaft ist. Denn gesund sein und gesund werden – eben sein Bett wieder tragen zu können – heißt auch, wieder Verantwortung zu übernehmen für sein Leben und sich ihm stellen mit allen seinen Herausforderungen, doch gekräftigt und dazu wieder fähig. Doch bringt Verantwortung immer Konsequenz, und sich den Herausforderungen stellen heißt auch, sich den Ängsten stellen.

Da kann man entweder in seiner fatalistischen Auffassung steckenbleiben: „Das ist nicht möglich, weil ich es mir nicht erklären kann, es nicht glauben kann." Dann verbarrikadiert man sich und ist nicht gewillt, eine andere Sichtweise auch nur zuzulassen. Es gibt aber auch die frommen Stolpersteine: „Es ist ja wohl Gottes Wille, dass ich krank sei. Sein Wille geschehe – und da muss ich nichts dazu tun." Doch ist der irdische Teil allemal euer. Ist das Sein Wille, dass ich krank, behindert sei? Und wenn das aus gewissen Gründen so ist und im Moment nicht geheilt werden kann – es mag ja auch karmische Ursachen haben – dann kann mir zumindest die Kraft zukommen, es leichter tragen, daran wachsen zu können. Vielleicht ist ja sogar das Karma gelöst, und ich marschiere einfach weiter im Kreise? Weil ich diesen Zustand ja wenigstens kenne und weil das Hinaustreten ins Freie eben auch mit Ängsten verbunden wäre. Weite kann ängstigen.

So ist denn Mitgefühl eben,
mit dem andern zu fühlen, ihn zu verstehen trachten,
ihn zu begleiten,
aber ihn auch zu ermächtigen.

Ihn nicht in seinem limitierten Zustand zu bekräftigen. Es heißt ja, jemanden dort abholen, wo er steht. Na, wo sonst könntet ihr ihn auch treffen? Doch wohl nicht dort, wo er nicht ist! Dann ist es kein predigen vom hohen Sockel herab und kein Aufzählen dessen, was der andere nach eurer Meinung falsch macht, oder dass er selber schuld sei…es ist ein Verstehen, wie es dem andern zumute ist. Und vielleicht auch momentan seine Trauer teilen, seine Angst spüren, seinen Schmerz, ohne aber so weit mit ihm hineinzusteigen, dass man ihm nicht mehr helfen kann. Dass beide in den Fluten versinken.

Das wäre dann mitleiden, Mitleid. Aber sein Herz für ihn öffnen, um ihm zu verstehen zu geben, ich sehe und würdige, was du mitmachst. Ich habe kein Urteil, ich sehe den Ist-Zustand. Wir beide können jetzt versuchen, da einen Weg hinauszufinden zur Heilung oder dass die Last leichter werde. Aber ich bestärke dich nicht im Selbstmitleid, im Liegenbleiben,

sondern ich ermuntere und ermächtige dich,
einen Weg hinauszufinden.

Ich mag dir die Hand reichen, aber lasse mich nicht hinüberziehen. Du aber musst willens sein, dich aus dieser Situation zu befreien. Denn auch du hast den freien Willen, und ich habe kein Recht, dich gegen diesen zu befreien. Ich mag das in einer Notsituation tun, um dich zu retten. Sagen wir mal: aus dem Wasser zu ziehen. Wenn du dich aber umdrehst und wieder hineinläufst, ist das leider auch dein freier Wille. ich kann dir Respekt geben, dir deine Würde aufzeigen auch im Leiden, ich kann dir Liebe geben. Vielleicht ist diese Liebe die Brücke und macht es dir schmackhaft, deine Heilung zu wünschen und zu wollen und die Konsequenzen dieser Heilung zu tragen, um dich wieder den Herausforderungen zu stellen.

Heilung ist Ermächtigung.

Zu sagen: „Ich kann" und nicht „Ich kann nicht." Es ist etwas anderes, ob ihr sagt: „Das tut mir jetzt nicht gut, das ist meinem Körper nicht angepasst, dafür bin ich nicht gebaut, es ist mir im Moment nicht zuträglich." Das „ich kann nicht" ist so einschränkend und behält dich auf dem Status quo, behält dich unmündig. Es ist ja vielleicht diesmal nicht deine Aufgabe, Lasten zu schleppen. Du hast andere Talente, und der Lastenträger hat diese nicht.

Ihr webt alle an einem großen Tuch,
und jeder bringt das ein, was er an Fähigkeiten hat.
Dann nämlich wird das Tuch am schönsten.

So bringt denn Mitleid oft auch Übergriff mit sich, wenn auch gut gemeinten. Und immer ist da auch die Machtfalle. Es wird vielleicht zu wenig betont, dass gerade für den Heiler die Machtfalle ein Thema sein kann. Einerseits die Begeisterung für eine Heilmethode, die man jedem angedeihen lassen möchte, der da leidet, und man ist überzeugt, dass ihm das auch helfen könnte. Da ist ein gewisser Schmerz, wenn der andere das zurückstößt und man ihn laufen lassen muss. Vielleicht ist ja auch die Zeit noch nicht reif. Das, meine Lieben, überblickt ihr meistens nicht. Auch im Unbedingt-helfen-wollen kann ein Stück Ego drin sein. Ich bin es, der dir helfen kann! Und ich dränge dir das auf. Denn dann fühle ich mich gut und wichtig. Dann bin ich der große Heiler, und ich kriege die Kunden und nicht die andern.

Seht, alle diese Egofallen lauern bei jeder Tätigkeit, offensichtlicher oder weniger offensichtlich. Sie lauern genauso im „gut meinen" und „gut wollen". Doch tut ihr gut daran, euch hierin immer wieder zu prüfen. Anbieten ja –der andere kann es ja nicht wissen, wenn ich ihm nicht davon erzähle. Aber dann frei lassen! So wie auch wir ja nur anbieten. Es mag dann Konsequenzen haben, wenn ihr das Rettungsseil nicht ergreift, wenn ihr unverantwortlich, kurzsichtig, einseitig handelt. Wenn ihr gewählt habt, nicht auf uns zu hören und von unserem, doch vielleicht etwas größerem Überblick zu profitieren.

Versucht, euch klarzuwerden über diese Gratwanderung zwischen eurem eigenen Wollen und dem Sich-führen-lassen. Das eigene Wollen kann zu „machen, was machbar ist" führen, ohne Rücksicht auf Konsequenzen, das Sich-führen-lassen kann zu Trägheit führen. Es nicht wagen, seine Schritte in Verantwortung zu gehen. Dann ist der andere schuld oder das Schicksal etc.

Wie wäre es, euer Tun zu prüfen, ob es heilt oder schadet? Wem oder was auch immer. Zu prüfen an den großen Wahrheiten und Einsichten, nachzufragen, ob da vielleicht eine bessere Lösung wäre? Ob ihr etwas beisteuern könnt, und dann, bevor ihr etwas tut, unseren Segen zu erbitten. Unsere Weisheit auch und etwas von unserem Überblick. Manchmal halt auch das Nichtwissen, das Nichtverstehen zuzulassen und auszuhalten, weil vielleicht der Moment noch nicht da ist, wo Heilung geschehen kann, wo die Puzzleteile sich zusammenfügen.

Wir könnten auch sagen, eine Balance zwischen Mut, Eigenmut und Demut. Demut ist nicht, sich träge treiben zu lassen, und Mut ist nicht, blind voran zu stürmen, ohne doch mal nachzufragen. Eigenmut kann Mut aus dem Ego sein. Fließend sind die Grenzen zwischen Begriffen und Verhaltensweisen. Wachsamkeit ist vonnöten. Und immer wieder auch sich selber prüfen. Gehe ich bei einem Thema ins Mitleid, weil ich das selber erfahren habe, mir immer noch leid tue oder mein Trauma noch nicht geheilt ist? Kannst du dem andern beistehen mit all deinen Kräften und doch respektieren, wenn sein Weg anders verläuft, wenn sein Wille oder sein Hohes Selbst nicht Heilung zulässt?

Was aber ist denn Heilung? Kann nicht auch mal der physische Tod Heilung sein und ein Weitergehen auf anderer Ebene? Bist du das als Heiler, der das zu entscheiden hat? Und zu beurteilen? Ihr könnt die Heilkräfte, die euch durchfließen, anbieten, die Techniken, und dem andern dann die Entscheidung überlassen, so wie ihr ja von uns freigelassen werdet. Aber ihr werdet die Konsequenzen tragen müssen von eurer Entscheidung, eurer Wahl, wie alle. Werdet ihr selbst gerne zu etwas gedrängt?

Es geht darum, immer wieder eine Balance zu suchen. Wenn ich nur anbiete, überwältige ich niemanden. Presche nicht vor, wo ich mich zurückhalten soll, aber verstecke mich auch nicht, wenn ich mich zeigen sollte. Dualität heißt: immer wieder ausbalancieren, den Weg der Mitte suchen. Lange, zu lange, seid ihr links oder rechts zu äußerst auf der Waage gesessen. Damit habt ihr Ungleichgewichte hervorgebracht. Leid ist ein solches Ungleichgewicht. Oft ist es so, wenn die Mitte gesucht wird, taucht erst mal mehr Ungleichgewicht auf, setzen sich die Leute noch mehr auf das äußerste Ende dieser Waagschalen. Das verteidigen sie auch noch mit Gewalt, denn sie müssen recht haben. Wenn nämlich die andern recht hätten, wäre ich ja auf dem Holzweg, und das ertrage ich nicht. Es gibt eine Bewusstseinsstufe, wo der Punkt drei noch nicht gesehen werden kann. Wo dann eben diese „border-line" Symptome ausgebadet werden müssen.

Doch immer hat Extrem zu Gewalt geführt, und nicht zu Leben. Leben ist in der Balance, in der Mitte. Ihr seht es ja an euren Elementen, die gerade nicht in der Mitte sind. Und die damit Schaden anrichten. Atomenergie ist nicht in der Mitte – jedenfalls nicht so, wie ihr sie heute praktiziert. Ist sie doch nicht an Leben und gesunder, lebensfördernder Nachhaltigkeit, an Gedeihen orientiert. Wurde sie denn nicht entwickelt als Untergangsprinzip, als Atombombe? Alles kann so oder so gebraucht werden, selbst ein Messer. Wiederum ist der Geist dahinter, die Absicht, das Herz.

Wer im Herzen ist,
wird seinen Bruder nicht mit dem Messer erstechen,
aber ihm vielleicht ein Butterbrot streichen.

Sind denn viele eurer Forscher im Herzen, dienen dem Leben? Oder nur dem Machbarkeitswahn? Wenn etwas eine Lobby hat, die alle andern versucht, mundtot zu machen, die dagegen reden, ist ja wohl etwas faul an der Sache. Wenn andere Energien unterdrückt werden in Forschung und Anwendung, stimmt ja wohl etwas nicht. Wenn ihr in einem Haus Feuer anfacht und weit und breit weder Wasser noch Schlauch, noch Eimer da ist, und ihr nur darauf vertraut, dass es nie brennen wird, ist das verantwortungslos gehandelt und kurzsichtig, zum eigenen Schaden. Das ginge noch an, wenn nur dein Haus abbrennen würde. Aber was, wenn das ganze Dorf in Flammen aufgeht? Haben denn die Erbauer und Betreiber dieser AKWs überhaupt eine Ahnung, wie ein Leck zu bewältigen wäre? Sind sie sorgfältig und verantwortungsvoll genug in ihrer Tätigkeit? Sind das Menschen, die dem Leben dienen wollen? Alles Fragen, die in der Luft hängen.

Zurück aber zum Mitgefühl. Ja – es hilft, wenn man an jene denkt, die in Katastrophen und Kriegen leben, wenn sie euer Mitgefühl in euren Gebeten und Meditationen spüren. Wenn dieses Mitgefühl tätig wird, wenn ihr Hilfstruppen, Hilfsgüter sendet, beim Aufbau helft. Denn eines ist es, Leid zu erfahren und zu spüren, darin allein gelassen zu werden. Das ist doppeltes Leid. Die Lösung könnt ihr noch nicht sehen, noch wissen, wie atomare Verstrahlung neutralisiert werden kann. Es gibt schon Ansätze dazu, wenn die zugelassen wären. Dafür könnt ihr beten, dass alle rettenden Erfindungen, die eben diesem Leben dienen, endlich hervortreten können. Ihr könnt darum bitten, dass diese Strahlen neutralisiert werden können und in heilende umgewandelt. Auch wenn ihr keine Ahnung habt, wie das geschehen soll.

Glaube beinhaltet immer das Bereitsein für Wunder,
immer ein Stück Weg nicht zu sehen,
doch darauf zu vertrauen, dass es ihn gibt
und ich ihn finden und begehen kann.

Bittet um Einheit und Einheitsbewusstsein! Sendet die saphirblaue Flamme. Betet, dass Natur sich regenerieren kann,

weil göttliche Schöpfung letztlich immer stärker ist.

Dass Menschen nicht elendiglich krepieren müssen, wenn sie verstrahlt sind. Sondern dass der Geist dieses Strahlen auch in euch neutralisieren kann, kompatibel machen für eure Systeme. Dann könnten sie sogar zu eurer Erleuchtung beitragen.

Strahlen – Sonnenstrahlen, die wärmen oder schaden können – eure Ausstrahlung – ihr strahlt, wenn ihr glücklich seid. Können denn nicht auch Atome lebensfördernd strahlen? Auch da wieder: Bittet um Balance. Dass die Strahlen kompatibel sind mit der Erdenschwingung, mit eurer Schwingung in Intensität und Dauer. Auch in euren Körpern muss ja die Balance da sein zwischen Auf- und Abbau. Zwischen Tod und Leben. Es geht gut, wenn sich das gegenseitig die Waage hält. Es braucht ja den Abbau der Nahrungsmittel und auch deren Umwandlung. Es braucht den Zellabbau, aber auch den Zellaufbau und neue Zellen.

Bei den Atomstrahlen ist das nicht im Gleichgewicht. Es ist soviel Strahlkraft, dass es zuviel ist, dass es zerstört. So wie ein tausendfacher Sonnenbrand. Es ist zu stark, zu rasch und hält zu lange an. So wie wenn euer Verdauungssystem aus dem Ruder laufen würde und nur noch abbaut. Ihr kennt das, wenn jemand zu schnell Nahrung verarbeitet. Dann kann er essen und wird doch immer magerer.

Das könnt ihr jetzt noch nicht ganz verstehen: Aber auch diese Strahlen könnten heilende Strahlen sein, im richtigen Maß.

Es ist die eine große und allumfassende Kraft –
nämlich die Liebe –
die dieses Strahlen transformieren könnte.
Die diese Spaltung heilen könnte und kann!
Ja – die Folgen wandeln könnte.

Wie hieß doch jene Stadt in der Bibel, die nicht zerstört wurde, weil darin ein paar Gerechte lebten?

Noch nie war euer Glaube so gefordert! Ein Glaube allerdings, der nicht nur sogenannte Wunder zulässt, erwartet und erbittet, sondern der auch lebensvolle Technologien hervorbringt. Damit diese endlich den Durchbruch schaffen. Jeder, der den Geist ablehnt, auch nur zweifelt, jeder Skeptiker, der nur gelten lässt, was er mit seinen physischen, doch sehr unvollkommenen Augen sehen kann, unterstützt ja gerade diese lebensfeindlichen Tendenzen, auch wenn er sie ablehnt. Eure Hingabe auch ist gefragt. Und was ihr sagt und denkt. Welchem Herrn ihr dient – wie ihr das nanntet. Richtet ihr euer Augenmerk nur auf den Abbau oder auf den Aufbau und auf Heilung? Und das Gleichgewicht dazwischen? Wieder einmal auf den dritten Punkt.

Liebt auch die Atome frei –
Liebt die Strahlungen frei und alles,
was davon betroffen ist.
Versucht, diese Menschen frei zu lieben.

Auch wenn sie es noch nicht anzunehmen vermögen. Diese Menschen nämlich, die so blind und verantwortungslos mit der Schöpfung umgehen, deren Antwort Zerstörung ist.

Wandelt mit Geist und Herz und Glaube diese schädigenden, verheerenden Strahlen in gesunde, aufbauende Lebensstrahlen. Ihr vermögt soviel mehr, als ihr auch nur ahnen könnt.

Doch setzt das dafür ein, dass es dem Leben dient,
und dann dient ihr der Liebe.

Wir aber begleiten euch in Mitgefühl, und wir ermächtigen euch. Wenn ihr diese Macht und Kraft wieder mit dem Herzen verbindet, kann sie nicht schaden. Wenn ihr den andern respektiert auf seinem Weg, werdet ihr ihn irgendwann erreichen mit unserer Liebe. Möge es bald sein! Damit die Balance auf eurem Planeten entstehen kann, damit ihr alle wieder dem Großen Leben dient!

Und so grüßen wir euch wie immer
aus dem Zentrum allen Seins,
das Leben war, ist und Leben sein wird.

Sorgt dafür, dass das auch auf eurem
wunderbaren Planeten so sein wird, so ist!

Ein immer wieder sich erneuerndes Leben –
ein gesundes Strahlen!

Vom Sitzen auf der Schaukel und dem Tanz um die Mitte

Wir sind doch immer da – wir vom Zentrum allen Seins, dem Ewigen Jetzt – auch dann, wenn ihr es mal nicht spürt oder zu spüren glaubt.

Es gibt diese Zeiten, wo ihr scheinbar alleine wandelt, wo wir nicht eingreifen und wo es sehr darauf ankommt, wie ihr mit euren Stimmungen umgeht, die sich anbieten. Trauer, Depression, Mutlosigkeit, Zweifel, Angst, was immer. Und es gibt immer noch den Moment, wo ihr umschalten könnt und sagen: „Da gehe ich jetzt nicht rein, oder ich erlaube mir, das mal anzusehen", und dann zu entscheiden, ob das meine Wahrheit ist. Und vor allem, ob mich das weiterführt. Oder ob ich darin versinken werde. Und daraus baue ich dann Zukunft…

Denn ihr baut mit an eurer Zukunft!

Aber immer könnt ihr um Hilfe bitten, und wir sind dann einfach um euch, auch wenn ihr es nicht immer wahrnehmt und spürt. Aber wir respektieren eure Entscheidung und auch eure Gemütsverfassung, und ob ihr euch da hineinfallen lasst, willenlos, oder eben den Hebel noch herumreißt. Noch offen bleibt für eine Lösung, die ihr in dem Moment nicht sehen könnt. Vielleicht sogar eine sehr originelle, unvorhersehbare Lösung.

Und ihr könnt um Hilfe bitten und Stärkung. Dass ihr Zukunft aus Zuversicht baut, auch wenn die Dinge ziemlich düster erscheinen. Ja sogar, wenn ihr euch etwas eingebrockt habt, was nicht ganz überschaubar war und jetzt Konsequenzen birgt. Das, was ihr vielleicht als „Fehler" betrachtet. Ihr könnt uns darum bitten, dass wir euch da heraus helfen. Und wenn ihr erkannt und realisiert habt, wo ihr unaufmerksam wart oder aus Angst etwas entschieden hattet, dann kann die Lösung werden, die euch da heraus hilft. Das ist nicht Leichtsinn, die Probleme nicht sehen wollen, nicht Verdrängen,

sondern der Glaube,
das Vertrauen in die Zuversicht,
dass da ein Weg, eine Brücke ist,
die ihr noch nicht sehen könnt
oder die erst gebaut wird.

Gebaut nämlich aus eurem Vertrauen.

Denn diese Brücken – wenn sie wahrhaft tragen sollen in eine Zukunft, die frei ist von alten, einengenden Prämissen, eine Zukunft der neuen Energie, eine lebensvolle, glücklichere und leichtere – diese Brücken bauen sich aus der Mitte heraus. Aus eurer Mitte heraus und im Kontakt zu uns. Es mag vom äußersten Ende her eine vorübergehende Notbrücke entstehen, weil wir euch nicht fallenlassen. Es sei denn, ihr wählt den Fall und den Abgrund, um auch daran zu lernen und zu reifen. Aber in den meisten Fällen würde es auch ohne gehen. Zweifel, Angst, Depression, Aufgeben und nur noch das Dunkle, Schwierige sehen, das alles sind Dinge, die am äußern Ende der Schaukel angesiedelt sind, bzw. an dem einen. Auf dem andern liegt eine Euphorie, die oft mit den Tatsachen nicht viel zu tun hat, ein Leichtsinn, eine Überheblichkeit, ein Verdrängen. Und von beiden Seiten her kann die Brücke nicht stabil gebaut werden und ist keine Brücke vom Alten ins Neue. Ist nicht die Brücke von eurem Zentrum aus, das auch unser Zentrum ist. Die Brücke aus eurem Herzen!

Man kann die Dinge ansehen, wie sie sind, einschätzen und vielleicht realisieren, dass die Chancen nicht die besten sind, und trotzdem seine Gefühle und Gedanken nach vorne richten auf diese Lösung, die irgendwo schon ist und die man noch nicht sieht. Ihr könnt, auch wenn ihr den Eindruck habt, Fehlentscheidungen gemacht zu haben, in der Liebe zu euch selbst bleiben, in der Liebe zu eurem göttlichen Kern, der ja nicht ein abgehobener Luxus ist, sondern euch dazu verhilft, eben diese Lösungen zu kreieren. Alles, was dann als Herausforderungen auf eurem Weg erscheint, ja selbst alles, was ihr kreiert habt, und alles, was ihr eurer Meinung nach „falsch" gemacht habt, birgt die Lösung in sich. So ihr sie erlaubt…so ihr sie anzieht aus eurer Mitte heraus und nicht aus euren Ängsten heraus – eben nicht von den äußeren Enden der Schaukel her.

Es ist der Tanz um diese Mitte.
Und da gibt es Schwankungen, weil Leben immer schwankt,
das heißt: lebt und sich bewegt.

So wie es Winter und Sommer gibt und nicht einen Einheitsbrei von Jahreszeiten.

Dieser Tanz um die Mitte – möge es ein Tanz sein – der führt in eine gesündere, glücklichere Zukunft, zieht die Lösung an und birgt die Lösung in sich. Manchmal aber braucht eben die irdische Manifestation etwas irdische Zeit. Und man kann die Lösung beim besten Willen weder sehen noch erahnen. So stört sie denn nicht, diese Manifestation, und limitiert sie nicht! Indem ihr euch auf das eine oder andere versteift oder die Größe, die Tiefe der Lösung limitiert.

Es ist schwer, offen zu sein auf Erden, nicht? Der Nomade konnte es noch – hatte es zu können. Weil doch der morgige Rastplatz nicht sicher war, die Nahrung nicht, weil alles in der Schwebe war. Und so hattet ihr denn auch Nomadenleben, um eben das zu trainieren. Doch vergisst man es in der Sesshaftigkeit, wo man weiß, dass morgen Nahrung und Wohnung da sind. Es sei denn, dass Naturkatastrophen einbrechen, Wetterextreme und auch Arbeitslosigkeit. Dass das Einkommen so sehr schwankt, die Stelle nicht mehr sicher ist, dass euch nur noch Vertrauen bleibt. Lange wart ihr scheinbar sicher in der westlichen Welt, und insbesondere in deinem Land. Und ihr seid jetzt daran und sollt es üben, wieder in euer Nomadenherz zu gehen.

Der Nomade, der zwar sesshaft ist,
aber sein Vertrauen bewahrt hat
in den Lauf der Dinge, die Gunst des Lebens.

Und der Sesshaft, der sein Nomadenherz bewahrt hat,
nämlich sein Vertrauen in dieses Leben.
Dass man eben oft nur einen Tag überblickt, eine Stunde.

Das birgt ja Chancen. Wenn nichts festgemauert ist, können Änderungen eintreten, auch Änderungen zum Guten, so ihr positiv bleibt in euren Gedanken und Gefühlen. Euch nicht allzu lange in den Sog hineinziehen lasst, der ins Negative führt. Denn ein Sog ist es. So versteift euch nicht darauf, dass die Lösung so oder so aussehen muss, von da oder da kommt, sondern seid einfach offen für sie, wie immer sie aussehen mag. Seid offen für ein Nachfließen der Ressourcen. Das ist nicht leicht, denn darum hattet ihr euch nicht sehr gekümmert in den letzten Zeitabschnitten. Sondern oft soviel genommen von der Natur, dass der Nachfluss nicht genügend sein konnte. Wenn man nur nimmt und nicht gibt – und sei es nur ein Dankgebet – ist der Nachfluss gefährdet, zumindest limitiert. So gebt denn immer – im Rahmen eurer Möglichkeiten. Wie gesagt: Es kann ein Lächeln sein, ein freundliches Wort, ein Trost, ein Zuhören.

Dann könnt ihr eure Zeiten, wo ihr – bildlich gesprochen – in eurem Zelt sitzt, weil draußen das Wetter tobt oder weil es Winter ist, nutzen zur Regeneration und braucht euch nicht zu grämen, dass jetzt nichts anderes stattfindet. Dann seid ihr bereit und gekräftigt, wenn wieder Sommer ist und ihr wieder losziehen könnt – auch das als Bild. Dass das, was ist, im Moment das Beste ist!

Jetzt fragst du: „Was, wenn einer gefoltert wird? Kann er das noch denken? Ist das das Beste für ihn und für den Täter?"

Das ist fürwahr ein schwieriges Kapitel. Es kann zum Aufwachen dienen, müsste aber so nicht stattfinden. Es mag Karma sein, mal zu fühlen, wie das ist, was man selbst einmal getan hat – nicht als Rache, sondern als Aufwecken. So ihr dann die Kraft erbittet und sie euch schenken lasst, zu wissen, zu glauben, zu verinnerlichen, dass ihr da herauskommt, ihr gerettet werdet, dass euch Hilfe wird und Freiheit, dann werdet ihr diese Lösung anziehen. Und das – wir wissen es – ist eine nahezu übermenschliche Leistung. Doch sind wir gerade dann bei euch, und gerade diese Zellen sind auch voller Engel. Mögt ihr das alle spüren, die ihr so zu leiden habt, die ihr euch so verirrt habt. Wir übertünchen das nicht rosa und sagen, dass alles wunderbar sei, wie es in gewissen spirituellen Kreisen getan wird, nein, wir sehen das Leid und wissen aber auch, dass es so nicht nötig wäre.

Erkennen kann früher einsetzen
und Aufwachen auch.

Auch das war der alte und mühsame, leidvolle Weg, dass alles physisch sich manifestieren müsse, die Illusion so dicht wäre, dass es dermaßen schmerzt. Wie gesagt: Erkennen kann früher einsetzen. Das Erkennen auch seiner eigenen Not. Das Sich-nicht-wert-fühlen auf der einen Seite, das Sich-opfern für eine größere Freiheit und diese entsetzliche Kälte und Starre – was auch eine Not ist – auf der Täterseite.

Selbst wenn die beiden das abgemacht haben sollten
vor ihrer Inkarnation, besteht kein Zwang –
KEIN ZWANG!!! –
es ausführen zu müssen!!
Das Steuer kann herumgerissen werden!
Wenn ihr erkennt, wenn ihr klarer werdet,
wenn ihr mehr in diese Mitte kommt.

Wenn beide das Leid des andern anerkennen und verzeihen können in wechselnden Zeiten. Es ist nicht mehr nötig, so es das je war, so weit ins Dunkle zu steigen aus dieser verzweifelten Not heraus, weil ihr Heimat vergessen hattet. Denn diese Dunkelheit eintfaltet eine Eigendynamik, wird schwerer und schwerer.

Aber Christus war ja da, das zu durchlichten,
und die andern Lehrer und Propheten auch.

Ach – die meisten wurden aus der Illusion der Getrenntheit heraus missverstanden. Ihr folgtet nicht dem Licht, sondern habt weiterhin Dunkelheit gesät. Ihr könnt damit aufhören, ihr könnt das stoppen! Manchmal aber, leider, geht es durch Chaos und ein nochmaliges Aufflammen von Gewalt – vorübergehend. Auch wenn es nicht so aussehen mag: Die Zeit der Tyrannen ist vorbei! Leider haben es noch nicht alle gemerkt. Leider auch erscheint oft erst mal nur ein anderer Tyrann, der am Anfang besser aussieht und doch auf demselben Pfade wandelt. Manchmal auch ist die Faszination, auf dem äußersten Ende der Schaukel zu sitzen und zu wippen, größer als der Tanz um die Mitte. Der ist weniger spektakulär, bietet weniger Adrenalinstöße.

Je weniger der Mensch empfindungsfähig ist, nicht an sein Herz angeschlossen, desto mehr von diesen Schüben und Stößen braucht er doch, um sich überhaupt wieder zu spüren. Bis er sich schließlich nur noch spürt im äußersten Gefordertsein, in äußerster Qual. Was sind eure Extremsportarten anderes? Ein Ausloten der Grenzen, ja – aber ein sich nur Spüren, wenn es aufs Ganze und ans Lebendige geht. Ein Messen eurer Kräfte, das aber eben kippen und ein Spiel mit dem Tod werden kann.

Es ist weniger spektakulär, im Lotussitz zu sitzen und zu meditieren, sich an einer Blume zu erfreuen, still zu werden, zu überlegen, wie ich einem Mitmenschen helfen kann, und diese Ruhe auszuhalten. Und wenn wir eure Städte ansehen, dann ist da keine Ruhe, sondern ein sich pausenloses Zudröhnen. Kein Gleichgewicht mehr zwischen dem Sich-laut-äußern und der Stille. Es ist ein Unterschied, ob ihr diesen Lärm einfach konsumiert oder vielleicht selber etwas tut: tanzt, Musik macht….Eure Unterhaltungsindustrie hat Etliches mit Fernsteuerung zu tun – damit, euch gefügiger, passiver zu machen. Denn ein aktiver, von innen heraus wacher Mensch, der um diese Mitte tanzt, den kann man nicht so leicht gängeln und manipulieren. Der ist in sich frei und durchschaut die Spiele der Manipulatoren. Dann kann man ihn zwar quälen und zu brechen versuchen, aber auch das ist nur vorübergehend.

Man muss seine Sensoren wieder verfeinern, sich wieder tiefer spüren können, um Ruhe und Stille auszuhalten und diesen Tanz um die Mitte faszinierend zu finden, gehaltvoll, spannend, wirksam und freudig. Das Aufbauen kommt oft nicht so spektakulär daher und peitscht eure Sinne nicht so auf. Man muss wieder feiner riechen, schmecken, hören und sehen lernen und auch spüren. Dann braucht man keine Drogen, um high zu sein. Drogen aber sind nicht nur die Stoffe, die ihr einnehmt oder spritzt. Auch Gewalt kann eine Droge sein, Sex kann eine Droge sein, alles, was nicht im richtigen Maße daherkommt, was einem Lebewesen schadet. Man kann die Natur nicht mehr spüren, wenn einem der Kopfhörer dauernd Musik in die Ohren träufelt. Auch da braucht es erst einmal Ruhe. Dann wird diese Natur lebendig und spricht zu euch. Das kräftigt und nährt euch dann.

So sind denn etliche von euch in dieser Ruhe und Stille, und manchmal fällt sie euch noch schwer. Aktiv sein, im Außen tätig, ist ja ein Credo eurer Zeit. Und doch werden sie in dieser Ruhe gekräftigt und genährt, um dann anders in die Welt hinauszutreten, wenn die Zeit reif ist. Wenn sie stark genug sind – auch in ihrer Physis –, ihr Potenzial zu integrieren. So ist diese Zeit Gnade. Etliche sehnen sich nach dieser Ruhe…was ihnen dann manchmal eine Kündigung einträgt.

Nicht jeder braucht gleich viel Ruhe und Zeiten der Stille. Die einen sind mehr im Yang und können im Außen mehr verkraften, die andern mehr im Yin. Aber das sagten wir auch schon:

dass die Yinleute, die scheinbar weniger manifestieren, die Yang-leute stützen. Im nicht sichtbaren Bereich jedoch manifestieren sie sehr, sehr viel. Manchmal auch nachhaltiger.

Sie bauen im Innern an der Welt,
an den Fundamenten, und oft sind sie Kanal.

So wie die Wesen in der Erde wichtig sind, und nicht nur diejenigen, die sichtbar auf ihr wandeln.

Ein Kriegsherr, ein Tyrann, hinterlässt sichtbare Zeichen. Zu Anfang seiner Herrschaft oft auch ganz gute. Es wird mehr gebaut, es kehrt Ruhe ein, es scheint stabiler zu sein. Es geht erstmal scheinbar besser, bis man merkt, dass es nur dem Tyrannen besser geht. Noch immer sind diese Völker schließlich verarmt und ins Elend gerutscht. Ja – sie kreieren sehr viel, diese Tyrannen. Am Anfang gab es Arbeit und scheinbar Aufschwung im Dritten Reich…und dann lag Europa in Schutt und Asche! Das ist sichtbare Kreation…aber wollt ihr das noch länger?

Mord ist sichtbar, Gewalt ist sichtbar. Eure Gebete in der Stille nicht unbedingt. Und doch sind sie das Fundament, tragen zu einem Umschwung bei. Dieser Umschwung muss auch noch in den Medien kommen. Warum wird dort kaum je über gute Taten berichtet – oder doch weniger als über den Rest? Langsam sickern auch positive Meldungen durch. Auch da wieder könnt ihr die eine oder andere Seite unterstützen mit Gedanke, Wort und Tat, mit euren positiven oder negativen Meinungen.

Man kann durchaus mal weiter draußen auf der Schaukel tanzen, mal im Lärm sein, in überschwänglicher Freude, sich laut äußern, an die Grenzen gehen, aber nicht so ins Extrem, dass keine Rückkehr mehr möglich ist. Sondern sich immer wieder auf die Mitte besinnen und zu ihr zurückkehren. Wenn ihr diese

Mitte im Herzen tragt und euch darauf bezieht, braucht ihr die Extreme nicht mehr so sehr. Dann ist das wie eine Verbindung, ein unsichtbares Seil, das euch wieder zurückzieht, ein Rettungsseil oft.

Lange sind viele von euch auf dem äußersten Ende der Schaukel gesessen, um die Extreme auszuloten und sich dann nach der Mitte zu sehnen, dem Verbinden der Gegensätze. Weil sie es leid waren, so sehr geschüttelt zu werden, weil sie müde waren. Doch haben sie gewagt, das Leben zu erkunden. Und wenn sie dann die Mitte wählen, dann ist da kein Bedauern da und ein Gefühl, etwas zu verpassen. Sondern sie sind dann in dieser Mitte von innen heraus. Sie gehen – statt zum äußersten Ende – in die Tiefe und wirken aus dieser Tiefe. Man kann auch immer nur in der Mitte sitzenbleiben, weil man das Leben nicht wagt, das Abenteuer, die Dinge nicht erforschen möchte.

So ist denn nicht jeder Mensch am selben Punkt, nicht jedes Leben im selben Stadium des Bewusstseins, am selben Punkt der Reise. Noch erkunden viele das äußerste Ende der Schaukel – noch gibt es viele, die die Reise ins Unbekannte verweigern. Doch generell kann man sagen, dass die Menschheit als Ganzes lange genug zu äußerst auf und ab wippte. Diese Extreme ausgelotet hat bis an einen Punkt, wo das Experiment fast hätte abgebrochen werden müssen. Wo sich soviel Leid angehäuft hatte, soviel Verzweiflung auch.

Es ist jetzt eine Zeit, wo ihr mehr um die Mitte herum tanzen sollt, dort ein Gleichgewicht finden, dort stabiler werden, dort sich mit der Tiefe eurer Herzen verbinden. Wenn ihr von dort aus wirkt, entsteht Lebensvolles, Leben Unterstützendes, Nachhaltiges im aufbauenden Sinne.

Dann kreiert ihr nicht Dunkelheit und Leid,
sondern habt teil an der Auferstehung.

Dann braucht ihr dieses oft grausame Opfer-Täter-Spiel nicht mehr! Dann handelt ihr aus Erkenntnis heraus und nicht aus leidvoller Erfahrung, die ihr immer und immer wieder wiederholt.

Dann wird euch Entwicklung in der Vertikalen möglich –
eine Verbindung eurer Herzen
zum großen kosmischen Herzen.

Dann ist es eben ein Tanz
und kein zerstörerischer Sturm.

Dann könnt ihr eine Welt kreieren zum Wohle aller.
Dann kann Heimat auch auf Erden sein.

Klammert euch nicht an alte Sicherheiten, die keine sind. Klammert euch nicht an die Schaukel! Wenn ihr mit uns verbunden seid und mit eurer Seele, eurem göttlichen Kern, dann kann es ein leichtfüßiger, freudvoller, lebensvoller Tanz um diese Mitte sein.

Dann tanzt ihr wieder als göttliche Geschöpfe,
wissend um den Ursprung,
und seid Segen für die Schöpfung!

Und es ist möglich – es ist menschen-möglich,
so ihr es anstrebt und erlaubt!

Von Schatztruhe und goldenem Schlüssel

Wir grüßen euch aus dem Zentrum allen Seins, aus dem Königsschloss, von dem ihr ausgegangen und zu dem ihr wählen könnt, zurückzukehren. Aber in anderem Bewusstsein.

Doch bedarf es dazu des goldenen Schlüssels, und dieser ist euer verändertes, erhöhtes Bewusstsein. Nur dann könnt ihr die Schatztruhe aufschließen, in der Liebe, Kraft und Licht sind. Und auch eure Werkzeuge, die nicht verändern, indem sie zerstören, sondern die wandeln. Wandeln zum Wohle aller. Doch müsst ihr erst einmal den Ausgangspunkt annehmen, an dem ihr im Moment steht, auch wenn euch der nicht passt. Akzeptanz heißt ja nicht, die Tatsachen zu besiegeln, ein Annehmen im Sinne von: „Es ist nun mal so, und ich bleibe da untätig drin sitzen." Es geht – fast möchten wir sagen – um die Örtlichkeit. Wenn du von A nach B reisen möchtest, kannst du nur bei A starten. Du musst also erst einmal akzeptieren und annehmen, dass du dich bei A befindest, und die Fahrkarte von dort aus lösen, von dort aus den Weg suchen. Du wirst nie von C nach B gehen können, wenn du dich in A befindest.

Dieses A jedoch kann Mangel, Krankheit, Schmerz und Trauer sein. Das alles kannst du übertönen mit Geschäftigkeit, einer aufgesetzten Fröhlichkeit, mit Süchten. Aber das wird den Zustand nicht heilen. Du kannst zum Beispiel akzeptieren, dass du traurig bist, weil du vielleicht einen geliebten Menschen verloren hast, Umstände hast, die nicht optimal sind, die dir nicht gefallen, dass du krank bist…Und dann kannst du das bekämpfen, oder du stellst dir vor, wo du hin möchtest: nach B nämlich. Und wie wäre es dort, wieder froh zu sein, gesund, schmerzfrei, ohne Angst? Was könnte ich dann tun? Und dann kannst du diese Fahrkarte kaufen von A aus, wo du dich tatsächlich im Moment befindest, weil das der einzige Ort ist, von dem du ausgehen kannst, nach B.

Wenn du aber bewusstseinsmäßig in diesem A drin bleibst, das du auch noch ablehnst (und damit energetisierst), kannst du nicht nach B reisen. Denn A und B haben eine andere Bewusstseinsstufe. Erst wenn du annimmst, dass du dich in A – mit allem, was dir nicht passt – befindest, dass das Stufe auf dem Weg ist und du vielleicht auch siehst, was dich dorthin gebracht hat – welche Fehlkonzepte und Glaubenssätze nämlich – kannst du dich auf den Weg machen. Doch musst du wissen, wohin du möchtest, nämlich nach B.

Und dich zugleich dem Höheren Willen anvertrauen,
der möglicherweise eine andere Route wählt,
oder ein B, das auch anders aussieht,
aber mehr deinem Seelenweg entspricht,
dem Weg deines Hohen Selbstes.

Wenn du aber in A dein Bewusstsein erhebst auf eine andere Stufe, musst du zwar B entgegengehen – die nötigen Schritte einleiten – und kannst es trotzdem herholen. Du gehst ihm bewusstseinsmäßig entgegen, und es kommt dir entgegen. Und die neue Schwingung – die von B – überspielt die alte – die von A.

Nun ist aber diese Bewusstseinsveränderung nicht so leicht. Sie könnte einfach sein…aber sie ist nicht leicht. Es ist nämlich ein *Bewusstseins-Sprung!* Und zwar – wie wir andernorts schon sagten – *ein Sprung auf ein anderes Stockwerk.* Also kein Hin- und hersausen auf der dualen Schiene in immer der gleichen Frequenz. Vom untern Stockwerk aus aber sieht man nicht unbedingt ganz genau, wie es dort oben aussehen mag im Detail. Also kann das Angst machen. Denn jeder Schritt in die Zukunft – auf dieses höhere Stockwerk – ist trotz aller Klarheit, was ich anziehen möchte, ein Schritt auch ins Unbekannte.

So arbeitet ihr oft auch an euch, aber im alten Bewusstsein. Ihr könnt nicht alles von allen Inkarnationen ansehen und auflösen.

Doch gibt es ein paar *Schlüsselthemen* in euren Leben, die sich wiederholen. Die macht euch klar. Und auch, was das Thema eures jetzigen Lebens ist. Bei den meisten geht es eh darum, von der Opfer-Täter-Schiene loszukommen, auf welcher Seite ihr auch gesessen habt.

Und dafür braucht es den goldenen Schlüssel aus dem Märchen,
der die Schatztruhe in der Tiefe aufschließt
und sie ans Licht hebt.

Und zwar in ein Licht, das über der dualen Schiene liegt. Diese Schatztruhe, die irgendwo verborgen ist – doch ist dieses Irgendwo eben nicht draußen, sondern in euch drinnen.

Wenn ihr dann mit diesem Schlüsselchen die Truhe öffnet,

dann sind da wohl eure Stolpersteine drin,
doch können sie zu Stufen auf dem Weg werden,
die euch höher führen, näher zum Licht.

So aber dieses Licht in die Truhe scheint, da entsteht die Vertikale, die Verbindung zu uns. Dann fließt eine höhere Frequenz hinzu, die eben die niedere überspielen kann. Diesen Schlüssel aber findet ihr nicht draußen. Ihr könnt Hilfestellungen finden, Lehrer, Wegweiser, Techniken, die euch zu diesem Ort, zu Schlüssel und Schatztruhe weisen – sind es doch Laternen im Dunkeln – letztlich aber, selbst wenn ihr den Schlüssel gefunden habt, müsst *ihr* die Truhe aufschließen. Die Truhe, die dann die höhere Frequenz hinein lässt.

Da weiß man dann nicht so ganz genau, was passieren wird. Da ist Wandel drin, Veränderung – auch Wandel eurer selbst, eurer Kleider, wie wir immer sagen. Denn das Freisetzen eures Kerns kann Überraschungen bringen. Solange ihr euren Weg bis ins Detail kontrollieren wollt, kann das nicht stattfinden. So sehr euer Verstand euch helfen kann beim Klären und Sichten der

Dinge, so findet ihr doch Schlüssel und Schatztruhe nur dort, wo sie vergraben sind – in der Tiefe eures Selbst, in eurem Herzen. Der Verstand kennt den Ort nicht.

Die Schwingung eures Herzens ist eigentlich einfach –
es weiß um die göttliche Liebe
und dass ihr aus dieser Liebe geschaffen seid
und sie somit seid...sein könnt.

Und dass sich dann so vieles regelt. Ihr mögt noch einen Teil Karma zu lösen haben, die Wirkungen der Ursachen erleben, aber die Bürde wird leichter. Diese Liebe mag sogar diese Wirkungen mildern oder sogar heilen, in Segen wandeln. Oder man kann dieses Karma abtragen, indem man Aufbauendes tut – jemandem beisteht, den man mal geschädigt hat auf dem physischen Plane.

Dieser Ort tief innen ist ein sicherer Ort.

Dann müsst ihr nicht tun – dann könnt ihr einfach die Bedingungen schaffen, dass der Schatz gefunden werden kann. So wie ein Heiler auch nur die Bedingungen im andern schaffen kann, damit Heilung möglich wird. Dann müsst ihr nicht immer die Konsequenzen physisch erleben – könnt vorher eure Route ändern. Ihr werdet zwar Lösungen anbieten, aber setzt sie nicht mit Gewalt und Macht durch.

Dann verändert ihr die Welt,
indem ihr in eurem Herzen seid
und von dort aus strahlt und wirkt.

Was nicht heißt, dass ihr untätig seid. Doch seid ihr tätig von anderem Orte aus, aus anderem Bewusstsein. Euer Mitgefühl wird euch auch zum Wirken im Außen drängen. Dem Hungernden Essen zu bringen, den Ertrinkenden zu retten, bessere Umstände und Zustände zu schaffen auf eurem Planeten, damit die Erde sich sanfter reinigen kann. Wisst ihr doch nicht, ob der andere sein Karma erlöst oder ob er noch eine wichtige Aufgabe auf Erden hat. Es ist nicht an euch zu urteilen.

Ihr seid aufgerufen zu Mitgefühl –
wenn das fehlt, seid ihr nicht im Herzen.

Denn alle sind Kinder Gottes.
Und Jesus, obwohl er das Geschehen überblickte,
hat Erbarmen gezeigt und geheilt.

Ihr werdet aber zugleich aus einer höheren Schwingung heraus tätig sein, damit Dinge sich wahrhaft wandeln können. Wie in diesem afrikanischen Staat, wo ehemalige Wilderer, die die Tiere abknallten, nun Hüter dieser Tiere sind. Das ist eine andere Frequenz! Weil ihr ihnen eine Chance gegeben habt, damit ihren Lebensunterhalt zu verdienen. Und sie entdecken langsam die Schönheit dieser Tiere und fangen an, sie zu lieben. Dann aber können sie sie nicht mehr ausrotten. Hier wurde die Schwingung des Tötens durch eine höhere, die des Pflegens und Hegens und Schützens, überlagert. Ein wunderbares Beispiel! Das ist auch Veränderung, aber aus anderem Geiste. Veränderung aus Bewusstseinswandel heraus. Man könnte ja seinerseits die Wilderer bekämpfen und unschädlich machen. Nein, man zeigt ihnen andere Ziele und gibt ihnen eine andere Existenzmöglichkeit. Dieses Beispiel sollte Schule machen.

So akzeptiert auch eure Geburtsschmerzen, die jetzt eure Körper sehr stark beeinträchtigen können. Bei vielen rufen sie auch starke Schmerzen hervor. Sucht euch dafür Linderung mit Therapien, die nicht bekämpfen, sondern aufbauen und eine andere Schwingung hinein bringen. Und wisst:

dass ihr die Münze drehen könnt,
dass ihr die Etikette wählen könnt,
und die Energie wird eine andere sein.

269

So ihr aber euer Bewusstsein nicht gewandelt habt, wird es sein wie bei jenem, den ein riesengroßer Lottogewinn aus der Armut holte, der aber schon nach kurzer Zeit wieder arm war! Weil er sein Bewusstsein von Mangel nicht geändert hatte, die Fülle nicht ertrug. Er war zwar auf die Gegenseite gesprungen und sprang auch wieder zurück auf demselben Stockwerk.

So ist denn der dritte Punkt, den wir so oft erwähnen, euer Herzzentrum, euer höheres Bewusstsein. Wenn ihr da mit uns verbunden seid, wenn dann unsere heilende und lösende Energie einströmen kann, welche die eure wieder erweckt, wird vieles leichter, was dem andern schwierig erscheinen würde. *Dann geht es euch gut –* wie du mal sagtest –, *auch wenn es euch mal nicht so gut geht!* Und je mehr Menschen in sich – in uns – zentriert sind – nicht im alten, kirchlichen Sinne, wo soviel Macht, Ohnmacht und Kontrollbedürfnis waren, sondern zentriert in der Verbundenheit, die Größeres und Heilendes zulässt – desto leichter und sanfter ist auch die Wandlung eures Planeten. Gaia macht euch bewusst, wo ihr ausgebeutet habt, wo ihr unklug gehandelt habt und Gefahren nicht sehen wolltet.

Verändert nicht durch Kriege – verändert, indem ihr vielleicht Menschen umsiedelt, deren Land von Überflutung bedroht ist. Es gäbe genug zu tun! Ersetzt nicht einen niedrig schwingenden Zustand durch einen ebenso niedrig schwingenden. Sondern gebt dem Leben eine Chance! Und auch dieses wahre Leben hat den Ursprung in euren Herzen. Auch Respekt der Natur gegenüber gebiert sich aus Liebe. Und Veränderung, die nicht aus Verbundenheit mit Allem-Was-Ist, mit der Schöpfung, mit den Mitwesen entsteht – kurz, eben aus dem Herzen – bringt in der Regel nur das Gleiche hervor mit andern Vorzeichen.

Ihr sitzt alle im selben Boot,
und es bringt nichts, einander in die Fluten zu stoßen –
sondern ihr könntet gemeinsam das Boot
ans rettende Ufer steuern.

Ihr habt so viele Märchen und Geschichten – angefangen bei der „Vertreibung aus dem Paradies" – Märchen und Geschichten, wo jemand verstoßen wurde. Wo jemand an anderem Orte aufwuchs in ärmlichen Verhältnissen und doch eigentlich ein Königssohn, eine Königstochter war. Aber sie kriegten das nicht gesagt. Sie hatten nur tief drinnen eine vage Erinnerung an Königtum und Schloss. An ihre wahre Kraft und Macht – *ihre Vollmacht aus der Allmacht.* Und wenn sie das wieder er-inner-ten, konnten sie sich auf die Suche machen, den Königsmantel wieder zu finden und die Krone. Wenn sie ihn aber nur im Außen suchten, konnte es sein, dass sie sich diesen Mantel und diese Krone mit Gewalt zurück erobern wollten. Dann aber wird dieser Mantel einmal zu Staub zerfallen – wird die Krone eine blecherne sein, die ganz gewaltig auf ihr Haupt drückt.

Doch könnten sie erkennen, dass ihr Königtum im Innern ist
und ihnen eigentlich nie genommen werden kann,
dass es ein innerer Adel ist, der sich von dort heraus
im Außen ausdrücken soll und kann.
Dass ihre Krone aus Edelsteinen besteht,
welche die göttliche Liebe von Allem-Was-Ist spiegeln.

Diese Krone aber sitzt nur fest auf ihrem Kopf, wenn sie sich ihrer würdig erweisen. Wenn sie nicht Respekt für sich fordern, sondern erst mal Respekt zollen, allem und jedem gegenüber. Wenn sie wieder realisieren, dass *Adel verpflichtet.* Verpflichtet nämlich dazu, ein leuchtendes Beispiel zu sein und voranzugehen. Dann mag auch ein ärmliches Kleid leuchten. Dann strahlt diese Krone dem, der sie zu sehen vermag. Dann ist da wieder der Zugang zur Schatztruhe. Und die muss ich nicht durch Krieg aus dem Schloss holen, denn diese Schatztruhe wohnt mir inne.

Der Schlüssel aber ist das Wissen –
nicht verstandesmäßig –,
sondern tief in mir zu spüren –
dass ich nie vertrieben wurde,
wohl aber eine Reise mache.
Dass mir meine wahren Schätze
nie geraubt werden können.

Somit muss ich auch keinen äußeren Schatz verteidigen oder ihn mir erkämpfen und erkriegen. Denn der innere Schatz des Andern würde mir nicht passen. Der passt zu dessen Reise. Wenn ihr dann die Kraft und die Werkzeuge aus dieser eurer Schatztruhe im Innern nehmt und einsetzt, dann setzt ihr Kräfte frei, die den Sprung auf das höhere Stockwerk möglich machen.

Dann baut ihr in der Außenwelt ein Schloss,
dessen Mauern Liebe und Respekt sind,
dessen Hüter Bewahrer sind,
Bewahrer der Schöpfung.
Aber auch mutige Wandler,
wo Veränderung ansteht und not-wendig ist.

In wie vielen Märchen und Geschichten sucht ihr den Schatz im Außen, und bereist die ganze Welt mit ihren Herausforderungen, nur, um ihn dann zu Hause auf dem eigenen Äckerlein zu finden. Aber dazu war vielleicht die Reise doch nötig? Denn was verloren geglaubt und neu gefunden wird, hat man zu eigen. Hat man nicht verstanden aus Verstand, sondern erkannt – wieder erkannt – eben aus dem Herzen. Wie viele aber fragen nicht einmal nach Schlüssel und Truhe… Und wie viele haben solch missliche Umstände, dass ihnen sogar das Fragen und Suchen vergeht.

Hindert niemanden an der Suche,
hindert niemanden an seiner Reise!

Gaukelt ihm keine Fata-Morgana vor im Außen! Sondern weist ihn hin auf die innere Schatztruhe, und ja – oft erscheint der Schlüssel nicht golden, er mag sogar rostig aussehen. Das heißt: Auch eure Herausforderungen können zum Schlüssel werden.

Wenn ihr das akzeptiert, dass alles, was euch widerfährt, eine Reise zu euch und zu uns ist, dann werden die Wege ebener und ihr habt mehr Atem, Berge zu überqueren.

Ihr seid nicht vertrieben –
ihr seid auf einer Reise zu eurem Schatz in eurem Innern.

Das ist B. So nehmt denn erst mal A an und macht die Reise! Und akzeptiert auch diese. Möglicherweise, wenn ihr in B anlangt, seid ihr wieder in A.

Aber mit dem goldenen Schlüssel in der Hand
und geöffneter Schatztruhe –
doch auf einem andern Stockwerk.

Gesegnet sei eure Reise – gesegnet!

Aber wollt ihr wirklich so viele Umwege machen?

Wieder einmal –
Eure Reisebegleiter

Von Kreuzigung, Kreuzweg und dem, was ihr zu Grabe tragen sollt

Wie immer grüßen wir euch aus dem Zentrum allen Seins, das da ist Auferstehung und Erneuerung. Und wir begleiten euch vor allem, wenn ihr an einem Kreuzweg steht.

Damit meinen wir nun nicht diese Stationen des Leidens Jesu Christi, die ihr dann am Kreuzweg abschreitet. Wenn ihr euch dabei den Leidensweg verinnerlicht und nicht bei der Kreuzigung aufhört, mag das ja gut sein. Lieber wäre uns, ihr würdet seine klaren Lehren der Liebe verinnerlichen, und vielleicht gar umsetzen. Wir meinen sogar, dass das immer wieder Aufzeigen dieser Grausamkeiten in Wort und Bild die Schwingung gesenkt haben – ja, sogar Grausamkeiten nach sich zogen. Es gibt da nämlich eine energetische Verbindung dieser Bilder zu Gewalt: zu Kreuzzügen, Kriegen, zur Inquisition und was an Brutalem mehr geschehen ist im Namen des Christentums. Im Namen dessen, der Liebe war! Bilder haben eine starke Macht. Und grausame Bilder können niedere und grausame Instinkte wecken.

Wir sind froh darüber, dass vielerorts in euren Kirchen jetzt wieder die Osternacht gefeiert wird! Nämlich das Hindurchgehen durch das Dunkel zum Osterlicht, zur Auferstehung, zur Erneuerung. Allzu lange wurde nur der leidende Gott gesehen, das Opfer. Nicht die wichtigere Tatsache,

dass ja Leiden und Tod überwunden wurden und eben in Auferstehung, in Ostern mündeten.

Es war ja auch ein gutes Mittel, die Gläubigen kleinzuhalten in ihrer Schuld. Denn letztlich fühle ich mich schuldig demjenigen gegenüber, der für mich das Kreuz trägt, für mich leidet und für mich in einen grausamen Tod geht. Allerdings war dieser Tod ja

Wahl. Zeigte euch auch auf, dass die Christuskraft keinen verlässt und bei jedem ist, der sie anruft in seinem Leiden, in seiner Verirrung, seiner Nacht der Seele, in seinem Karfreitag, seinen dunklen Stunden.

Doch war Jesus Träger des Christuslichtes und überlichtet davon. Er möchte euch zur Auferstehung führen. Nicht jeder schafft das im physischen Leibe. Aber es gibt ja auch diese psychischen Tode innerhalb eines Lebens, von denen man auferstehen und genesen kann. Er wollte euch zeigen, dass man seiner Wahrheit treu bleiben kann, sich nicht von Glanz und Angebot der Welt verführen lassen muss und irdischen Ehren. Dass man nicht allein ist auf diesem Weg, der sich an größeren Gesetzmäßigkeiten orientiert.

Dass man Dunkles durchlichtet, wenn man verzeihen kann.

Wir wünschen uns tatsächlich, dass ihr die Kruzifixe von den Wänden nehmen würdet! Nicht, weil es vielleicht die Muslime stören könnte. Sondern weil ihr endlich zu einem auferstandenen Meister beten sollt! Warum hat die christliche Kirche nicht ein Symbol des Lebens gewählt? Ein Symbol der Auferstehung? Den Lebensbaum? Denn Holz ist nicht tot – Holz lebt.

Das Kreuz ergrünte – symbolisch – in der Auferstehung.
Vielleicht war das Wunder zu groß
und ihr vermochtet es nicht zu fassen?

Vielleicht wäre da die Verantwortung des Vorwärtsblickens?
Des Anfangs, nicht des Endes?

Tatsache ist, dass Jesus von Nazareth ohnehin nicht länger im physischen Leibe hätte bleiben können. Seit der Jordantaufe war er Träger der Christuskraft, und die sprengt in ihrer Größe jeden irdischen Körper. Man könnte sagen: löst ihn auf durch die hohe Schwingung dieser Kraft. Was er euch zeigte mit seinem Leidensweg war, dass er seine Aufgabe erfüllte, das tat, was er tun sollte, dass er nicht Rache übte und durch alles hindurch liebte. Dass er ein Recht hatte zu sagen: „Liebet eure Feinde!" Weil er es tat und vermochte. Aber das blieb oft auf der Strecke. Auch die christliche Kirche und das sogenannt „christliche Abendland" blieben im Leidensweg, im Opferweg und im Weg der Rache stecken.

Der Blick nur auf das Geschehen der Kreuzigung kann zu Opfer oder Täter führen. Die Auferstehung wäre einmal wieder der dritte Punkt. Der Weg aus der Sackgasse. Der Blick auf die Kreuzigung allein kann zu Destruktivität führen. Jesus liebte das Leben – er lebte das Leben! Darum konnte er es hingeben.

So ermutigen wir euch denn,
den Blick zu richten auf die Auferstehung,
die Erneuerung, auf den Geist.

Denn nur der Körper allein erneuert sich nicht genügend – es braucht die wandelnde Kraft des Geistes, die wandelnde Kraft der Liebe. Das hat er euch aufgezeigt. Das sollte verstanden werden, wenn es auf eurer Erde anders verlaufen soll, dem Leben zugewandt, Leben achtend, damit es sich erneuern kann. Ihr sprecht ja heutzutage von „sich erneuernden, nachhaltigen Energien", nicht? Viele aber sind dagegen, weil ihnen das Gegenteil nützt, weil sie die Gefahr der Zerstörung verdrängen, weil es ihnen Angst machen würde. Weil sie kurzfristig denken und handeln – weil sie letztlich nicht dem Leben zugewandt sind. Dem wahren, aufbauenden Leben, das sich aus dem inneren Reichtum speist.

Ihr könnt die Erde kreuzigen,
die Natur und euch selbst damit!
Aber das ist nicht gemeint,
hat eure Seele nicht gewählt.

Das war nicht euer Programm, bevor ihr gestartet seid zur Inkarnation auf diesem Planeten. Wohl wolltet ihr auch die andern Pole ausloten, durch Leid lernen, verschiedene Rollen spielen. Doch das habt ihr zur Genüge getan – ihr könnt jetzt an Erkenntnis und Liebe wachsen und euch entwickeln. Das Programm war quasi steckengeblieben in der Wiederholungsspirale. Darum sprechen wir ja davon, auf eine andere Schiene, ein anderes Programm zu springen. Euch nicht länger zu wiederholen.

Erleuchtung geschieht im Augenblick –
deren Umsetzung aber kann dann etwas dauern.

Ihr steht jetzt – mehr denn je – an einem Kreuzweg, einer Kreuzung nämlich, wo Wahl lebens-not-wendig ist!

Wahl des Lebens und nicht des Todes.
Wahl der Liebe und nicht des Hasses.
Wahl des Aufbaus und nicht der Zerstörung.

Eben Nachhaltigkeit…

Damit die, die nach euch kommen,
einen Garten vorfinden und nicht eine Wüste.

Eigentlich hegt ihr diesen Garten ja auch für euch selbst – oder ihr werdet das nächste Mal Wüste vorfinden. Das bedenkt! Das mag ein Anstoß sein, solange ihr noch nicht wieder mit dem Leben so verbunden seid, dass ihr es ehrt und schützt und pflegt. Ist es doch anvertrautes Gut.

Ihr steht an einer Kreuzung. Die eine Seite führt zum Opfersein, die andere zum Tätersein. Habt ihr das nicht genügend durchgespielt?

Aber da ist die dritte Route,
die zum Leben führt, zur Erneuerung.

Zum Gedeihen für alle und alles. Wie bei einer Abstimmung kommt es auf jede einzelne Stimme an. Ihr überlegt euch doch auch, ob ihr ein Ja oder ein Nein in die Urne legt. Wie wäre es mit einem Ja zum Leben? Mit allen seinen Konsequenzen. Denn das Nein zum Leben, mit dessen Konsequenzen, das habt ihr fürwahr genug durchgespielt. Dann würdet ihr nicht mehr diese leidvollen Wege gehen müssen – oder wählen – dann würdet ihr Lebensüberdruss nicht kennen, sondern jeden Tag segnen und heiligen und dem Leben dienen. Dienen nicht in Unterwürfigkeit, sondern aufrecht stehend – als Partner der Schöpfung – nicht als deren Herr oder gar Tyrann! Dann würdet ihr Konsequenzen abwägen und bedenken und andere wählen. Dann wärt ihr nicht so kurzsichtig in euren Unternehmungen.

Denn Liebe und Respekt sind nicht nur
langmütig, sondern auch „langsichtig".

Sie bedenken die Folgen. Ihr kennt sie alle, diese Kreuzung. Gut ist es zu realisieren, wenn man an einer steht, und nicht einfach blind drauflos zu marschieren, in ewig gleichem Tramp, auf ewig gleicher Route. Sondern sich vielleicht mal hinzusetzen und sich zu überlegen:

Wohin führt denn dieser Weg?
Will ich den gehen, was sind die Konsequenzen?

Oder wäre eine Routenänderung angesagt?
Eine Programmänderung sogar?
Eine Änderung in meinem Leben, meiner Gesinnung,
meinem Denken und Fühlen, meinem Handeln?

Ist vielleicht etwas anderes angesagt,
was veränderten Bedingung besser angepasst ist?
Mir angepasster ist – mir als göttlichem Wesen?
Mir auf einer neuen Lebensstufe, in einer neuen Situation?

Ihr räumt doch auch immer mal wieder eure Wohnung auf, euer Haus, und entsorgt gewisse Dinge. Es sei denn, ihr hängt total an jedem Gegenstand, was euch nur belastet. Oder ihr seid ein Messie. Das allerdings sind Ketten am Fuß, die eure Entwicklung hemmen. So entrümpelt denn auch euer Leben immer mal wieder!

Sichtet es neu, richtet es neu aus!
Wählt neu!

Das sind dann eben die Dinge, die Eigenschaften auch, die ihr zu Grabe tragen sollt. Euer altes Leben mit seinen Beschränkungen, euer altes Denken, Emotionen, die euch hinunterziehen, alte Konzepte, vielleicht auch Orte, Tätigkeiten, Beziehungen. Nicht in Groll, nicht in Hass. Wir sprachen schon vom „segnend weitergehen", nicht? Denn es hat euch gedient, war Lehrstoff, war Erfahrung. Doch was dem kleinen Kinde diente, dient dem Erwachsenen nicht. Was dem schlafenden, unbewussten Menschen diente, dient dem erwachten, bewussten nicht. Jesus meinte eigentlich und wollte zeigen:

dass man Hass zu Grabe tragen kann,
dass man Grausamkeit zu Grabe tragen kann
und in Liebe auferstehen.

Dann, irgendwann einmal, ist es nicht mal mehr eine Wahl,

*dann **ist** man in dieser Liebe*
und kann gar nicht mehr anders handeln.
Das wäre eigentlich durchchristet sein,
wäre erleuchtet sein.

Dieser Weg steht jedem offen.

Das ist nicht nur im Christentum möglich.

Denn es ging einer voran, es gingen viele voran und haben eine Schneise gehauen in den Urwald, durch das Dickicht eurer Verstrickungen. Aber nachfolgen müsst ihr! Keiner geht den Weg für euch – er mag vorangegangen sein, um die Route aufzuzeigen.

Karfreitag wäre ein Tag, um vieles zu Grabe zu tragen. In jedem einzelnen Leben sich klarzuwerden, was man erneuern will und wozu. Und zu was für einem Menschen man auferstehen will, zu was für einem Leben. Aber das ist nicht gebunden an diesen Tag. Man kann sich von der Auferstehung anstecken lassen, sie wählen, erlauben. Dann wird man noch so gerne die alten, hemmenden Lasten los. Auch wenn das mal mit Schmerz und Bedauern sein kann. Tragt alten Kummer, alten Groll, enttäuschte Hoffnungen zu Grabe. Das heißt auch, dass ihr eure Kleinheit zu Grabe tragt, damit eure Größe auferstehen kann. Nicht im äußeren Egosinne, sondern:

eure Größe als Mensch,
der aus seinem göttlichen Kern lebt und handelt.
Demut ist, sich in Bescheidenheit
seiner Größe bewusst zu sein.

Damit eure Freude wieder auferstehen kann,
eure Liebe, eure Würde.

Damit ihr euch diese nicht mehr nehmen lasst. Dann wird diese Größe nicht zu äußerer Macht, die ja doch nur scheinbar ist und oft innere Armut verdeckt. Es kann auch äußere Größe sein, doch stellt sie sich anders dar, wenn sie aus der inneren kommt. Es ist dann eine innere, eine dienende Größe. Ein Sich-bewusst-sein dessen, was man kann, dafür die Verantwortung zu übernehmen, dafür „geradezustehen", wie ihr das nennt. Gerade stehen, eben nicht gebückt, gekrümmt. Aber diese Größe nie schädigend einsetzen, sondern immer aufbauend, ermächtigend. Wenn ihr bewusst Dinge, die euch nicht mehr dienen, zu Grabe tragt, kann neue Geburt folgen. Kann das Kind wieder auferstehen, das sich freut am Leben, das staunen kann. Und was sollt ihr als Menschheit zu Grabe tragen? Euer niederes Ego, eure niederen Instinkte, euren Hass, eure Kriege, euer Ausbeuten des andern und der Natur, Techniken, die nicht dem Leben dienen.

Das Paradoxe ist ja, dass die Atomkraft, wie ihr sie heute nutzt, zwar eine moderne Technik ist und doch ganz aus altem Geiste kommt. Dem Geist der Trennung nämlich! Dem Geist der Kurzsichtigkeit, dem Mangel an Respekt. Das führt zum Grabe, zu krankhafter Verstrahlung, zu verödeter Landschaft. Zu Wüste im Innen und Außen. Diese Art von Energiegewinnung führt nicht zum Leben, nicht zur Erneuerung. Was auferstehen soll, ist ein Gemeinschaftsgefühl, ein Miteinander – jeder in seiner Eigenart.

Eine Erdengemeinschaft,
eine Menschengemeinschaft,
wo keiner gegen den andern vorgeht,
sondern mit ihm die beste Lösung sucht und findet.

Ja – die alte Zeit mit ihren Verstrickungen, Irrungen und Irrtümern, die sollt ihr zu Grabe tragen. Das, was ihr auch den alten Menschen nennt. Denn ihr könnt neu auferstehen. Ihr könnt auf und aus neuem Grunde handeln. Ihr seid als göttliche Wesen liebesfähig, auch wenn das oft arg verschüttet, entstellt und ins Gegenteil verkehrt ist. Eigentlich müsst ihr es nur wieder finden, müsst es erlauben, euch dafür entscheiden. Aber:

Liebe ist Konsequenz –
das sagten wir schon – und auch,
dass Ostern immer sein kann!

Immer könnt ihr den alten Menschen, den kleinen und kleinmütigen, zu Grabe tragen. Der neue Mensch kann auferstehen, täglich, wenn ihr es so wollt und zulasst. Wenn ihr den Mut habt, auf neuen Wegen zu gehen. Denn wir stehen an jedem Kreuzweg, an jeder Kreuzung.

Wählt den Weg des Lebens!
Habt den Mut, ihn zu gehen!
Denn ihr seid geführt und begleitet.

Jeder Morgen kann ein neuer Morgen sein,
wo ihr anders wählen, anders sein, anders handeln könnt.
Wo ihr ein Stück weit mehr in der Liebe sein könnt.

Wie sehr wünschen wir das, für euch und für das ganze Universum! Denn es ist nicht gleichgültig, wie ihr euch entscheidet. Nicht nur für eure Erde, für den ganzen Kosmos hat das Auswirkungen. Doch seid gewiss, dass Hass eine Sackgasse ist und Krieg nur Verlierer bringt, Liebe sich aber potenziert. Wenn ihr das mal nicht so spüren könnt, so bittet uns, euch einzuhüllen in diese Liebe, euch damit zu imprägnieren. Ihr wisst jetzt ja, dass Karfreitag in Ostern mündet. Das kann es für jeden von euch. Aber tragt zu Grabe, was euch daran hindert! Richtet euch aus auf die Auferstehung. Wenn ihr das verinnerlicht, wenn ihr Erneuerung und Leben wählt, dann könnt ihr nichts Schädigendes mehr in die Welt setzen. Dann können Projekte, die diesem Leben dienen, nicht mehr gehindert werden von irgendeiner Lobby.

So wählt denn dieses Leben – wählt Erneuerung – und respektiert es in euch und um euch. Dann wird das, was ihr in die Welt setzt, anders sein und Segen bringen, Leben und nicht Tod.

Wir stehen an der Kreuzung –
Wir warten auf euch
und geleiten euch auf neuen Wegen –
Wegen des Lebens!

VON OSTERN UND ERNEUERUNG

Auch zu Ostern grüßen wir euch aus dem Zentrum allen Seins, das da ist, war und immer sein wird, und erinnern euch daran:

Ostern ist Erneuerung!

> *Ostern ist Erneuerung –*
> *Vergebung ist Erneuerung –*
> *Tod ist Erneuerung,*

auch wenn es von eurer Seite aus nicht so scheinen mag, sondern wie ein Ende aussieht, ein Verlöschen. Ein Körper, der sich scheinbar nicht mehr erneuert und seine Zellen absterben lässt. Doch ist es nur Wandlung, eine Hülle fällt weg wie ein Kokon, damit sich der Kern erneuern kann. Vergebung, Verzeihung sind Erneuerung, weil ihr sonst haften bleibt an dem Ereignis, das so schwer zu verzeihen ist, an der Person, der man so schlecht vergeben kann. Das ist wirklich der Blick zurück von Lot's Weib in der Bibel, der zur Erstarrung führte.

Verzeihen kann befreien, in erster Linie den, der verzeihen kann.

Und den andern, so er es annehmen kann und nicht bewusst oder unbewusst in seiner „Schuld" verharrt. Was ist denn das, was ihr „Fehler" nennt? Es können Erfahrungen sein, ein Beschreiten eines Weges und realisieren, dass das kein guter, lohnender Weg ist, kein lebensfördernder nämlich, und man dann eben die Richtung wechselt. Wenn man sich aber weiter einredet, dass man unmöglich je etwas falsch machen kann, je falsch gemacht hat, dass man sich nie täuscht und der Weg, einmal eingeschlagen, richtig ist, auch wenn er in die Irre führt…weil ich nicht zugeben kann, dass ich mich getäuscht habe, weil mich ein Richtungswechsel ängstigt, ja, weil mich diese Lebensferne, dieser Weg, der nicht zur Erneuerung führt, fasziniert.

Dann bindet mich das quasi an diesen Weg und hat eine eigene Wiederholungs-Dynamik. Um sich zu beweisen, dass man recht hat, durch alle Böden hindurch, wiederholt man das immer wieder. Nicht nur in derselben Inkarnation, sondern leider auch in einer neuen. Es ist nicht so, dass man nach dem Tod automatisch erleuchtet würde. Man sieht zwar seinen Lebensfilm an – kann das aber auch lange verweigern – und man kann sich auch weigern, die Schlüsse daraus zu ziehen. Der freie Wille gilt nämlich diesseits und jenseits. Da hilft auch nicht immer ein Aufenthalt bei uns.

Wenn aber dieser Mensch noch relativ unbewusst und unerweckt ist, verliert sich die Erkenntnis im Nebel, wenn der Mensch wieder inkarniert. Und er mag dann den gleichen Weg wieder beschreiten, der ihm so nicht dienlich war, um zu beweisen, dass es eben richtig war, um sich nicht korrigieren zu müssen, vor sich nichts zugeben zu müssen, weil er sich ja dann schuldig fühlt. Und die Vergebung nicht annehmen kann. Oder aber, er schlägt sich auf die andere Seite, und das mag dann einfach die Kehrseite derselben Münze sein.

Erneuerung wäre Korrektur des Weges.

Dazu stehen, dass man nicht die optimalste Möglichkeit gewählt hat, aus was für Gründen auch immer. Zu akzeptieren, dass Menschsein auch das beinhaltet, was ihr „Schuld" nennt, und dass euch vergeben ist. Wie aber könnt ihr das akzeptieren, wenn ihr selbst nicht vergebt? Nun ja – es gibt Dinge, die auf Erden so wehtun, so sehr verletzen, so entsetzlich sind für eure physischen Körper und euer Gemüt, dass ihr es alleine nicht schafft. Dass es dazu einer höheren Schwingung bedarf, wieder einmal den Punkt Drei. Trans-Formation, in eine andere Form bringen, hindurch gehen.

Aber wir sind ja da! Wir stehen euch ja zur Verfügung, diese Energie zu liefern, die die Schwere nehmen kann, die eben erneuern kann. Und dadurch, dass der Christus-Jesus am Kreuz vergab, hat er – irdisch gesprochen – Unmengen, ja, unbeschränkte Mengen dieser Energie freigesetzt. Denn er hätte die Macht gehabt, die Menschheit zu verfluchen, abzulehnen, sie zu verdammen. Und er tat es nicht. Er vergab, inmitten seiner Qualen. Er vergab den Peinigern, er vergab den Seinen, die ihn im Stich ließen.

Und diese Energie steht euch heute noch zur Verfügung. Vielen Menschen hat sie seither geholfen, in ihrer schmerzvollen Situation zu vergeben, Hass mit Liebe zu vergelten. Immer noch und immer wieder könnt ihr das, was ihr nicht annehmen könnt in seiner Schwere – sei es das, was ihr erlitten habt, sei es das, was ihr zugefügt habt – Ihm übergeben, könnt ihr uns, den Meistern, übergeben. Doch ist diese Christuskraft besonders kraft- und liebevoll. Dass euch Erlösung werde – Erneuerung werde. Dass ihr nicht stehenbleiben müsst am selben Fleck, von Schuld gebeugt, von Trauer überwältig, im Trauma gefangen.

Erneuerung – Ostern ist Erneuerung,
Auferstehung ist Erneuerung, Neubeginn, Weiterschreiten –
und das erneuert auch eure Körper.

Wenn sie dann einst ihren Dienst geleistet haben und ans Ende einer Inkarnation gelangen, so ist es ein Anfang, eine Erneuerung im Geiste, ein Auferstehen eurer Seele. Ist es denn nicht ein Wunder, gerade heute, wo die meisten so schnell wiederkehren, in neuem Kleide, als Kinder nämlich, wie rasch diese Erneuerung stattfindet? Und wenn ihr die Ostergeschichte nur als Metapher nehmen würdet, als Legende sogar, würde sie euch doch zeigen, dass die dunkle Nacht der Seele, die Angst durchschritten werden kann. Dass ein Ostermorgen dämmert und dass das Osterlicht scheint.

Dass der Christus in euch allen auferstehen kann,
ob ihr es nun so oder anders nennt.

Hass, Gewalt und Grausamkeit, all' das führt nicht zur Erneuerung. All' das blockiert, führt nicht zum Osterlicht und erschwert und verdunkelt und verzögert euren Weg. Wenn ihr das begreifen könntet,

dass euer Weg – der Weg aller –
einmal wieder zu Licht und Liebe führt.

Und es eigentlich so sinnlos ist und so wehtut, ihn zu verzögern und diese Wiederholungsspirale in Gang zu setzen. Ihr habt euch alle genug wiederholt. Es ist nicht mehr nötig, Erkenntnis kann euch befreien. Und immer wieder das *Erlauben*. In diesem Wort steckt kein Krampf, kein verbissenes Tun, auch keine Faulheit und Lauheit. Es ist Aktivität darin – nämlich ein aktives Sich-öffnen – erlauben.

Öffnen der Kraft, die Verzeihen leicht macht, die vergibt,
die euch erneuern will,

so wie das Leben jedes Frühjahr sich wieder erneuert, obwohl ihr es so lange und so oft gestört habt und noch stört. Es ist dies die Urkraft des Lebens – doch achtet darauf, wie wir schon sagten, dass sie nicht in ungereinigte Gefäße kommt und die Milch gleich wieder sauer wird.

Das Reinigen eurer Gefäße aber, das müsst ihr wollen und in Gang setzen. Sobald ihr unsere Hilfe erbittet, nehmen wir quasi einen stärkeren Staubsauger, ein stärkeres Putzmittel, das den hintersten Winkel säubern und durchleuchten kann. Und das ist natürlich nicht immer nur angenehm. *Den* Mut müsst ihr schon aufbringen. Nämlich die Spinnweben zu sehen und das, was sich in den dunklen Ecken sammelt. Aber einmal muss es ja doch sein, so schiebt es denn nicht noch weiter hinaus. Ist es nicht angenehmer und schöner, in einer sauberen Wohnung zu sitzen? Wohnung als Metapher eures Körpers, ja eures ganzen Lebens und Seins.

Erlaubt, lasst zu, dass das Leben
sich auch in euch immer wieder erneuert,
immer wieder aufersteht,
mitsamt eurem Mut und eurem Glauben,
mitsamt eurer Freude und eurer Kraft.

Und wenn der Körper es einmal nicht mehr schafft, dann gebt ihn hin im Vertrauen auf diese Umwandlung, im Vertrauen auf dieses neue Kleid, diese neue Chance. Wenn ihr aber mal wieder zweifelt und verzweifelt – ihr, die ihr euch bemüht, Leuchttürme zu sein –, dann wisst, dass euer Licht nicht verlöschen kann, wenn ihr es immer wieder an unserem nährt, ihr euch immer wieder mit unserer Kraft aufladet, und dass *ein Leuchtturm einen großen Teil Dunkelheit erhellen kann.* Dass alles, was ein Lichtträger in Liebe sät, von uns um ein Mehrfaches verstärkt, potenziert wird. Nicht Eins plus Eins….Eins mal eins, zwei, drei…..Dann stehen wir hinter euch und schützen euch und ergänzen das, was ihr nicht zu tun vermögt.

Ein Leuchtturm wiegt soviel Dunkelheit auf!
Eine Tat der Liebe erhellt soviel,
und der Same ist nie umsonst.

Es sieht manchmal nicht so aus bei euch, nicht? *Umsonst? Nie!* Auch wenn es dauern kann auf eurer Erde. Und kein Tod in Hingabe an Licht und Liebe war je umsonst, sondern hat eine Leuchtspur hinterlassen, hat einen Weg gebahnt, auf dass der nächste Lichtträger es etwas einfacher habe. Und ja – jetzt denkst du an den Planeten, den seine Bewohner zerstört hatten, nicht? Der jetzt nicht mehr bewohnbar ist. Da findet dann eben Erneuerung woanders im Universum statt. Fast hättet es ihr auf eurer schönen Erde auch so weit kommen lassen, dass ihr euch selbst und die Natur ausgelöscht hättet.

Noch ist Erneuerung möglich – Erneuerung von euch und eurer Natur. Immer mehr Menschen wachen auf, und die Kraft jedes Erweckten ist zehnfach, hundertfach größer als die eines Schlafenden. Es braucht auch hier nur die kritische Masse. Irgendwann einmal glaubten alle, dass die Erde keine Scheibe sei. Irgendwann einmal werden alle wissen, dass ihr nicht die einzigen Bewohner des Universums seid. *Irgendwann einmal werden alle erwacht sein.* Und die es dann immer noch ablehnen – nun, da gibt es dann Orte im Universum, wo sie Zeit haben, ihren langsameren Weg zu gehen, ihre Wiederholungen zu leben. Nein – das ist nicht das Fegefeuer, ist nicht die Hölle. Das ist einfach ein Ort, der ihnen schwingungsmäßig besser angepasst ist, wo sie Zeit haben aufzuwachen, wenn die Frequenz hier für sie nicht mehr stimmt. Es gibt diejenigen, die deshalb in einer Katastrophe dahingehen, es gibt diejenigen, die die Katastrophe mit ihrer Hingabe heiligen und dann rasch wiederkommen mit erhöhter Schwingung.

Wenn Tausende von Menschen den Übergang vollziehen,
entsteht eine Öffnung in die geistige Welt,
eine Öffnung, die das Licht vermehrt hindurchstrahlen lässt.

Nicht Klage ist dann angebracht, sondern Dankbarkeit. Dankbarkeit den Türöffnern gegenüber.

Da steht noch die Frage im Raum, warum das manchmal bei euch im Alltag so langsam vorangeht mit der Entwicklung von euch und euren Projekten. Warum das oft so harzt. Weil ihr immer noch die Tür offenhaltet für diejenigen, die aufwachen möchten und sich noch nicht dazu entschlossen haben. So wie ein Zug noch nicht abfährt, damit vielleicht ein paar noch einsteigen können. Aber gerade in diesen, von euch als harzig empfundenen Zeiten macht ihr ja oft die größten Fortschritte, die sich nur im Außen noch nicht manifestiert haben.

Selbst ein Quantensprung hat seine Vorbereitungszeit,
auch wenn er sich dann als scheinbar plötzlich erweist.

Und Liebe heißt ja nicht, voranzupreschen und die andern zurückzulassen, ohne ihnen nochmals eine Chance zu geben.

Ja – Ostern ist Erneuerung.

Je bewusster ihr das wahrnehmt, desto größer kann die Erneuerung sein. Wir wünschen uns, dass ihr es wieder bewusst wahrnehmt, nicht nur als ein paar Freitage und gutes Essen, sondern als Auferstehung im wahrsten Sinne des Wortes. Es ist eine Zeit, Schweres wieder hinter sich zu lassen und bewusst einen Neuanfang zu wagen, eine Re-Gener-ation. Was neues Leben hier heißt oder eben auch neues Leben, wenn ihr durch den physischen Tod geht. Doch wünschen wir, dass ihr – die ihr schon etwas erwacht seid – hier regeneriert, euch in ein neues Leben hinein begebt, damit keine irdische Zeit verloren geht.

Die Leuchttürme, die Lichtträger, sind gerade jetzt in diesen wichtigen Jahren eminent not-wendig. Ihr habt eine große Aufgabe, und manchmal mag sie euch als Last erscheinen, die euch drückt. Gebt sie an uns ab, wir tragen gerne mit. Sie kann sich auflösen im Licht. Wisst, was ihr für eine wichtige Aufgabe habt, wisst, dass wir auf euch angewiesen sind, ja, dass ihr Pioniere seid. Nicht, damit ihr arrogant und stolz werdet, sondern damit ihr euch würdig fühlt. Und aus dieser Würde Kraft schöpft, indem ihr wisst: auf euch kommt es an! Und das soll euch nicht drücken, das soll euch im guten Sinne stolz machen und froh. Auch dankbar, dass ihr mit uns zusammenarbeitet, so wie wir euch unendlich dankbar sind und euch in jeder Sekunde unterstützen.

Ja – es ist diese Liebe, die du jetzt spürst, die dich oft zu Tränen rührt. Erlaubt sie, erlaubt unsere Unterstützung, erlaubt euer neues Leben! Erlaubt es euch, in Unbekanntes zu gehen und auch die happigen Zeiten auszuhalten. Erlaubt euch Veränderung, erlaubt euch Regeneration. Erlaubt euch das Leben in seiner Fülle, in seiner Güte. Auch wenn ihr es oft nicht versteht.

Wisst einfach, dass eine Gnade über euch waltet,
eine Liebe euch trägt,
dass immer, immer ein Neuanfang und Auferstehung möglich sind.

Nicht nur an Ostern, sondern in jedem Moment eures Lebens.
Wenn ihr Licht und Liebe einlasst, erlaubt.

Gesegnet seid ihr, geliebt seid ihr
in jeder Sekunde, in jedem Atemzug.

Und keiner fällt aus der Hand des Schöpfers
und aus der Liebe dessen,
der den Willen des Vaters erlaubte
und im Verzeihen sich der Erneuerung anheim gab,
der Auferstehung.

Sie steht allen zur Verfügung, allen, die sie zulassen. Es ist ein so großes Mysterium um jeden, der in schwerer Zeit verzeihen kann und als Lichtträger wandelt, und auch wir, die Meister, staunen immer wieder und erfassen es noch nicht ganz. Auch wir können es nur zulassen und erlauben. Aber schon das setzt Ströme von Licht frei.

Und Licht ist Liebe.

Gott segne euch, die ihr Lichtträger seid,
mit allem, wo ihr es noch nicht ganz schafft.

Gott segne auch die, die es noch ablehnen
und meinen, im Dunkeln wandeln zu müssen.

Auch für sie ist die Verheißung da,
auch für sie ist Erneuerung möglich und Auferstehung.

Ostern ist Erneuerung!
Ostern kann immer sein!

Vom Feiern des Lebens – Winter-Sonn-Wende

Wir grüßen euch aus dem Zentrum allen Seins, das da war, ist und immer sein wird – aus dem Ewigen, unzerstörbaren Leben – und möchten sprechen vom Feiern des Lebens.

Was zugleich ein Feiern des Schöpfungslichtes ist. Dieses Schöpfungslichtes, das ihr alle in euch tragt und das euer Geburts- und Lebensrecht ist, das aber so oft von Menschen nicht mehr wahrgenommen wird, verschüttet wurde bis zu einem kleinen, winzigen, zuckenden Flämmchen. Doch brennt es in allem, was geschaffen wurde.

> *Wie viel mehr in dem Wesen,*
> *das das Abbild Gottes sein sollte...!*
> *Und aus diesem Licht geschaffen wurde,*
> *aus dieser Liebe.*

Dieses Leben fließt als unterirdischer Strom durch alles hindurch, so wie man bei Bohrungen in der Wüste in der Tiefe Wasser findet oder Öl. Dieses Leben aber kann natürlich blockiert sein im oberirdischen Fluss. Und da meinen wir nicht, dass ihr masochistisch, in Opferhaltung, und weil es ja Gott – dem Gott, den ihr gebastelt habt nach eurem Bilde – diesem Gott so wohlgefällig sei, zu leiden und einander im Namen dieses Gottes Leid zuzufügen. In Verblendung und Intoleranz, im Negieren dieses Lichtes und dieses Lebens. Im Versuch, den andern auszulöschen oder gar sich selbst.

Ein unmögliches Unterfangen! Wenn ihr das endlich ganz integrieren könntet, euch zu eigen machten würdet, was mehr ist als bloßes Verstehen, dann würdet ihr euch keine Mühe mehr geben, euch selbst und andere des Lebens zu berauben. Wohl ist es manchmal schwer, in dunkler Zeit, in ach so schwierigen Umständen, diesen Lebensstrom zu finden, dieses Licht auch nur zu ahnen. Doch ist Dunkelheit Keimzeit für das wiedererwachende Leben, ist Vorbereitungszeit, und bietet Wahlmöglichkeit, trotz allem, das Licht des Lebens zu wählen oder sich zumindest nach ihm zu sehnen, was bereits Richtung einschlägt.

Sehnen schlägt immer Richtung ein
und ist die Vorstufe der Wahl.

In vielen Kulturen, in dem, was ihr Religionen nennt, gab und gibt es diese Lichtfeiern inmitten der dunklen Jahreszeit. Vielleicht sollte dieses Fest auf der südlichen Hemisphäre auch in deren Winter gefeiert werden? Aber möglicherweise ist es ja ein Gegenstück, dass ihr das Licht im Dunkeln feiert und sie im Licht, in voller Blüte? Wer weiß…? Es mag sich gegenseitig nähren und befruchten.

Die Kelten hatten solche Winter-Sonnwende-Feiern, die Christen haben Weihnachten, die Juden Chanukka, immer etwa um diese Zeit, wo das Dunkel überhandzunehmen scheint. Und doch kaum noch spürbar erst, es wieder auf die andere Seite kippt, das Licht wieder wächst. Dieses Licht sollt ihr mit diesem Feiern nähren. Darum ja zündet ihr auch Kerzen an, macht Lichter an eure Häuser. Doch wärt ihr euch mehr bewusst, was ihr da tut! Ja – auch sich etwas Gutes gönnen, sich etwas schenken, Dankbarkeit ausdrücken damit, gutes Essen, so man hat, all' das kann auch Feiern des Lichts und des Lebens sein, wenn man nicht dem sinnlosen Konsumrausch verfällt. Wichtig ist die Haltung. Ihr könnt den Gänsebraten segnen und den Wein dazu oder ein Glas Wasser und ein Stück Brot. Für beides kann man dankbar sein und damit das Leben feiern.

Ihr könnt das Leben immer feiern, doch leichter ist das in lichtvollen Zeiten. Doch gerade dann vergisst man das oft, gerade dann. Auch leichte Zeit, helle Zeit kann Versuchung sein. Nämlich Licht und Leben nur im Außen zu sehen, in Betriebsamkeit und nicht im Innern, dort, wo es still ist, genährt wird von Stille, genährt wird von Re-Ligio, im Sinne von Verbindung, nämlich mit dem Schöpferlicht. Wenn ihr schenkt, weise schenkt, wenn ihr Armen helft, Traurige tröstet, euch für lebensvolle Ideen und Projekte einsetzt, dann nährt ihr dieses Licht und nährt ihr das Leben. Feiert ihr das Leben.

Aber – das klingt nun paradox: Am meisten nährt ihr das Licht und feiert ihr das Leben in dunkler, schwieriger Zeit, wenn ihr es vermögt. Denn dann nährt ihr flackernde Flamme, dann nährt ihr die Flamme der Hoffnung, des Glaubens, dass dieses Licht ja irgendwo – wenn auch unterirdisch – da ist, dieser Strom fließt. Dann seid ihr vielleicht bereit, zu suchen und zu graben nach diesem Strom. Die Blöcke wegzuräumen, die ihr selbst aufgetürmt habt, die Konzepte zu reinigen und zu ändern, die Richtung für euch eingeschlagen haben, Richtung, die ins Dunkel führte, in irrige Glaubenskonzepte.

Wenn ihr das Licht feiern könnt, wenn es, scheinbar, nicht da ist, aber doch in der Tiefe des Herzens, der Seele da ist, wenn das Leben ach so schwierig ist, dann nährt ihr es wirklich, dann bewirkt ihr die Winter-Sonnenwende, legt den Keim für neu erwachendes, blühendes Leben im Frühjahr. Und ihr – die ihr trotz aller Schwierigkeiten, global gesehen, es doch so sehr gut habt, ihr helft denen, die im Elend versunken, hungrig, mutlos, gequält, das Leben nicht mehr zu feiern vermögen – ihr helft denen damit, auch wenn ihr nur zu Hause sitzt, das Licht in euch nährt und das Leben in euch feiert, und in eurem Leben. Wenn ihr dann in dieser Haltung hinausgeht, um in der Welt zu wirken, dann vergrößert ihr Chaos und Unfriede nicht. Dann bringt ihr Leben und nicht Tod, Einigung und nicht Zwist, dann verfallt ihr nicht der Macht, sondern seht

Macht als Ver-Antwort-ung,
eure Antwort, eure Feier des Lebens.

Es kann alles eine Feier des Lebens sein,
so es dem Leben dient.

Damit ist nicht gemeint, das Leid zu preisen, Krankheit zu preisen, aber gerade dann das Leben zu preisen, das aus diesem Leid hinausführen kann, das Krankheit in Gesundheit wandeln kann. Diese Feier des Lebens beseitigt Hindernisse, die diesen Fluss stauen und nicht an die Oberfläche dringen lassen, ihn hindern, euch ganz zu durchfluten.

Wenn ihr nämlich voll und ganz
von diesem heiligen Leben durchflutet wärt,
so wäre da Gesundheit, wäre da Freude, Fülle, Gedeihen
und ein Leben lassen und Leben unterstützen –
kurz:
Da wäre Liebe!

Deshalb ja sagen die Meister:

„Vollbringt die kleinste Handlung aus dieser Liebe heraus,
liebt die Welt frei,
liebt diesen Lebensstrom frei."

Und wenn es allzu schwer und hart ist und so aussichtslos scheint, so fragt: „Ist da etwas, was ich tun kann, um Leben wieder zu spüren, trotz der Schmerzen, trotz der Gequältheit?" Immerhin könnt ihr dann beten: „Leben, durchflute mich – Leben erstarke mich – Leben schütze mich vor allen, die in dunkler Verblendung versuchen, es mir zu nehmen, es zu schmälern, es zu quälen und zu demütigen."

Verschreibt euch diesem Leben!
Denn dieser wahre Lebensstrom ist Schöpfungslicht,
muss genährt werden in euch.

Nicht im äußern, lauten Tanz, der nur Leere überspielt und Sinnlosigkeit überdeckt; Leben – durch äußere Betriebsamkeit – substituierend. Dass ihr nicht im Dunkeln verzweifelt oder ausbrennt, wenn ihr euch zu sehr verströmt habt im Weitergeben des Lichtes, ohne dass ihr in euch die Flamme wieder nährt. Warum denn sprachen und sprechen alle eure Religionen von Zeiten der Stille, der Innenschau, der Kontemplation, des Sich-Zurückziehens? Nicht, um Welt abzulehnen, sondern zum Auftanken, zum Sich-wieder-verbinden. Als Wiederverbindung mit dem Schöpfer, mit diesem Schöpfungslicht, dessen Nähren in Dunkelheit, das feiern all' diese Feste um die Wintersonnwende. So sie aus diesem Bewusstsein gefeiert werden – und da hapert es an vielen Orten. Das wäre „Antwort" auf Dunkelheit, das wäre Wandeln von Dunkelheit.

So feiert denn das Leben, so ihr es vermögt, hinter – unter – allen Schwierigkeiten, unter allem Leid, unter aller Verwirrung, damit es wieder in euch erstarke. Es wird euch nicht nur helfen, Schwierigkeiten zu meistern, Dunkelheit lichtvoll zu durchschreiten, sondern euer Leben wandeln. Von innen heraus froher und reicher machen, unabhängig von äußeren Umständen. Ja – mit der Zeit auch diese äußeren Umstände wandeln, durchfluten und durchhellen. Und wenn ihr es nicht mehr könnt in tiefster Dunkelheit, dann bittet darum, dass wir euch das Flämmchen wieder anfachen, mit unserer Liebe nähren, das Leben in euch wieder stärken und euch klarmachen, dass *Leben unzerstörbar ist.* Dann müsst ihr einander nicht umbringen, um zu beweisen, dass ihr über dieses Leben gebietet.

Es kommt uns manchmal vor, als wärt ihr Kinder, die einen Apparat auseinandernehmen, um die Mechanik kennenzulernen, hinter das Geheimnis zu kommen, welches diesen Apparat zum Laufen bringt. Und dann…ist er auseinandergenommen und läuft nicht mehr. Vielleicht kann der Spezialist ihn wieder zusammensetzen und zum Laufen bringen, oft aber nicht…der irdische Spezialist jedenfalls gebietet nicht über das Leben. Der göttliche Spezialist aber kennt den Plan und kann die Teile wieder zusammenfügen.

Wenn ihr alle klar erkennen würdet, dass Leben ewig und unzerstörbar ist, und jeder, den ihr umgebracht habt – direkt oder indirekt – wieder auf der Bildfläche erscheint, und alles, was ihr in euch umgebracht habt, wieder zum Leben drängt – es würde schlagartig alle Kriege beenden, alle sinnlosen Kriege! Die immer nur Verlierer schaffen. Nicht im Sinne von: „Macht nichts, wenn ich den töte, er steht ja doch wieder auf (so wie bei den Videospielen)", sondern in der Erkenntnis, dass ich mich mit ihm und dem gemeinsamen Problem ja doch wieder auseinandersetzen muss – irgendwann – und also durch Gewalt nichts gelöst wurde und wird. Wir weisen ungern auf die versuchte Ausrottung des jüdischen Volkes hin. Die meisten von diesen Seelen hatten nach kürzester Zeit wieder einen physischen Körper, oft schon nach Monaten! Es war also eine „vergebliche Mühe"…

Ein wahrer Gewinner kann nur sein,
wer das Leben feiert –
in sich und andern,
in Natur und Umwelt.

Ihr könntet euch den Versuch, dieses Leben auszulöschen, sparen. Wohl aber kann man es diesem Leben schwermachen, kann man es auch der Natur schwermachen, und kann man auch einen Planeten so behandeln, dass er es in dieser Form nicht mehr schafft, dem Leben zu dienen. Irgendwie schwer verständlich, dass das Wesen, das auf diesem Planeten wandelt und auch mit ihm vernetzt ist, von ihm abhängig, seine eigenen Lebensgrundlagen zerstört. Um sich in den paar Jahrzehnten, die ihm zustehen, zu bereichern – äußerlich zu bereichern. In diesen paar Jahrzehnten, die nichts sind im Verlauf seiner vielen Leben. Wer aber das Leben wieder in sich selbst spürt und nährt, kann so nicht handeln und wird so nicht handeln.

Egoismus ist Abkehr vom Leben.

Doch Gott sei Dank sind jetzt viele Seelen bei euch inkarniert, die diesen Irrtum eingesehen haben und jetzt wirklich dem Leben wieder dienen wollen. Das bezieht Mensch, Tier und Umwelt mit ein. Es ist nicht nötig, dass ihr wieder zu den Pfahlbauten zurückkehrt und euch in Baströckchen kleidet. Des Menschen Kreativität ist so groß, dass er andere Möglichkeiten und Ressourcen entdecken wird – zum Teil sind sie schon entdeckt und wurden nur unterdrückt. Gerade in den Gebieten, wo man es am wenigsten erwartet, wird oft dieses Umdenken stattfinden. Ihr sprecht von erneuerbaren Energien, Nachhaltigkeit.

Das hat mit dem Kreislauf des Lebens zu tun,
dem immerwährenden Leben,
und letztlich mit dem Ewigen Jetzt.

Dem ihr dienen könnt,
das ihr ablehnen könnt,
doch ist es letztlich stärker
als menschliche Wahrnehmung.

Ihr aber habt euch ein Szenario geschaffen, wo es nun drängt, sich auf das Leben zu besinnen und die Schöpfung wieder zu ehren. Ihr habt eine Krisensituation geschaffen, weil Krise auch Chance sein kann, sodass euch eigentlich nichts anderes mehr bleibt als umzudenken. Die Zeitqualität unterstützt euch dabei. Das neue Gitternetz auch. Und die Verzweiflung jener Seelen, die durchs Dunkel gingen, im Leiden oder im Tun, die sagten:

„Jetzt reicht es! So nicht mehr!
Ich bin jetzt an der Winter-Sonnwende,
ich wende mich Licht und Leben zu und neuem Frühling
und setze mich dafür ein.

Ich habe endlich erkannt,
dass nur dem Leben dienen und es feiern
wahren Reichtum und wahres Glück bringt
und wahre Wandlungskraft besitzt. "

Die neuen Kinder sind zum Teil schon gewandelt, und ihr, die ihr so viel zu kämpfen hattet, so oft durchs Dunkel schrittet, ihr wart Wegbereiter. Ihr habt in dieser Vorbereitungszeit das Leben genährt. Doch manche von euch treten ab, sind schon abgetreten, um erneuert wiederzukehren, wenn der physische Körper zu verbraucht war oder sie den Mut verloren. Aber all' diese neu-alten Alternativ-Heilungstechniken, neue Möglichkeiten auch, diese neuen Denkkonzepte können euch helfen, so ihr es wählt und es dem Wunsche eurer Seele entspricht, euch zu erneuern und hier bleiben zu können und den anbrechenden Tag zu segnen. Es muss nicht mehr sein, dass ihr gerade dann abtretet, nein,

ihr könnt in neuer Zeit mitwirken
und mit in den neuen Tag schreiten.

Doch unterstützt und pflegt eure Körper, eure Psyche, gebt euch Zeiten der Erholung und nährt die Flamme des Lebens in euch – immer wieder – feiert das Leben immer wieder.

Dann feiern wir mit euch – hier und dort –, doch wir wünschen und unterstützen, dass diejenigen von euch, die schon aufgewacht sind und sich auf dem Weg dieser Transformation befinden, noch eine Weile hier bleiben. Denn sie sind Brücke und Bindeglied – sie haben einen reichen Lebens-und Erfahrungsschatz und haben durchhalten gelernt. Und so mit diesem Durchhalten das Leben genährt und gefeiert. So stellt der Welt diesen Erfahrungsschatz zur Verfügung, doch seid bereit, euch zu wandeln, alte Tätigkeit zu lassen, neue aufzunehmen, ja einfach, dem Leben zu folgen, Leben zu leben und nicht am Alten zu kleben. Macht euch denn bereit für neue Taten, für euer Starksein, weil ihr Brücke seid, Brücke zwischen Welten hier und dort – horizontale und vertikale Brücke. Und es wird euch immer wieder Hilfe werden, wenn es im irdisch-materiellen Leben mal wieder schwierig sein wird.

Denn wir brauchen euch,
brauchen diese Brücken,
brauchen eure Erfahrung,
all' das, was ihr schon gewandelt habt.

So feiert denn auch das Leben in euch, wenn diese Wandlung mal wieder Reinigung dieses physischen Gefährts beinhaltet, was so unangenehm ist. Es ist nur ein Ausleiten der Dinge, die den Lebensstrom blockieren, nur ein Erneuern der Zellen, und das Feiern dieses Lebens, gerade jetzt, zur Zeit der Winter-Sonn-Wende, ist das Beste, was ihr für euch tun könnt – für euch und die Welt.

Dann feiern wir mit euch,
wenn ihr überwunden habt,
wenn aus euren „Wunden"
„Wunder" geworden sind und werden.

Und gesegnet seid ihr immer!
Im Dunkeln und im Licht!
Gesegnet ist das immerwährende, unzerstörbare Leben –
o dass ihr es erkennen mögt!

Ein Engel steht…

Ein Engel steht, wo Wege sich kreuzen…
Wähle das Leben!

Doch – was ist Leben?

Leben ist Gedeihen für alle –
Leben ist blühendes Land –
Leben kommt aus Einheit und führt zu Einheit –
trennt nicht, hasst nicht,
doch eint und liebt.

Trennung gebiert Dinge,
die zerstören,
Leben verhindern.
Einheit ist Leben für alle.

Trennung ist ein Gegeneinander –
Einheit ein Miteinander
zum Wohle aller,
damit alles gedeihen kann.

Trennung ist Tod – Einheit ist Leben.

Ein Engel steht, wo Wege sich trennen.
Ein Engel steht, wo Wege du wählst.

Und fragt:
„Was ist deine Antwort?"

Es gibt nur Liebe –
und Liebe ist Leben.
Liebe ist Einheit –
miteinander – füreinander –
ist Verbundenheit.

Was aus Liebe gezeugt,
kann nur in Liebe gedeihen –
in Liebe gebären.

Ein Engel steht mit einer Fackel,
beleuchtet den Weg…

den Weg des Lichts.
Beschreite ihn!
Sei auch du Fackel,
Zeuge des Lebens!
… Das – deine Antwort.

Ein Engel leuchtet, wenn Leben du wählst,
aus Liebe gezeugt –

So wandle in Liebe
und sei dieses Licht!

Ein Engel steht, wo Wege sich kreuzen…
Erkennst du sein Gesicht?

Von Seiltänzern auf Erden!

Wie immer grüßen wir euch aus dem Zentrum allen Seins – dem Ewigen Jetzt – dann immer nämlich, wenn ihr den Kontakt herstellt und uns anruft und einlässt.

Denn darauf sind wir angewiesen – wir bieten immer an. Doch mit friedvolleren und sanfteren Mitteln als die andere, die dunkle Seite, die sich jetzt so sehr wehrt. Spürt sie doch, dass ihr, entgegen allem äußeren Schein, der Boden entgleitet. Noch aber sind sie eine starke Macht und Kraft, und sie tun sich zusammen. Sie sind von einer, wenn auch negativen, Hingabe, die kämpfen, denen ist nichts zuviel und leider auch nicht zu negativ, um ihre Ziele zu erreichen. Ihre kurzsichtigen Ziele…

Wir sagten schon einmal: Diese Hingabe, dieses Dranbleiben, dieses brennende Verlangen, dem Licht (aber nicht dem Dunkel) zu dienen und zum Durchbruch zu verhelfen, das wünschten wir uns auch von euch, die ihr euch Lichtarbeiter nennt. Und immer noch ist da soviel Lauheit bei den einen und Angst bei den andern und schlicht auch Unwissen darüber, was jetzt geschieht.

Nun, solange ich nicht weiß, bin ich irgendwie im Stand der Unschuld. Doch ihr, ihr wisst! Und seid somit aufgefordert, von eurer Seele nämlich und von eurem Hohen Selbst. Wir sind nur diejenigen, die gewissermaßen das Material liefern und auch immer wieder stubsen und sagen:

„Hörst du das, was ihr die Innere Stimme nennt?
Versuchst du dich mit deinem Hohen Selbst zu verbinden?
Oder gehst du in die Angst,
schließest du die Augen und hoffst,
dass es doch nicht so schlimm kommen möge?"

Aber angesichts der Umwandlungen, die jetzt auf Gaia stattfinden und auch in der Menschheit, ist es mit Augen schließen nicht getan. Ist mit Verzagen nicht gedient, nicht mit Ignorieren. Sondern nur mit Wach-und Bewusstsein und euch verbinden. Nicht mit diesen weltlichen, zerstörerischen Mächten, sondern eben mit denen, die dem Leben dienen.

Leben wird sich erhalten, und Gaia wird sich regenerieren,
denn Gaia sagt Ja.
Eure Mutter wird nicht untergehen.

Die Frage ist: „Mit oder ohne ihre Kinder?" Aber ihr liebt sie doch, diese Mutter, nicht? Denn noch immer bietet sie euch ihre Hand und möchte nicht so schütteln und rütteln. Selbst wenn diese Reinigungen notwendig sind, selbst wenn das Eis schmilzt und sich das Wasser neu verteilt, kann auch das immer noch sanfter oder rauer vonstatten gehen. Könnt ihr auf eure Innere Stimme horchen und sagen: „Soll ich da wohnen? Ist das klug? Soll ich da hinreisen?" Fragt euer inneres Reisebüro, euren inneren Immobilienmakler! Ja – hört auch wieder auf eure Schutzengel, die euch begleiten. Sie sehen mehr und wissen mehr. Aber auch sie dürfen nur handeln mit eurer Einwilligung, es sei denn in Notfällen. Doch liegt auch da eigentlich eine innere Einwilligung von euch vor.

Die Dinge spitzen sich zu. Wir weisen euch jetzt auf jene Parabel von Kryon hin, wo ein Auto fährt und fährt, hinunter auf eine Schlucht zu, und da ist keine Brücke. Das wird nicht gut gehen. Aber in der letzten Kurve wird der Wagen gestoppt und umgelenkt und siehe da: Da ist eine neue Brücke, die gestern noch nicht da war! Aha…

Wir brauchen wohl nicht darauf hinzuweisen, dass das mal wieder – unangenehmerweise – mit Vertrauen zu tun hat. Nicht mit Mut, nicht mit sein Leben ans Limit treiben, um die Grenzen zu spüren – ihr werdet noch genug Grenzen zu testen haben auch ohne diese gefährlichen Sportarten –

aber ihr könnt darauf vertrauen, dass diese Umleitung da ist
und dieses Vertrauen die Brücke baut,
dann wenn ihr sie braucht.
Von unserer Seite bauen wir ja ohnehin.

Fast möchten wir euch zurufen:

„Seid Seiltänzer des Vertrauens!"

Ihr kennt diese Leute, die auf hohen Seilen über Täler, Schluchten und Berge balancieren – wir empfehlen das nicht unbedingt. Ist es doch ein Spiel mit dem Geschenk des Lebens. Dieser Wagemut könnte anders und heilbringender eingesetzt werden. Doch auch das ist kein Urteil – sie zeigen zumindest, was möglich ist. Wenn nämlich dieser Seiltänzer über der Schlucht sich das nicht zutraut, auch nur einen Moment Angst hat oder schwindlig wird, wenn er in die Tiefe blickt, oder nicht aufpasst, nicht achtsam ist, dann ist sein Sturz und sein Schicksal besiegelt. Und das weiß er ja auch.

Er blickt dann nicht in die Tiefe.
Er blickt auch nicht auf die Füße.
Er blickt nur auf seine schmale Straße, sein Seil nämlich,
und auch da in die Weite auf sein Ziel.

Somit zeigt euch dieser Seiltänzer etwas ganz Wichtiges. Er rennt auch nicht darüber, sondern geht Schritt für Schritt im Vertrauen, dass er das andere Ende, den andern Berg erreicht, den Blick auf das Ziel gerichtet, nicht auf den Abgrund. Und er ertastet sich in diesem Vertrauen, dieser Achtsamkeit, seinen Weg auf dem Seil vorwärts. Das möchten wir euch heute als Bild geben. Seid solche Seiltänzer!

Damit meinen wir nicht, dass ihr nicht geerdet seid. Ihr könnt diese Metapher ruhig herunterholen auf die Erde, auf einen irdischen, festen Weg im Tal. Auch dort braucht es Schritt für Schritt Achtsamkeit und Vertrauen, und den Blick aufs Ziel geheftet. Doch was ist das Ziel? Das müsste erst erkannt werden. Das Ziel eurer Seele und eures Hohen Selbst. Leben nämlich –

Leben, wie es gemeint war und noch immer ist.
Leben ist Liebe!
Leben ist:

wenn ich diese Lebenskraft spüre und lebe, ja selbst, wenn ich sie mal in Krankheit nicht spüren sollte, aber um sie weiß. Wenn ich weiß, dass dieses Leben, auch wenn es mich zuzeiten drückt, ein Geschenk ist und immer wieder erblühen kann, wie die Natur auch, so wie alle Zellen sich erneuern. Wenn ich selbst in Verzweiflung und Not sagen kann: „Ich akzeptiere dieses Geschenk des Lebens, obwohl ich es gerade als Last empfinde. Bitte zeigt mir das Geschenk in dieser Last und gebt mir die Kraft, sie zu tragen, und zeigt mir, wann ich sie ablegen kann.“

Man kann sie auch uns übergeben, diese Last, der Christuskraft auch, und irgendwie löst sie sich wunderbarerweise auf. Die Herausforderungen lösen sich nicht unbedingt auf – die müssen allemal gemeistert werden –, aber sie müssen nicht so sehr drücken. Versteht ihr diese Bilder?

Wandelt jetzt über die Erde als Seiltänzer.
Erdet, wurzelt – das schließt das nicht aus – verbindet euch
mit Gaia –
aber wandelt wie ein Seiltänzer.
Mit seinem Mut, seinem Vertrauen und seinem Blick aufs Ziel.

Wenn er den nicht hätte, würde er abstürzen. Aber ihr braucht nicht abzustürzen. So wie er das Tal und die Schlucht unter sich nicht fürchtet und nicht als feindlich betrachtet, so fürchtet die dunklen Mächte nicht, damit ihr sie nicht energetisiert.

Aber verbindet euch mit den Himmlischen Mächten. Verbindet euch mit dem Leben! Und mit *dem* Meister oder Engel, zu dem ihr Zugang und Zutrauen habt. Lernt wieder zu beten! Dazu braucht es keine Kirche, nicht mal unbedingt herkömmliche Priester – sie mögen zwar dazugehören. Erweckt wieder die PriesterIn in euch.

Das ist nun eine gute Nachricht. Denn wer sitzt denn eigentlich in diesen Kreisen und geht auch zu diesen Seminaren von Kryon, zum Beispiel. Es sind doch die alten PriesterInnen, vor allem von Lemurien. Verbindet euch wieder mit eurer Kraft von damals. Schlägt einen Bogen zum Heute. Seid wieder diese PriesterInnen. Draußen, in der Welt, was manchmal schwieriger ist. Aber es nutzt mehr und ist zeitgemäßer, denn hier seid ihr jetzt gefordert und eingesetzt. Was dazwischen war – löscht es mit unserer Hilfe.

Es ist schwierig zu begreifen mit menschlichem Verstand, dass ich aus der Gegenwart die Vergangenheit verändern kann. Nicht unbedingt Ereignisse, aber die Bedeutung, die ihr ihnen gebt. Ob ihr fixiert seid auf das Vergangene oder es einfach als Durchgang betrachtet. Teil dieses Weges, den ihr gegangen seid. Aber wenn ihr jetzt wieder anknüpft an das Davor – daran, wie ihr gestartet seid einst, vor irdisch langer Zeit, die Original-CD laufen lasst, euch auf die Matrix besinnt, auch auf euren Quantenzustand, auf den muldimensionalen Zustand, braucht dieses vergangene Leid nicht mehr zu drücken. So wie ihr physisch ja wieder da seid, obwohl ihr vielleicht x-mal umgebracht wurdet oder umgebracht habt – ihr seid wieder da. Ist das nicht Beweis genug für die Regenerationskraft des Lebens?

Seid wieder PriesterInnen – im Alltag diesmal.
Mit dieser Hingabe, und spürt das Brennen der Seele,
dies Leben zu schützen, dies Licht zu mehren,
und der Liebe – der einzigen Realität im Universum –
wieder Raum zu geben, eine Chance.

Wir werden das sicherlich verstärken. Kann denn Dunkel sein, wenn Licht angezündet wird? Ihr zündet ja Licht an, auch über das Internet, indem diese dunklen Machenschaften bekannt werden. Indem ihr nicht mehr mitmacht. Indem ihr nicht mehr gleichgültig seid, sondern Stellung bezieht. Das ist die Kraft des Wandels, und natürlich bringt sie erst das Gegenteil an die Oberfläche. Aber ihr habt jetzt die Chance – an diesem „decision point", dem Punkt der Entscheidung –, es diesmal zu schaffen. Jeder Einzelne ist wichtig.

Es kann sein, dass sich vieles ändert in deinem Leben. Es kann auch sein, dass du erst mal Flaute hast, weil dein Körper mitkommen muss. Weil auch er gewandelt wird. Es kann sein, dass du kein De-Luxe-Leben hast.

Aber es wird sein, dass für dein Leben und dein Dasein gesorgt ist,
manchmal von Tag zu Tag.

Aber braucht es denn mehr? Das Manna der Bibel…

Aber denkt nicht zu kurz! Malt eure Bilder farbenfroh und groß. Und dann lässt frei….wie sie zu euch kommen werden, wie sie sich manifestieren werden. Doch muss eure Tür offen sein, auch eure Herzen und euer Geist. Ihr braucht jetzt Offenheit, braucht euren „Gwunder"*, euer Vertrauen, euren Mut. Immer aber könnt ihr bei uns auftanken, Seiltänzer des Lichts auf Erden. Wenn aber dieser Seiltänzer zweifelt, ob er den Berg jenseits der Schlucht erreicht, stürzt er ab oder wackelt zumindest. Doch könnt ihr darum bitten, dass links und rechts von euch eure Schutzengel gehen und euch wieder ausbalancieren.

Manchmal ist es ein unsichtbarer Pfad,
und doch ist er da.
Wisst darum, tief innen: Er ist da!

---

* Im schweizerischen Wort „Gwunder" (Neugier) steckt das Wort „Wunder" drin.

Als ihr an diesem wichtigen 21. Dezember 2012 zusammen-kamt weltweit – es waren Abertausende – und meditiertet, hattet ihr Zuschauer im ganzen Universum. Alle haben mitge-fiebert. Das wird nicht nur Gaia und die Menschheit, sondern eure Galaxie, ja das Universum verändern – nämlich seine Fre-quenz erhöhen.

Ihr seid Transformatoren, ihr Lemurier, ihr seid Frequenzerhöher,
ihr seid die Architekten des neuen Bewusstseins!
Und eines Lebens, das den Namen Leben verdient.
Leben – Liebe – Licht – es sind Synonyme.

So seid denn getröstet und gestärkt –
geliebt und gesegnet seid ihr ja ohnehin –
erlaubt auch das!

Vom Regisseur und neuen Stücken

Wie immer grüßen wir euch aus dem Zentrum allen Seins, aus der Einheit, die sich in der Vielheit manifestiert und spiegelt.

Doch wenn es um Einheit geht oder den Weg dazu, zeigen sich auch immer wieder diese Zersplitterungstendenzen. So zum Beispiel x lokale Währungen, weil der Euro nun ja wirklich kriselt.

Es war ein großer Wurf, dieser Euro, aber jetzt ist er an der Realitätsschwelle, aber er hält euch zusammen. Austreten ist nicht gemeint.

Doch kommt der ganze Egoismus noch einmal hoch, und auch alte Lebensängste. Wenn jemand in der Dualität nicht dem Leben zugewandt ist oder es in sich abmurkst, verkehrt sich das in einen Zerstörungs-und Todesmechanismus. Denn dieser gierige Egoismus, dieses Ausbeutertum, auch des Planeten, ist doch ganz tief unten ein verkappter Suizid. Da könnte man sagen, dass eigentlich Menschen, die sich selbst in Verzweiflung umbringen, sich zwar auch vom Leben abwenden, doch weniger schaden und wir sie mit großem Erbarmen willkommen heißen. Sie bringen zwar sich selbst um, aber schicken nicht Tausende andere in den Tod.

Natürlich kommen auch im persönlichen Leben alte Themen hoch und ihr denkt: „Das darf nicht wahr sein – ich habe das doch durchgekaut und verarbeitet, habe es beackert mit x Methoden, alten und jetzt mit den neuen, Quanten, Matrix und was auch immer, Farbe und Klang, Bewegung, Klopfen und nicht Klopfen. Und was guckt ins Fenster herein? Dasselbe Gespenst! Dieselbe Fratze, es lächelt nur noch etwas höhnischer und zynischer.

Dann könnt ihr resignieren, verzweifeln, könnt zweifeln an all diesen Methoden mitsamt dem Meditieren…..oder ihr schlagt wild um euch, zerstört euch und andere, konsumiert Alkohol, Nikotin und Drogen. Doch ihr alle, die ihr hier sitzt, wisst doch: „Es ist kein Weg, und ist vor allem für euch kein Weg!" Denn ihr habt andere Kontrakte. Ihr seid zu anderem angetreten. Und ihr gehört zu jenen, die sich immer mehr er-innern. Das ist kein Er-äußern. Erinnern findet im Innern statt, da geht kein Weg dran vorbei.

Aber warum kommt das alles nochmals hoch? Ihr könnt da wieder hineintappen und euch so benehmen wie alle Male vorher. Und ihr könnt sagen: „Oh, da bist du ja nochmals, altes Gespenst! Ich grüße dich, aber ich verabschiede dich." Und das am besten, auch wenn es paradox klingt, segnenderweise. Vielleicht müsst ihr erst eine Wut ausdrücken. Das ist auch wichtig. „Du hast mich so oft gehindert – mir reicht es!" Dann könnt ihr zurücktreten, in die Innenschau gehen und sagen:

„Es war so schwer, aber dadurch habe ich das und das gelernt und erkannt. Dadurch habe ich das Steuer herumgerissen, bin auf einen andern Weg gegangen, der vielleicht eher der Weg meiner Seele ist. Zeig mir jetzt, was ich noch erkennen soll, was ich an dir noch lernen soll. Und wenn das nur noch eine Wiederholung ist, die mich hindert, dann erkenne ich dich als das, was du bist: ein altes Gespenst. Du bist nicht mehr real, auch wenn du noch so real daherkommen magst. Du machst mir keine Angst mehr! Ich brauche dich nicht mehr, ich habe gelernt und erkannt."

Du hast als erwachsener Mensch auch nicht mehr unbedingt furchtbar Angst im Dunkeln oder wenn du etwas im Keller holen musst.

Erkennen ist wichtig, dass ihr damit die Quintessenz heraus filtriert. Es mag zwar wieder genau gleich aussehen, denn diese Gespenster schieben ja immer wieder die alten Kulissen auf die Bühne. Und da ist auch wieder die Hexe – wo kommt die jetzt wieder her? Schau sie dir doch genau an, diese Hexe. Geh näher, noch näher, und schau ihr ins Gesicht! *Könnte es vielleicht sein, dass diese Hexe dir etwas ähnlich sieht?* Dass diese Kulissen immer noch in eurem Keller lagerten? Und dass der Kulissenschieber auch irgendwelche Züge von euch hat? Und schaut einmal den Regisseur an! Tretet näher, meine Damen und Herren, tretet näher! Und schaut ihn wirklich an…ufff…*ihr seht euch selbst!* Er hat sich nur eine Maske übergestülpt, die euch auch etwas ähnlich sieht…die Maske eures alten Ichs. Manchmal muss man drastisch vorgehen – in aller Liebe –, so reißt ihm diese Maske vom Gesicht! Diesem Regisseur, der immer und ewig die alten Stücke aufführt….es ist doch wirklich langsam langweilig! So nehmt ihm diese Maske weg. Er mag sich wehren, dieser Regisseur, weil er nicht gerne entlarvt wird. Es ist viel leichter zu sagen: „Diese böse Hexe dort, der Teufel, der Henker etc.“

*Wer aber hat denn eigentlich dieses Stück geschrieben
und führt es auf in der xten Wiederholung?*

Und nun kommt der springende Punkt: Wenn ihr nämlich diesem Regisseur entschlossen die Maske vom Gesicht reißt, was guckt denn da hervor? Was ist denn dahinter? Keine Hexe, kein Bösewicht, keine Fratze……Vielleicht einer, der Fäden zieht? Nehmt dem auch die Maske ab! Erkennt ihr ihn dann?

Steht ihr euch selbst gegenüber?

Spürt ihr, wie es dann heller wird? Zuerst ist das unangenehm, wenn Hexe und Teufel etc schimpfend die Bühne verlassen. Denn sie haben ausgedient und müssen sich einen andern Regisseur suchen, der gern alte Stücke aufführt. Es gibt deren noch sehr viele. Oft auch an prominenter Stelle. Doch schaut euch den Regisseur an! Dann wird es auf dieser düsteren Bühne heller. Es mögen sich erst mal noch Spinnweben und Dreck in den Ecken finden, aber das könnt ihr ja auskehren. Und schaut jetzt diesen Regisseur an…er wandelt sich nämlich, er hat eure Züge. Aber nicht die Züge des alten, verängstigten, gehemmten Ichs, des limitierten, egoistischen, verzweifelten Ichs. Geht nahe heran!

311

Und langsam, langsam wandelt sich dieser Regisseur in euren Engel!
Der seit langem nur darauf wartet, ein neues Stück aufzuführen,
der schon lange an die Tür gepocht hat, der da sagt.
„Es ist Zeit, es ist Zeit für ein neues Stück."

Wenn ihr es jetzt vermögt und diesem Engel die Hand reicht
und ihn bittet, in eurem Leben die Führung zu übernehmen,
dann wandelt sich sein Antlitz nochmals, und wessen Gesicht
hat er dann, dieser Engel? Erkennt ihr es? Erkennt ihr *euer* Antlitz? Erkennt ihr, dass *ihr* dieser Engel seid, unter all dem Schutt,
all den Verkleidungen und Verzerrungen, die ihr in diesen alten
Stücken getragen habt?

Vielleicht habt ihr heute den Mut und den glühenden Wunsch,
mit diesem Engel, der ihr seid, zu verschmelzen. Ihr fliegt dann
nicht weg, wenn ihr Ja sagt zu eurer Aufgabe hier auf Gaia, der
Aufgabe, die ihr mal gewählt hattet *und die ihr nachts immer
wieder wählt.* Sagt Ja zu eurem Hier-sein! Denn wenn ihr genau
hinseht, hat dieser Engel zwar Flügel, aber er hat auch Hände
und Arme, Beine, und hat sogar Schuhe an den Füßen!

Denn wenn Engel über die Erde schreiten,
brauchen sie Schuhe, Erdenschuhe.
Und dann, ja, dann sind es Erdenengel.
Aber das verpflichtet.

Man kann nicht mehr so sein und tun, wie man vielleicht mal
war und tat. Aber man kann sich immer wieder mal fragen:

„Was würde jetzt dieser Erdenengel tun? Wie sieht er die Sache?"
Eines können wir sagen:
Der ist lösungsorientiert.

Der sitzt da im dichtesten Nebel und weiß um die Sonne, die
trotzdem scheint, wenn auch verborgen. Und er weiß um die
Wunder. Er weiß um das, was im so unangenehm letzten Mo-

ment eintreten kann: die Lösung, die ihr weder sehen noch ahnen könnt, und er hat auch die Nerven, das auszuhalten. Er wird sich nicht betäuben, er wird versuchen, sich gesünder zu ernähren, Dinge zu tun oder nicht zu tun, die sein Engelsein nicht schmälern, sondern stärken und unterstützen.

Der Erdenengel muss aber trotzdem Miete bezahlen und Krankenkasse, und Arbeit haben sollte er auch. Am besten geht es ihm, wenn ihr mit ihm zusammen *offen seid für ganz andere Lösungen*. Dafür, dass das Geschenk aus einer ganz andern Ecke kommt, auf eine Art und Weise, die ihr euch vielleicht gar nicht vorstellen könnt. Es braucht Flexibilität, aber auch ein Loslassen, wenn auch oft schmerzlich. Wenn ihr dann später zurückschaut, sagt ihr vielleicht: „Das ist ja besser, das ist ja das, was ich tun soll. Ich hatte es nur vergessen. Oder es war in alter Zeit nicht möglich."

Denn dieser Erdenengel ist nicht Opfer und nicht Täter im negativen Sinne.

Er ist ein Tuender und ein Handelnder
und dazwischen auch ein Ruhender.

Ein Tun, das aus eurer Mitte kommt, aus eurem Herzen, eurem wieder erwachten, gesundeten Herzen.

Ein Tun, das mit eurem Seelenweg zu tun hat
und dessen Kompass euer Hohes Selbst ist.

Es mag dann andere Wege gehen, als euer Ego sich wünschen würde. Aber eines steht fest: Wenn ihr dazu Ja sagen könnt, werdet ihr eines Tages feststellen, dass ihr dabei glücklicher seid, weil ihr dabei besser gedeiht. Dann können eure Körper heilen, können Schmerzen verschwinden, physische und psychische, das Kind in euch kann heilen – und der Teil in euch, der sich in vielen Leben verirrt hatte, Leid erfuhr und verursachte, gelitten hatte. Es erwacht der Teil, der wesenhafte nämlich, der sich über die Schöpfung freut, sie zu bewahren trachtet und sich einfügt und mit dem Fluss geht. Manchmal hat ja ein Fluss auch Biegungen und Stromschnellen, und man sieht nicht um die nächste Kurve.

Geht mit eurem Lebensfluss!
Doch wisst, wo er mündet,
nämlich im Ozean der großen, universellen Liebe,
im Ozean des Lebens, hier und dort.

Dann werdet ihr an keiner Klippe zerschellen. Ihr mögt mal Beulen kriegen, das gehört zum Leben. Aber ihr werdet nicht zerschellen. Ihr könnt euch vielleicht täglich hinsetzen und sagen: „Soll ich heute da oder dorthin fahren? Aufs Schiff steigen oder sind die Wellen zu hoch?" Ihr würdet mit den Elementen leben und nicht gegen sie. Ihr werdet euch getrauen, wenn ihr euch eines Morgens schlecht fühlt und das Weggehen nicht stimmt, euch abzumelden. Manch Unglück könnte vermieden werden und ist nicht Schicksal. Hört auf euer Inneres und auch auf Warnungen. Wenn ihr doch gehen müsst und habt den Eindruck, es sei nicht ganz so sicher, dann setzt den Schutzengel neben euch. Der schützt euch noch so gerne, aber er braucht eure Erlaubnis. So wie wir eure Erlaubnis brauchen, um wirken zu dürfen.

Diese neue Zeit, die sich jetzt ankündigt, weltweit,
braucht auch eure Erlaubnis, um sich entfalten zu können.

So lasst euch nicht schrecken von alten Gespenstern und Hexen und verkleideten Regisseuren, die noch immer verzweifelt an alten Fäden ziehen. Demaskiert sie – wählt neu!

Da ihr ja dieser Regisseur seid,
könnt ihr ja neu wählen, das Stück neu schreiben.

Löst euch von der Meinung, nur Tragödien und Dramen seien interessant, mit vielen Toten. Happyends sind doch wirklich sehr schön. Vielleicht sollt ihr euch schulen darin, glückliche Lösungen zu finden und frohe Theaterstücke zu schreiben. Ohne Gewalt, nicht wie bei euch im Fernsehen, diese Egospiele, die nichts zu suchen haben in der neuen Zeit. Schaut sie euch nicht mehr an. Wenn die Einschaltquoten zurückgehen, werden sie abgesetzt. Ihr habt noch nicht erkannt, wieviel Macht der Konsument in seinen Händen hält. Ihr wählt die Produkte – auch da seid ihr der Regisseur. Und wenn andere Leute für euch wählen, könnt ihr diese Dinge übers Internet publik machen. Man kann auch davon nichts wissen wollen, aber dann unterstützt man diese Machenschaften ungewollt.

Alles kann Meditation sein, aber nicht alles werdet ihr in dieser Lebensmeditation tun und unterstützen. „Christmas", heißt es auf Englisch und hat mit Christus zu tun. Bezieht euch nicht auf den Joshua, der am Kreuz starb, sondern auf den Auferstandenen, auf die Auferstehung des Engels in euch. Dann seid ihr durchchristet – und das kann auch ein Moslem sein, ein Hindu.

Durchchristet sein heißt:
der Auferstehung in sich Raum geben.

Und im Pfingsterlebnis wieder zu hören darauf, was eben dieser Engel in euch zu euch spricht. Ihr seid bei Karfreitag stehengeblieben – schreitet weiter zu Ostern. Erst einmal aber feiert an Ostern den Auferstandenen in euch!

Den Engel in euch, den Engel, der ihr seid!

Wir haben kein Interesse daran, unsere Mitarbeiter darben zu lassen. Wir versuchen, euch an sicherem Orte zu bewahren. So torpediert und limitiert die Lösung nicht. Die eigentlich schon da ist und die ihr nur noch nicht sehen könnt. Aber ihr könnt sie rufen mit eurem Vertrauen, mit eurem Glauben. Seid ihr doch alle einmal im Glauben gestartet – im Glauben daran, diesen Planeten ins Licht gebären zu können. Geburtshelfer seid ihr…

und die wollen in der Regel, dass das Kind lebt und gedeihen kann. Das Kind, das ihr auch seid – das verletzte Kind, das geheilte Kind, das Kind, das immer wieder „gwundrig" ist* und hoffnungsvoll ins Neue schreitet.

So nehmt denn diesem Kind die Hoffnung nicht, sondern glaubt und vertraut mit ihm.

*Es ist das Kind in euch, das dem Engel
immer wieder zur Auferstehung verhilft –
dem Engel, der ihr seid...
wenn ihr euch nur wieder erinnert.*

*Denn darauf hat er gewartet,
dass ihr ihn wiedererkennt und werdet
und seid!*

―――――

* Im schweizerischen Wort „Gwunder" (Neugier) steckt das Wort „Wunder" drin.

Von dunkler und heller Strasse

Wiederum grüßen wir euch aus dem Zentrum allen Seins, das alle Dinge enthält. Doch liegt es an euch, welche ihr abruft.

Es gibt Zeiten, die über den Verstand hinausgehen, die jetztzeitig sind und wo man die Lösung nicht sieht. Aber es braucht euch dann nichts Ungutes zu passieren. Im Grunde eures Herzens vertraut ihr, sonst wärt ihr nicht hier.

Es schwanken zurzeit noch viele – es ist ihre Entscheidung. Aber wir werden Menschen rekrutieren, die konsequenter auf dem Weg sind. Oft ist noch eine letzte Schicht um euch – ein dünner Schleier – damit dahinter Dinge noch geheilt und transformiert werden können. Würden wir etliche von euch lassen, würdet ihr zu schnell transformieren. Aber das kann dann auch wuchernde Krebszellen geben. So überlasst uns das Tempo und vergesst euer Alter! Euer Karma ist bei vielen gelöst. Aber ihr kennt doch das: Wenn eine Wunde noch ganz ausheilen muss, darf man die Kruste darüber nicht zu früh abreißen, weil es sonst wieder blutet. Aber es ist am Heilen.

Bleibt in jedem Fall auf der lichten Straße. Aber auch auf dieser ist es einmal Nacht, und ein sonniger Tag mündet auch in eine Nacht, und eine Nacht in einen neuen Tag. Es kann auch auf der lichten Straße mal stürmen, regnen, schneien – es kann auch mal ein düsterer Tag sein, wo man die Berge nicht mehr sieht und wo das Wasser hohe Wellen wirft. Trotzdem seid ihr dann auf der lichten Straße. Sturm und Gewitter werden einmal vorbei sein, und die Sonne wird wieder scheinen. Wenn ihr versucht, ruhig in euch zentriert zu bleiben im Vertrauen, dass jede Nacht in einen neuen Tag mündet, werdet ihr Ballast abwerfen während dieses Sturms. Oder vielleicht auch während lähmender Stille.

Wenn es dann wieder hell wird, könnt ihr in dieses Helle schreiten und die Gaben dieses neuen Tages erkennen und annehmen.

Obwohl es euch scheinen mag, dass ihr am gleichen Punkt steckengeblieben wart, seid ihr auf einer höheren Spirale. So wie bei einer Wendeltreppe, also wieder eine Runde weiter. Und das nächste Mal werdet ihr Dunkelheit und Sturm getroster durchschreiten und ruhiger deren Ende abwarten. Im Wissen, dass die Sonne wieder scheinen wird – im Wissen und im Vertrauen, dass sich dann Dinge ereignen können in eurem Leben, die ihr weder wissen noch erahnen könnt, aber die euch dann gestärkt vorfinden. Und gewissermaßen an euer Vertrauen und eure Zuversicht andocken können.

Aber ihr könnt euren Ängsten und Zweifeln erlauben, euch zu packen, zu ziehen auf dunkle Straße. Wo alles düster und hoffnungslos erscheint. Oder wo ihr gar in Not und Verzweiflung um euch schlägt, im Irrtum befangen, dass ihr euren Platz erstreiten müsst. Beanspruchen, ja, aber das ist nicht erstreiten. Und jene Straße hat eine mächtige Anziehungskraft und verbündet sich mit eurem Verstand. Der beruft sich auf Fakten: „Siehst du nicht, dass dies und jenes geschieht und dies und jenes nicht sein kann, und wo soll denn etwas anderes herkommen, wie, wann. Du hast doch alles probiert, und was hat es gebracht?" Und viele, viele vernünftige Einsprüche mehr.

Dann sinkt eure Schwingung, dann werdet ihr angreifbar und es wird dunkler um euch. Diese Dunkelheit kann euch so lähmen, dass ihr nicht zur Stelle seid und empfangsbereit, wenn der Postbote klingelt, der euch neue Botschaft bringt oder eure Medizin oder eine neue, lichtvolle Wendung in euren Leben. Vielleicht auch habt ihr euch vergraben in Ängsten und Zweifeln und Dunkelheit zieht euch immer mehr hinab. Irgendwann aber hat diese Straße die Eigenschaft von Pech, von Leim, wird sie quasi magnetisch und hat ihren eigenen Reiz. Und sie lässt euch nicht mehr los. Es braucht dann immer mehr Kraft, sich loszureißen. Denn sie ist ja eben mit vernünftigen Elementen gepflastert.

Vertrauen ist nicht vernünftig!
Vertrauen rechnet mit Dingen,
die da kommen können
und eine neue Wendung bringen.

Mit Menschen, die in euer Leben treten und vorher nicht darin waren – jedenfalls nicht in diesem Leben. Vertrauen rechnet mit der Sonne hinter den Wolken und eben dem neuen, hellen Tag. Seid ihr aber zu lange auf dunkler Straße gegangen, selbst wenn ihr euch losreißen könnt, den Hebel herumreißen, seid ihr ermattet und könnt dem neuen Tag nicht entgegengehen, der neuen Lösung. Die Argumente des Verstandes aber sind ja so einleuchtend, weil sie auf Fakten beruhen, auf dem, was hier und jetzt da ist. Gewissermaßen auf den Karten, die ihr jetzt seht; auf dem Sturm oder der lähmenden Stille basieren. Das lässt sich sehen, wahrnehmen, beweisen.

Vertrauen aber geht über diese Wahrnehmung hinaus.
Vertrauen braucht Phantasie,
Vertrauen wird genährt von Hoffnung,
und Vertrauen braucht Glauben.

Glaube ist ein Multipack von Hoffnung, Bereitschaft,
von sich finden lassen, von offen sein für alle Lösungen.

Auch wenn das lange auf sich warten lässt und alles dagegen spricht. Vertrauen ist nicht, sich von der Klippe zu stürzen. Vertrauen wägt auch ab, was möglich ist, kann vielleicht sagen: „Im Moment ist das nicht möglich, was du möchtest. Der Zeitpunkt stimmt nicht, der Ort vielleicht nicht. Die Zeichen stehen auf Sturm, oder es regt sich nichts. Du hast Wartezeit. Die Zeit ist jetzt nicht günstig für einen Ausflug, wenn es stürmt. Du wirst nicht im Winter schwimmen, jedenfalls nicht im Freien."

Sprachen wir schon von den Gezeiten des Lebens? Sie sind nicht bei allen so ausgeprägt. Da sitzt man dann in seinem

Kämmerlein und wartet auf das Ende des Sturms oder darauf, dass sich mal wieder ein Lüftchen rührt, und dann kann man überprüfen, ob man alles getan hat. Ob das Haus wetterfest ist – auch euer Körper, euer Geist, eure Gemütslage, und ob man den Kuchen im Ofen hat. Denn wenn die Zutaten nur herumliegen, backt er sich ja in der Regel nicht von selbst. Man kann aber sagen, dass man alles getan hat, doch fällt der Strom aus. Dann wird der Kuchen auch nicht gar. Dann ruft ihr den Elektriker an, damit das wieder funktioniert, aber alles nützt nichts. Das sind dann die Momente, wo man an sich zweifelt, sich in Frage stellt oder die Umwelt verflucht und seine Mitmenschen. All das führt auf die dunkle Straße, die ja eben so klebrig ist.

Oder ihr nützt diese Zeit zur Bestandesaufnahme. Habe ich getan, was ich konnte? Habe ich meine Konzepte angeschaut und geprüft und meine Glaubenssätze gewandelt, so nötig? Wäre ich denn bereit, wenn etwas plötzlich möglich wäre? Oder bin ich dann so deprimiert und abgebaut und habe vielleicht sogar in dieser Zeit dem Körper geschadet? Diese Zeiten sind auch Zeiten des Aufbaus, des Rastplatzes, so wie ihr vielleicht in einer Hütte wartet, bis der Sturm sich gelegt hat, weil die Bergwanderung zu gefährlich wäre. Denn man kann im Übermut – was nicht Vertrauen ist –, im Wagemut auch Dinge tun, die einem schaden, und euch auf die dunkle Straße ziehen.

„Abwarten und Tee trinken", heißt es bei euch. Das ist sehr klug. Aber es kann ein tätiges Abwarten sein, nicht ein resigniertes, bis jemand die Dinge für euch löst. Doch gibt es diese Zeiten, wo man nicht einmal die Lösung in Angriff nehmen kann, weil man schlicht nicht weiß, wie. Oder die Mittel fehlen dazu. Das sind enervierende Zeiten. Dann heißt es nur noch, innerlich dranbleiben, stand-by sein. Aber dann ist vielleicht doch ein Spaziergang möglich, der nichts kostet, oder ein Buch von der Bibliothek, ein Gespräch mit Freunden oder einfach diese

Zeit aushalten. Aushalten kann sehr negativ sein: „Da muss ich wohl hindurch…" Es ist wahrlich nicht leicht, diese Zeiten als Geschenk zu sehen. Zeit für die Regeneration, wenn es an allen Enden hapert, wenn äußere Termine drohen und immer näher kommen?

Aber gerade dann ist es eine der Übungen, in eurer Mitte zu bleiben. Euch zu erden und euch mit uns zu verbinden. Zu vertrauen, dass da Lösungen sind, die sich zeigen, dass andere Zeiten kommen. Dann vielleicht auch das Ganze an uns zu übergeben. Nicht in fatalistischer Weise: „Jetzt macht mal für mich", sondern den Teil, den ihr nicht überblicken könnt. Die Zukunft nämlich. Die Parameter, die neu hinzukommen. Ihr könnt euch dann erneut klarwerden, was ihr anpeilt, was ihr wirklich wollt und was ihr kraft eures Glaubens in euer Leben ziehen möchtet. Doch gibt es aber auch Dinge, die ihr möchtet und die euch nicht gut täten oder dieses Mal nicht auf eurem Wege liegen, aus Gründen, die ihr meist auch nicht überblickt. Und manchmal auch weil es in einer irdischen Konstellation und einer gewissen Zeit nicht möglich ist. Aber die zweitbeste Möglichkeit mag gar nicht mal so schlecht sein.

Ihr könnt euch in solchen Zeiten dann überlegen, ob ihr irgendjemandem etwas zuliebe tun könnt. Auch mir selbst kann ich etwas zuliebe tun. Das sind aber nicht Psychopharmaka, Drogen, Alkohol etc. oder irgendein übermäßiger Konsum, sondern aufbauende Dinge. Wir suchen noch ein Wort für „aushalten", da das auch so negativ besetzt ist. In Erwartung sein? Hat aber mit Schwangerschaft zu tun – doch seid ihr in diesen Zeiten ja auch irgendwie schwanger. In Erwartung – und dann aufpassen, was ich erwarte. Die guten, förderlichen Dinge? Den neuen, strahlenden Tag? Oder das ewig gleiche Übel?

In Erwartung des Wunders?
Der Lösung, die ihr noch nicht sehen könnt,
die aber zu euren Gunsten ist?

Wie wäre es, wenn ihr in diesen Zeiten sagen würdet:

„Ich freue mich auf all das Wunderbare,
das in meinem Leben geschehen wird,
sobald die Winde günstig sind."

Dieses Vertrauen ist nicht im Verstand, oft auch nicht in den Emotionen – es ist tief, tief unten. Und es kann von uns immer wieder neu entfacht werden. Wir verweisen wieder auf das biblische Gleichnis der klugen und törichten Jungfrauen. Wobei es nicht unbedingt Jungfrauen sein müssen. Was wir meinen, ist eine positive Erwartungshaltung und das Segnen. Wenn ihr sagt: „Ich habe alles getan, doch es klappt trotzdem nicht." Vertrauen, dass das, was ihr getan habt, Früchte tragen wird, es klappen wird, wenn auch auf möglicherweise andere Art und Weise. Vertraut ihr nicht auch, dass im Frühjahr wieder Blumen sprießen, selbst wenn der Schnee noch meterhoch liegt?

Es ist mehr ein *gläubiges Bereit-sein,* ein Sich-zurücknehmen und vielleicht mal prophylaktisch auch diese Zeit segnen. Wisst ihr denn, was heute in euren Körpern gewandelt wird und was ihr vielleicht nicht wandeln könntet, wenn ihr im Außen herumrennen würdet? Oder wenn ihr so lange wartet, bis euch eine Krankheit zur Ruhe zwingt. Aber dann müsst ihr dazu auch noch die Krankheit überwinden.

Es gibt Menschen unter euch, die wurden in ihrer Erziehung angehalten, alles gut zu finden, was die Eltern oder Erzieher machten. Doch war das nicht immer gut, sondern aus beschränkter Sicht oder gar aus Machttrieb. Segnet auch das. Segnen hat nichts damit zu tun, alles gutzuheißen und dort steckenzubleiben.

Segnen kann helfen, Dinge hinter sich zu lassen,
oder einzuräumen, dass da doch ein Segen drin war,
den man nicht sehen konnte und kann.

Ihr seid so gewohnt, immer tätig zu sein und euch dadurch zu definieren, nämlich pausenlos zu rotieren. Die Natur tut das nicht. Jene aber, die im Außen so rastlos tätig sind, mögen sich überlegen, ob das nötig ist? Es mag im Beruf nötig sein, aber in der Freizeit? Da kompensiert ihr dann das, was euch im Beruf nicht gut tut, mit noch mehr Aktivität. Manchmal heißt es auch, aus einem Beruf aussteigen, und das macht Angst. Weil man noch nicht weiß, wo man wieder einsteigen könnte. Weil Dinge erst reifen müssen. Aber wie denn können Dinge gewandelt werden in eurer Welt, wenn jeder mitmacht?

Vertrauen heißt auch, an Nischen glauben, die zwar manchmal ein bisschen leer und dürftig erscheinen. Oft fällt auch da nur überflüssiger Ballast weg.

Oder ihr kommt an den Punkt, wo ihr vertrauen müsst,
dass der Himmel auch die Spatzen ernährt,
und nicht nur die Raubvögel.

Es täte euch allen gut, wieder zu lernen, diese ruhigen Momente zu leben, wo ihr ohne schlechtes Gewissen vielleicht nur aus dem Fenster guckt. Und nicht nur depressiv starrt, sondern guckt und auch da wahrnehmt die Farben, die Formen, die ja selbst im Winter da sind. Manchmal hilft es – auch wenn es Anstrengung kostet –, den Körper in Bewegung zu bringen. Man kann sagen: „Das ist furchtbar, und ich sehe nicht weiter" oder:

„Ich freue mich auf eine lebensvolle, unterstützende Lösung.
Ich freue mich auf meine Nische,
und die darf durchaus warm und gemütlich sein."

Seid bereit für wirklich neue Lösungen!

Behaftet und limitiert sie nicht mit alten Konzepten. Wie denn könnt ihr eine neue Welt bauen auf alten Prinzipien? Offen sein.....einen ruhigen Tag als Geschenk genießen, eine ruhige Phase. Aber das ist nicht leicht, wenn sich die Gläubiger vielleicht schon versammelt haben. Doch kann man sich in einer hektischen Zeit darauf besinnen, ob die so hektisch sein muss?

Es sind immer die gleichen Dinge, aber jetzt haben sie erhöhten Wert. Weil Entscheidungen an der Weggabelung ja nicht aufgeschoben werden können, jedenfalls nicht auf Dauer. Vertrauen ist auch:

> *„Ich halte daran fest, dass meine Lösung schon da ist*
> *und vielleicht besser als alles, was ich aushecken könnte.*
> *Ich bin bereit für sie, und sie findet mich."*

Und sie findet mich am besten, wenn ich zentriert bei mir bin. Wenn ich all diesen negativen, auch so vernünftigen, tausendmal bewahrheiteten Einflüsterungen von Ego und Verstand und auch von der Umwelt kein Gehör schenke.

> *Neu ist neu! Und darum kann man es noch nicht sehen.*

Wenn ihr euch aber in rastlosem Tun erschöpft, ein Burn-out habt, wie könnt ihr dann das Neue ergreifen? Ihr werdet es vor lauter Rotieren nicht erkennen oder zu erschöpft sein, auch nur die Hand auszustrecken. Es gilt dann, den Körper zu regenerieren, aber auch Geist und Gemüt. Dann kann man von Kur zu Kur hetzen – nichts gegen Kuren –, aber dazu würde auch eine Generalüberholung eurer Konzepte gehören. Viele sind nicht mal die euren, sondern die des Kollektivs und euch übergestülpt. So oft tragt ihr fremde Kleider. Entweder engen sie euch ein oder sie schlottern um euch herum. Beides ist weder hilfreich noch sehr schön anzusehen. Manche ziehen sich fremde Gewänder an, die wohl ihrem Frust entsprechen, aber letztlich ihre Seele so einschnüren, dass sie nicht mehr atmen kann. Und das kann zu irren Taten führen.

Ihr habt das nicht mehr nötig. Ihr könnt heute Ballast abwerfen. Aber es wird diese Kinderkrankheiten halt leider noch geben – in erhöhtem Maße. Ihr könnt euch neu orientieren, aber das braucht Mut! Manchmal braucht es allerdings mehr Mut, in ruhiger Zeit vertrauensvoll abzuwarten. Es braucht Mut, neue Wege zu gehen. Immer mehr wird es sich durchsetzen müssen, dass ihr alles auf die innewohnende Energie prüft, selbst eure Gedanken und eure Gefühle.

Habt ihr schon bemerkt, dass wir, wenn ihr nicht auf die dunkle Straße geht, bei euch sitzen und Händchen halten? In ganz schwierigen Zeiten aber vielleicht nur draußen im Garten stand-by sind, weil *ihr* die Entscheidungen fällen sollt? Betend und abwartend, wie ihr euch entscheidet. Wir sind sogar auf dunkler Straße bei euch – von ferne jedenfalls, doch wollt und könnt ihr uns dann nicht sehen. Vielleicht haben wir sogar unser Rufen eingestellt, weil ihr nicht darauf hört und wir einen günstigeren Zeitpunkt abwarten. Ruft, wenn ihr in Gefahr seid, auf die dunkle Straße zu geraten. Das kann auch sein, wenn ihr übermüdet seid. Ruft, dass wir euch halten! Euch die Kraft geben, nach dem Rettungsanker zu greifen. Die Kraft, das Ende des Sturms oder der Stille abzuwarten – in vertrauensvoller Erwartung, dass nachher neue Blumen blühen. So ihr die Erde gelockert und gedüngt habt. Das sind eben auch eure unterstützenden Gedanken und euer Vertrauen.

Ihr könnt uns auch bitten, den Verstand in seine Schranken zu weisen oder mitzuhelfen, die Dinge zu klären. Was wir ja mit diesen Botschaften tun. Dafür sind diese da.

Sagten wir nicht schon einmal: „Jeder Schritt schlägt Richtung ein?" Wenn ihr in Gedanken die Linie ins Unendliche verlängert, werdet ihr erkennen, welche Richtung ihr eingeschlagen habt und wohin das führen könnte. Aber es gibt ja immer wieder diese Umsteigeplätze, wo man sich besinnen und wieder anders orientieren kann. Doch ist es wichtig – wie wir auch schon sagten – dass ihr das Fernziel kennt,

und euch an der einzig wahren Energie im Universum orientiert.
Und das ist Liebe.
Leben – immer wieder sich neu gebärendes Leben.

Man könnte sagen: eine Identifikation mit diesem Leben und nicht mit dem Tod. Dunkle Straße kann zu Identifikation mit dem Tod führen. Und wenn ihr lange darauf gewandert seid, wird das Umsteigen immer schwieriger. Denn das würde ja auch bedeuten, dass ihr den Weg, den ihr gegangen seid, anschaut. Je nachdem, was ihr darauf gesät und getan habt, kann euer Erschrecken groß sein, wenn ihr erkennt, dass ihr das Leben geleugnet habt und die Liebe. Also euch selbst…seid ihr doch ein Teil davon. Da steckt man einer lieber den Kopf in den Sand, bedeckt seine Augen mit seinen Händen und fährt in alter Manier fort. Um sich und der Umwelt zu beweisen, dass man recht hat. Doch letztlich schlägt man in Angst um sich. Wie denn jeder Tyrann – jeder – ein angstbesetzter Mensch ist. Und ja nur knechten kann, sein Volk nämlich, indem er Angst sät. Denn Angst schwächt. Es sind Angstfresser.

Angst ist nun mal das Gegenteil von Liebe. Weil er nicht einsehen will und diese Einsicht ihn umhauen würde, geht er weiter auf diesem dunklen Pfad, und Umkehr wird immer schwieriger. Im Jenseits gibt es ja dann keine Zeit, und ihr würdet staunen, wie manch einer seit Tausenden von irdischen Jahren dort sitzt und sich schlotternd die Hände vor die Augen hält. Damit er nicht sehen muss, was er gesät hat in seiner Verblendung, in seiner Abkehr von Liebe und Leben.

Gnade ist nicht, dass alles rosarot übertüncht wird – es ist ja nichts geschehen, es war alles Absprache usw. Ihr habt das arg vereinfacht oder die Ebenen verwechselt.

Gnade kann auch sein,
dass man dann endlich die Hände von den Augen nimmt
und den Engel sieht, der schon immer da stand.
Dass man vielleicht endlich dessen Hand ergreift.

Gnade kann sein, dass ihr wiederkommt und denen, die ihr verletzt hattet, Gutes tut. An einem Projekt des Lebens teilnehmt.

Es kann auch sein, dass ihr diese Gnade nicht erfasst, ja gar ablehnt, weil ihr euch selbst so sehr verurteilt oder gar nicht einsichtig seid. Dann macht ihr mit, was ihr zugefügt hattet. Doch enthaltet euch des Urteils – es kann bei jedem anders sein. Ihr habt nämlich aufgrund von und innerhalb der kosmischen Gesetze auch individuelle Lösungen.

Verzeihen auch sich selbst – das ist für manche ein harter Brocken. Aber das Universum hat Zeit…Leider aber gibt es in seltenen Fällen Menschen, die sich so verlaufen haben, sich so abgespalten haben von ihrer Seele und festhalten am Weg des Todes, dass irgendwann die Seele sich trennt von ihnen und zurückkehrt in die Urseele. Dieser Mensch hat dann das Menschsein, die Chance des Menschseins, verspielt. Vielleicht inkarniert er dann an einem andern Ort, der seiner Schwingung mehr entspricht. Oder seine Essenz, die er nicht wahrnahm, kehrt zurück in die Urseele, um später wieder ausgesandt zu werden.

So kehrt denn um, solange ihr könnt und die Anstrengung nicht zu groß ist. Und ruft, wenn ihr Hilfe braucht. Wählt das ewige, immerwährende Leben. Das kann auch durch den irdischen Tod gehen, geht da immer wieder hindurch. Doch führt die lichte Straße immer wieder zu Leben, zu neuem Leben. Auch die dunkle kann das. Aber auf mehr Umwegen und durch mehr Leid.

Ihr müsst euch in der Dualität entscheiden. Wenn ihr aber die Liebe und das Leben auf euer Banner schreibt, dann sind diese beiden Straßen keine Gegensätze mehr, sondern wie das Yin- und Yangzeichen, wie Nacht und Tag.

Lange musstet ihr durchs Dunkel gehen, um das Licht bewusst zu erkennen, um euch bewusst für das Licht zu entscheiden.

Auf dem Weg der Mitte – dem Weg aus euren Herzen –
können Gegensätze verschmelzen,
werden die beiden Pfade zu Nacht und Tag.

Aber wiederum ist es eure Entscheidung, am Morgen die Läden aufzustoßen und die Fenster zu öffnen, um den neuen Tag einzulassen, um ihn vertrauensvoll zu begrüßen. Denn er birgt neue Chancen, neue Lösungen. So behaftet ihn nicht auf dem Gestern. Und nicht auf der Nacht. Die ist ja letztlich dazu da, dass neue Lösungen keimen können. Aber ihr könnt auch wählen, im Dunkeln zu bleiben und den Tag zu ignorieren. Nacht kann zur Erholung dienen und nicht, um finstere Pläne zu schmieden – Tag kann Leben zur Entfaltung bringen. Immer ist es das, was ihr daraus macht.

Ihr lebt in einer Zeit, wo sich Kulturen und Hautfarben vermischen. Ihr könnt das als Bedrohung empfinden und bekämpfen, bekriegen oder als Bereicherung und im andern Bruder oder Schwester sehen. Denn das seid ihr, und auch leibliche Brüder und Schwestern sind oft sehr verschieden.

Krieg aber ist immer ein Bruder-Schwester-Krieg – immer.
Es ist immer Brudermord...

Da gibt es bei euch doch eine Geschichte: Der Meister fragt seine Schüler:
„Woran erkennt man, dass es Tag wird?" Die Schüler geben verschiedene Antworten: „Weil die Vögel singen, weil man die Bäume erkennen kann etc." Der Meister aber sagt:

„Es wird dann Tag,
wenn wir den Fremden, der da kommt,
als Bruder erkennen."

Vielleicht als Bruder, der unserer Hilfe bedarf oder der uns etwas aufzeigt, was uns entgangen ist, unser Mitgefühl weckt oder uns seine Hand entgegenstreckt, um uns aufzuhelfen. Wie wäre es, wenn wir zusammen dem Licht entgegengingen? Denn ganz zutiefst innen, oft verschüttet und verleugnet, ist ja doch ein Körnchen dieser großen Liebe, das nur darauf wartet, erkannt und genährt und gelebt zu werden. Wie wäre es, wenn ihr euch dabei unterstützen würdet? Wir, die Meister und Engel, sind jedenfalls gerne dazu bereit. Ihr ermöglicht uns dann, unsere Aufgabe zu erfüllen. Es ist alles ein Miteinander – denn alles kommt aus der Quelle. Und hat keinen sehnlicheren Wunsch, als einmal wieder dorthin zurückzukehren. Indem es die Liebe gemehrt hat und dem Leben gedient. Da aber Leben ewig ist, wird es wieder ausgesandt werden, in neuer Verkleidung, aber bewusster, reiner, kraftvoller.

In euch allen liegt der Keim zur Meisterschaft. Ihr könnt sie anstreben oder leugnen – ihr habt den freien Willen.

Segnet das Leben und dient ihm –
dann dient ihr der Liebe,
welche die einzige wahre Realität ist.

Denn aus Liebe wurden und werden Welten geboren –
wie denn könnten sie ohne Liebe wahrhaft gedeihen?

Auch das sagten wir bereits:

„Die Gebrauchsanweisung ist Liebe!"

Seid gesegnet – auch auf euren Um- und Irrwegen. Aber wir warten…so gönnt uns die Freude des miteinander Weiterwanderns.

Weiter zu der einzigen Wahrheit, die euch innewohnt,
aber die ihr erkennen und leben sollt:
der Liebe!

Von der verhinderten Göttinnenkraft und ihrer Auferstehung

Da sind wir auch heute wieder aus dem Zentrum allen Seins – dem Ewigen Jetzt – und doch auch am heutigen Tag.

Denn das ewige Jetzt ist immer anwesend, kann aber auch da sein an einem gewissen Punkt im Lauf der Dinge, der Zeit. Viele von euch gehen jetzt mehr oder weniger durchs Dunkle. Alte Gespenster heben ihre Köpfe – sie wollen nochmals angeschaut und segnend verabschiedet werden. Wenn sie in unterstützender Form in euren Leben weiterhin anwesend sein sollen, wird das so geschehen. Da müsst ihr nichts dazu tun. Aber segnen trotz aller Schmerzen, die in diesen Geschehnissen drin waren, verbunden mit diesen Menschen, segnen erlöst. Und dann kann neues, fruchtbares Feld beackert werden.

Segnen erlöst!

So seid denn froh – auch wenn es unangenehm ist –, wenn sich diese alten Dinge nochmals melden, denn sie möchten erlöst werden. Und ja – es sind manchmal auch alte „Fallen“, die sich noch einmal auftun und wo man zum xten Male hineinstolpern kann. Aber das ist kein Muss. Man kann sie erkennen und ihnen ausweichen. Man kann auch sagen:

„Ich segne auch dich, alte Falle, aber ich trete da nicht mehr hinein. Ich umgehe dich. Ich wiederhole dich nicht.“

Um all diese Dinge geht es jetzt. Und natürlich spitzen sich Situationen zu. So wie eine Krankheit sich zuspitzen kann in der Krise. Wo der Kranke aber – bewusst oder unbewusst – Leben oder Tod wählen muss. Es braucht keine Krankheitskrise zu sein – es kann eine Existenzkrise sein, eine Seinskrise, eine ökonomische Krise. Und wir möchten meinen, das alles habt ihr jetzt

330

ja in reichem Maße auf eurer schönen Erde. Ihr seht jetzt die Verletzungen, die ihr Mutter Erde zugefügt habt, eurem Yinteil, dem Leben selbst. Und auf irgendeiner Ebene spiegelt es sich in aller Leben. Mögt ihr dann Leben wählen und nicht Tod.

Damit meinen wir nicht nur den physischen Tod. Die Freiheitskämpfer erleiden jetzt den physischen Tod, erwählen damit aber Leben, Leben in Freiheit. Und somit werden sie wiederkommen, um die Fackeln der Freiheit weiter zu tragen. Man kann auch Tod wählen inmitten des physischen Lebens, nämlich Stagnation. Man kann auch wählen, seinen Rucksack mit den Pflastersteinen drin weiter zu tragen, in der irrigen Meinung, dass diese Steine sich beim physischen Tode mirakulöserweise auflösen. Doch das geht nicht. Die Steine liegen dann bereits im neuen Rucksack. Aber auch das kann man nur anbieten, und es wird noch oft abgelehnt.

Viele von euch haben jetzt körperliche Symptome verschiedenster Art. Oft diese Pseudoerkältungen, Schmerzen hie und da, in den Knochen, Muskeln, Toxine, die ausgeschieden werden wollen.

Viele auch durchschreiten die dunkle Nacht der Seele. Doch ist es nicht so sehr die Seele, die durch das Dunkel geht, sondern eher euer Ego. Eher euer Teil, der auf Erden wandelt. Wir sagen nicht, dessen Arbeit sei jetzt leicht – o nein.

Ihr, die ihr schon lange wandelt auf diesem Erdenpfad,
der oft so steinig war und durch karges Land führte –
ihr könnt euch glücklich schätzen,
denn ihr habt weite Teile dieser Wanderschaft schon hinter euch.

Habt die Erfahrung in euch, dass es immer wieder hell wird, immer wieder weitergeht. Und immer wieder sich Lösungen zeigen, oft ganz besondere, die man nicht erwarten konnte. Ihr wart und seid Pioniere, und der mit dem Buschmesser vorangeht durch dichten Urwald, hat es schon etwas schwerer als der Safarireisende. Der Safarireisende kann diese Reise machen und seelisch nicht unbedingt dazugewinnen – je nachdem wie er reist. Es kann eine Luxusreise sein, und er kehrt so heim, wie er ging. Was eigentlich –meinen wir – nicht der Zweck des Reisens wäre.

Eine äußere Reise könnte und sollte auch
immer eine innere Reise sein –
eine Reise in sein Inneres.
Dann ist sie fruchtbar.

Dann ist es eine Entwicklungsreise, Entdeckungsreise, eine dieser Reisen, die in den Märchen beschrieben werden. Ihr, die ihr Pioniere seid, wenn auch im Außen nicht unbedingt sichtbar, die ihr schon lange wandert, ihr seid solche Märchenreisende. Ihr sucht den Schatz nicht mehr im Außen, obwohl er sich dann hilfreich im Außen zeigen mag, ihr sucht ihn im Innern. Dann werdet ihr ihn eben im Außen finden.

Viele zogen immer wieder aus, Schätze zu finden – und oft war es das Gold, das sie suchten. Weil aber das Gold in seinem Glanz irgendwie erinnert an den Schatz im Innern, wird es immer wieder gesucht und auch gefunden und werden dafür leider auch Verbrechen begangen. Eure Währung, euer Geld, hat sich längst von der Deckung durch die Goldwährung abgekoppelt. Was dann doch irgendwie irdische Stabilität garantierte. So ist es flatterhaft, unsicher geworden, launisch. Es zeigt euch auf, wo ihr euch eben nicht auf die innere Währung bezogen habt, auf das innere Gold. Geld soll Mittel zum Zweck sein. Zum Überleben, gesund und glücklich zu leben, aus einer segensreichen Fülle heraus, und fähig zu geben. Dann ist auch Geld gesegnet. Dann ist es Gold. Eine Währung, die währen kann, die Wert hat. Lange war diese Währung nur mit äußeren Werten gekoppelt und auf der Seite derer, die sie nicht unbedingt segensreich einsetzten, sondern zu Macht und oft auch zu Verbrechen. Das soll enden.

Eure Währung soll auf wahren Werten basieren.

Das wird sich ändern! Denn es *muss* sich ändern, und es *kann* sich jetzt ändern! Aber nur, wenn ihr eure Macht, eure wahre Kraft wieder beansprucht und zurücknehmt.

Wenn ihr euch nicht mehr darbietet als Opfer, denn dann braucht es den Täter. Und auch das sagen wir nicht zum ersten Mal. Verweigert das Opfer-Täter-Spiel! Glaubt an Lösungen, die jetzt noch nicht sichtbar sind, aber die da sind und die euer innerer Schatz euch finden lässt. Wenn es auch nur euer Vertrauen ist, euer Mut, euer standhaft nicht in die Angst gehen. Am Licht festhalten – dann kann das innere Licht äußere Schätze finden.

Ein solcher Schatz ist ja die Kraft der Weiblichkeit,
die Kraft der Göttin in euch.

Die trägt auch der Mann in sich. Aber ihr, die ihr jetzt Frauen seid, erringt diese Kraft nicht, indem ihr euch dem Manne angleicht. Seinen harten, oft gefühllosen Praktiken, weil er nämlich seine Emotionalität, seine Weiblichkeit scheut. Wir meinen etwas Tieferes. Wir meinen nicht, dass nun diese Göttin herrschen soll statt des patriarchalen Gottes. Den ihr so sehr verinnerlicht habt. Nein, wir meinen die wahre Kraft, die gebärende, die erhaltende und schützende Kraft, der innere Reichtum, der wahren äußern Reichtum bringt. Ihr nennt es Mutter Natur, Mutter Erde. Was aber habt ihr diesem Teil der Schöpfung angetan? Damit auch den Frauen.

Die Göttin in euch! So viele von euch weiblichen Lichtarbeiterinnen waren Priesterinnen an Tempeln der Göttin. Auch das konnte man nur äußerlich tun. Doch ging es darum, diese Kraft in sich selbst zu erwecken. Dazu gehörte eine lange, leidvolle Geschichte von Verfolgung und allem, was dazukam. Dann einmal hattet ihr begonnen, männlicher zu werden und deren Spiele mitzuspielen. Oder ihr gabt auf und verkrocht euch in euren

Winkeln. Lehntet diese Kraft ab. Natürlich verlort ihr sie dann zwischenzeitlich und wurdet Spielball der Mächte, der äußern. Ihr seid dem vielleicht auch mit untauglichen Mitteln begegnet, wie Intrigen, Lügen, Manipulationen, eure Weiblichkeit dazu einsetzen, um zu gewinnen, was ihr wolltet. Aber das setzte eure wahre Kraft nicht frei. Das verletzte die Göttin in euch und machte euch schwächer. Nein, das waren untaugliche Mittel.

Doch die frohe Botschaft lautet:
So wie euer Lebens- und Seelenteppich bei uns heil verwahrt ist,
ist es auch die Kraft der Göttin.

Sie hatte sich zurückgezogen, wollte nicht länger dieses Spiel mitspielen, diese Verwundungen ertragen und diesen Schmerz. Sie konnte warten…bis die Winde sich drehen würden. Nie gab sie die Hoffnung auf, dass sie sich drehen würden und dass es Menschen geben würde, die das wieder erahnten und sich darauf besannen. Es gibt diese Rituale zum Erwecken der Göttin in euch. Nicht alle brauchen sie. Ihr könnt sie einfach einladen in euer Leben, in euch, euer Tun. Könnt die Ängste beseitigen, dass euch wieder Verfolgung werde oder zumindest Armut. Die Angst auch vor dem Gutgehen, vor der Fülle. Vor eurer Kraft und Macht. Ihr könnt sie einladen, dass sie euch stärkt, gesundet, dass sie euch zur Wirkung bringt. Wenn ihr diese innere Kraft wieder annehmt, sie in eurem Leben erlaubt, dann könnt ihr auch im Außen wirken und manifestieren, dann strahlt ihr das aus.

Vielleicht werdet ihr alleine gehen ohne männliche Begleitung, denn ihr ruft doch Angst hervor auf der andern Seite. Denn der Mann ist ja auch nicht in seiner wahren Gotteskraft – so erträgt er die Göttin nicht, bekämpft oder ignoriert sie. Es ist bei vielen ein Preis, den ihr jetzt bezahlt. Doch habt ihr JA gesagt. Glaubt uns, wenn ihr in eurer vollen Kraft und Macht der Göttin wieder da steht, geht es euch gut. Da mag manchmal ein bisschen Schmerz und Trauer sein, weil sich jede Seele nach Ergänzung sehnt. Es mag sich sogar der kraftvolle Partner finden, der euch erkennt, anerkennt und euch begleitet. Aber selbst allein, in Freundschaft mit den anderen Göttinnen (das ist nicht heidnisch gemeint), könnt ihr trotzdem glücklich und friedlich sein. Frei in euren Entscheidungen und frei in euren Tätigkeiten.

Ja – wir sagen es wieder: „Nehmt auch das Vermögen der Göttin an." Ihr vemögt euer Leben zu manifestieren, ihr könnt es. Das heißt halt wirklich, nicht nur im Innern – aber zuerst im Innern –, sondern auch im Außen sein Erbteil zu beanspruchen. Das kann und darf und soll jetzt auch äußeres Vermögen sein. Denn ohne seid ihr unfrei. Es muss nicht so bleiben, doch ist es noch so. Oft sind ja versteckte, aber euch zustehende Vermögenswerte in jeder Form da.

> *Beansprucht sie, erhebt euer Haupt!*
> *Tragt wieder den Mantel der Kraft und der Weisheit!*
> *Die Kraft eurer Güte, aber auch die Kraft eures Mitgefühls,*
> *die Stärke eurer Weisheit, aber auch die Kraft*
> *und das Recht, für euch einzustehen in eurer Würde,*
> *eurem Dasein und eurem Erbteil.*
> *Ladet die Göttinnenkraft zu euch ein.*

Ihr könnt bildlich Tür und Fenster öffnen und sagen: „Bitte, tritt herein! Zu unser aller Wohl."

> *Und erschreckt dann nicht, wenn ihr gesehen werdet,*
> *nicht im Mantel des Bettlers, nicht im Mantel der Pietà,*
> *der Leidenden, sondern im Mantel eures Glanzes.*
> *Im Glanz dieser Göttinnenkraft.*

Erträgt das dann. Nicht in Egomanier, sondern in Hingabe, als Kanal dieser Kraft. Bietet sie an und dann – lasst frei.

Die Göttinnenkraft ist auch Gesundheit eures Körpers. Warum wurden denn so viele Frauen „schwindsüchtig"? Es war eine

Lungenkrankheit. Schwindsüchtig, habt ihr es genannt. Das ist doch mal interessant und ein spannendes Etikett. Süchtig danach, zu verschwinden? Euch nicht zu zeigen, weil das so oft gefährlich war? Eure Kraft abzugeben, aussaugen zu lassen durch allzu viele Geburten, durch ein kraftstrotzendes männliches Gegenüber? Physisch kraftstrotzend – die andere Kraft habt ihr geliefert. Und dann schwandet ihr wie der Mond in seiner abnehmenden Phase. Aber der Mond hat auch eine aufsteigende Phase, wo er zunimmt und sich als Vollmond in seiner ganzen Schönheit zeigt. Aha!!! Daran seid ihr jetzt – seid zunehmend – es brauchen nicht Pfunde zu sein – seid zunehmend in eurer Kraft, lebt eure Stärke, die nur geschlummert hat. Ihr braucht deswegen nicht süchtig nach Ruhm zu werden, aber auch nicht schwindsüchtig. Ihr braucht gar nicht süchtig zu werden – ihr braucht nicht zu verschwinden.

Doch zeigt euch, wie der Vollmond sich zeigt
in seiner Gänze, seiner Vollkommenheit,
in seiner Größe und seinem Licht.

So wie die Sonne sich zeigt, die merkwürdigerweise in der deutschen Sprache einen weiblichen Artikel hat: DIE Sonne, DER Mond. Das heißt nun nicht, dass der männliche Teil schwindsüchtig werden muss, aber vielleicht sich auf die wahre Männlichkeit besinnt – den beschützenden, aufbauenden Aspekt, und dass er auch nährend sein kann. Kehrt also die Dinge nicht einfach um. Es lebe jede Kraft in ihrer Größe und Macht. Dann erst kann sich ein Ganzes ergeben, ohne dass der eine herrschen muss und der andere kriechen. Es würde euch soviel besser gehen, soviel wohler sein. Die Göttin, sie kann jetzt zum Tragen kommen. So kann diese Kraft sich jetzt auf Erden manifestieren. Ihr müsst jetzt euch retten, und ihr könnt es. Das erst rettet auch den Mann. Denn er hat sich verirrt in seinem Männlichkeitswahn und findet da schwer hinaus. Rettet euch, und ihr rettet die Erde, rettet die Kinder. Und ihr rettet letztlich auch die Yangkraft. Denn verirrt und verzerrt waren beide: das Yin und das Yang.

Erlaubt dem Täter, nicht mehr Täter zu sein. Aber das könnt ihr nur, wenn ihr in eure Göttinnenkraft geht. Wenn ihr darin seid, darin steht und euch mutig zeigt. Schickt die Zweifel weg. Euer Vermögen, euer Schatz lagert irgendwo, und ihr könnt ihn erwecken. Und das ist auch euer ökonomisches Leben. Wir betonen es wieder und wieder. Nehmt auch dort eure Kraft und Macht zurück. Nehmt euer Vermögen wieder an und verwaltet es – auch zu aller Wohl. Wenn ihr diesen inneren Schatz wieder anerkennt, eure Kraft und Macht wieder anerkennt in gutem Sinne, lebensvoll, dann zeigt sich euch der äußere Schatz, oft auf unerwartete Weise. Glaubt daran – vertraut und erlaubt ihn!

Befreit auch das, was ihr zurzeit noch braucht: euer Geld. Befreit auch das von seiner negativen Patina. Es ist so positiv, wie ihr es annehmt und braucht, es ist letztlich neutral. Und auch das wurde euch abgesprochen. Lange hat der Mann das Vermögen verwaltet, die Hand darüber gehabt und es manchmal auch verludert. Ohne dass Frau etwas dazu zu sagen hatte. Das ist noch nicht lange her.

Erlaubt, erwartet und fordert euer Erbteil!

Das muss nicht mit äußerem Krieg sein – das ist eine innere Haltung. Erhebt euch aus Jahrhunderte dauerndem Kerker in Kraft und Würde. Seid da –seid präsent und scheut auch nicht, gesehen zu werden. Verabschiedet Intrigen und Manipulation – das sind Machtspiele, die ihr nicht mehr braucht.

Geht hoch erhobenen Hauptes in innerer Demut den Weg der Göttin.
Ebnet den Weg wieder für sie.
Denn das hattet ihr euch einst versprochen,
als ihr Priesterinnen wart und die dunkle Zeit erahntet.

Aber ihr seid wieder da, trefft euch und unterstützt euch wieder. Diese falsche Art von Männlichkeit, aber auch die falsche Art von Weiblichkeit, die verzerrte, lebt sie nicht mehr.

Erhebe dich, Göttin in deiner Kraft!
Der Kraft aus dem Herzen und aus der Liebe.

Und du trägst sie in die Welt, und du verwaltest dein Vermögen.

Gott segne die Auferstehung der Göttinnenkraft in euch und in
der Welt.

Segen, Segen euch allen, die ihr den Mut habt, sie zu leben und diese Geburts-und Transformationsschmerzen mutig zu durchleben. Ihr schreitet ja nicht allein! Denn auch wir, die Meister, haben unsere Göttinnenkraft erweckt. Spürt jetzt unsere Liebe und unsere Unterstützung!

Seid in eurer Kraft – verteidigt sie, wenn notwendig.
Ihr braucht sie nicht zu erkämpfen, nur zu beanspruchen
und auf eurem Grund und Boden zu stehen,
voller Kraft und Größe.

Von der Konstante im Wandel

Und auch heute grüßen wir euch wieder – wie immer – aus dem Zentrum allen Seins, dem Ewigen Jetzt, das war, ist und immer sein wird und das die einzige Konstante im Wandel ist.

So bitten wir euch denn:
Darauf baut und darauf vertraut!

Diese Zeiten des Wandelns und des Umbruchs – lange vorhergesagt –, diese Zeiten sind nun da in großem Maße. Ihr könnt es sehen in der Welt, wo so viele ihre Heimat verlassen in Angst und Panik. Weil die alten Führer, die Führer des Schattenreichs, noch immer nicht abgetreten sind und Tod und Zerstörung säen – aus ihrer Angst heraus, ihrer inneren Not und ihrer Leere. Haben sie sich doch nicht dem Leben, dem ewigen, verpflichtet, sondern – bewusst oder unbewusst – dem Nichts. Um ihre Haut zu retten, sind sie zu allem fähig. Doch ihre Seele leidet, und lang und beschwerlich wird ihr Rückweg sein – Ihr Rückweg zum wahren Leben und zur Liebe.

Doch säen sie erst einmal viel Leid, und Gewalt bringt oft wiederum Gewalt hervor. So bitten wir euch denn, wenn immer ihr auf diese Art und Weise zusammenkommt, euer Erbarmen, euer Mitgefühl zu diesen Vertriebenen und Leidenden fließen zu lassen und eure Liebe. Sie haben ihren Weg, ihr Schicksal, auch ihr Karma, und das könnt ihr ihnen nicht nehmen. Aber ihr könnt sie im Herzen begleiten, und oft tut ihr das ja auch nachts.

Ja, es ist so, dass neue Ordnung sich aus Chaos gebiert. Es müsste nicht so sein, wenn alte Ordnung freiwillig und bewusst in neue übergeführt würde. Aber wo die Strukturen starr gebaut sind, brechen sie im Sturm, und es entsteht eben erst einmal Chaos. Oft übernimmt auch erst einmal eine andere, ebenso tyrannische Macht. Doch ist es nicht mehr die Zeit dafür. Auch die wird weichen müssen, und auch deren Strukturen werden brüchig.

Die Menschheit ist heute allzu vernetzt, auch dank des Internets, und wenn es auch eine kleine Zahl scheinen mag, sind doch schon viele aufgewacht, erinnern sich ihrer Würde und lassen sich nicht mehr knechten. Glaubt uns: Wenn ihr euch nicht abwendet in Gleichgültigkeit oder das Schwert des Urteils schwingt, euer Erbarmen erreicht diese Menschen.

Ihr aber, die ihr hier immer noch auf sicherem Boden sitzt, tut gut daran, ebenfalls flexibel zu sein und eure Wandlung zuzulassen. Vieles verändert sich und wird sich noch verändern. Doch braucht es euch nicht zu schrecken, wenn ihr euch ausrichtet nach dem Kompass in eurem Herzen, auf euer göttliches Selbst, und euch gewiss seid unserer Unterstützung. Die Weiße Bruderschaft, zu der auch ich, Djwhal Khul, gehöre, lässt ihre Mitarbeiter nicht im Stich. Was nicht heißt, dass ihr nicht auch Herausforderungen habt und haben werdet. Und auch mal ein Tief, vielleicht auch Ängste, und ihr hie und da nicht mehr weiter seht.

Schon lange haben wir euch geraten, dankbar zu sein für alles und jedes. Das kann euch jetzt helfen. Euch zu freuen an jeder Kleinigkeit. Und auch, „gwundrig" zu sein.

An jeder Ecke, wenn ihr glaubt, nicht weiter zu sehen,
das Wunder zu erhoffen und auf das Wunder zu bauen.

Haben wir nicht eher den Überblick, können wir nicht mehr Fäden ziehen und Menschen zusammenbringen? Wie sagt doch unsere Sprecherin immer: „Der große Computer hat mehr Programme."

Das hat er wahrlich, und es sind Programme des Lebens, der Unterstützung. Doch braucht es dazu euer Ja. Wo immer ihr steht und geht und seid, wo immer und was immer ihr arbeitet – so es eine ethische und ehrliche Arbeit ist – könnt ihr mit uns und für uns arbeiten, könnt ihr menschlich sein und Liebe weitergeben. Das kann einmal ein Nein sein, das kann einmal Strenge sein, denn in dieser Liebe macht man nicht mehr alles mit.

*Diese Liebe beinhaltet ja auch die Liebe zu euch selbst
und zu eurer Würde, die euch angeboren ist
und die ihr nur verlieren und verleugnen könnt.*

Dann ist es nicht so wichtig, welche Arbeit ihr macht. Ihr könnt darum bitten, dass wir euch dort einsetzen, wo ihr am fähigsten seid kraft eurer Gaben und Talente. Aber auch das kann sich ändern im Laufe eines langen Lebens. Wenn ihr nur erreicht, dass ihr erlittenes Unrecht nicht weitergebt, erlittene Gewalt, sei sie psychischer oder physischer Natur, wenn ihr euer Liebesmanko auffüllt – und das tut ihr am besten bei uns, wo die Liebe unlimitiert ist –, wenn ihr eure Themen sichtet und mit uns zusammen Heilung erlangt, dann ist so viel erreicht. So viel gereinigt und geläutert, und das ist letztlich Transformation. Erlittenes wandeln in Kraft, in Verständnis, Mitgefühl und es nicht einfach weitergeben. Es ist möglich zu heilen, aber es braucht dazu eine höher schwingende Frequenz.

So ist denn Verbindung mit uns auch heilend, transformierend eben. In dieser Transformation seid ihr jetzt alle. Es wird nicht immer leicht sein, es ist nicht immer leicht, doch können eure Widerstände den Prozess nur erschweren. Immer könnt ihr fragen, wo ist es richtig, mich führen zu lassen, und wo soll ich jetzt etwas selbst unternehmen. Eigentlich ist das kein Widerspruch. In allen euren Unternehmungen könnt ihr euch führen lassen und werdet ihr kraft eurer Intuition, eurer inneren Stimme, klarer erkennen, was zu tun ist. Das Resultat, wie es dann wirken wird in der Welt, was für Kreise es ziehen wird, das übergebt ihr dann doch am besten an den größeren Computer. Er hat auch mehr Adressen!

Wenn ihr eure irdische Werbung gemacht habt – und ihr dürft für euch werben, werbt ihr doch eigentlich für unsere Firma –, dann könnt ihr uns bitten, die unsichtbaren Briefe und Mails zu verschicken. Dass die Menschen euch finden, ihr sie findet, die ihr euch etwas zu sagen, zu geben und zu heilen habt. Diese Menschen finden sich jetzt immer mehr zusammen, irgendwo draußen in der Welt. Es kann an einem Badesee sein, in einem Geschäft, irgendwo. Doch bittet, dass ihr euch erkennt. Diese Kreise, in denen ihr euch trefft, sind nicht zufällig. Ihr könnt den Weg miteinander gehen und euch gegenseitig stärken und ermutigen. Das kann eine große Kraft sein. Eine Kraft auch, die in die Welt strahlt.

Doch geht es darum, Prioritäten zu setzen. Dass euch diese Zusammenkünfte, wo sich eure Kräfte potenzieren, wichtig sind, wo immer sie stattfinden. Dass ihr wisst: Es strahlt dann aus von dort, es strahlt aus von hier, denn mit euch sitzen ja – ungesehen von den meisten – eure Engel, eure Geistführer, eure spirituellen Begleiter. Und oft auch eure Ahnen. Manchmal sogar die, von denen ihr es am wenigsten vermuten würdet. Man kann ja auch drüben weiter lernen. Man kann auch von drüben unterstützen. Dieser Raum ist viel voller, als ihr wahrnehmt.

Ja, viele Umschichtungen finden statt heutzutage. Im Beruf, manchmal im Wohnen, in Beziehungen. Aber es kommt etwas nach – wenn ihr euch nicht verschließt –, das euch jetzt mehr entspricht. Ein Platz, Menschen, an dem und mit denen ihr jetzt weitergehen sollt. Kämpft nicht *gegen* Dinge – wir bitten euch – kämpft *für* Dinge, nämlich bessere. Nämlich lebensvollere und Leben unterstützende. Sonst seid ihr wieder in der Trennung, der Spaltung.

Somit ist es nicht egal, was ihr tut, aber auch nicht, was ihr sprecht und denkt, und auch nicht, was ihr empfindet. Ihr sollt ja darin immer bewusster werden.

Was habe ich jetzt gerade mit Worten, Gedanken und Gefühlen
unterstützt? Was habe ich genährt?
Wo habe ich meine Energie hingeschickt?

Da herrscht oft noch viel Unklarheit und Unbewusstheit. Da hättet ihr so vieles in der Hand. Ihr kennt eure wahre Kraft und Macht noch nicht oder nicht mehr.

Was ihr in diesen Kreisen tut, ist weder Luxus noch Hobby noch Zeitvertreib.

Ihr arbeitet dann mit an der neuen Erde und der neuen Welt.
Daran seid ihr jetzt!

Wenn ihr eure Herausforderungen – das, was ihr Schwierigkeiten nennt – eure Tiefs auch in diesem Zusammenhang sehen könnt, dass auch das Mosaiksteinchen sind auf dem Weg, dann sind sie leichter zu meistern. Doch manchmal müsst ihr uns klar sagen, was ihr braucht. Selbst diejenigen von uns, die inkarniert waren, erinnern sich nicht mehr so gut an Bankkonten, Rechnungen und dergleichen. Aber ihr könnt es uns ja wieder erklären. Und manchmal auch ganz konkret sagen: „Bis dann und dann brauche ich unbedingt das und das." Das Wie aber könnt ihr uns überlassen, die Art der Lösung.

So könnt ihr denn auch wählen, weiter zu schmoren in eurem Elend oder euren Schwierigkeiten, oder uns um eine Lösung bitten. Um die bestmögliche Lösung, wenn ihr mal wieder nicht weiter seht. Die Details sind dann manchmal ganz anders, als ihr sie bestellt hättet, aber sie fügen sich besser zusammen und dienen euch mehr.

Denn so, wie ihr uns dient,
wenn ihr euch als Mitarbeiter meldet,
dienen wir euch.

Und wir bedingen und brauchen uns gegenseitig. Nur zusammen können wir so wirken, dass es dem Leben dient und eben nicht der Zerstörung. Ach, Gott wurde um so Vieles angerufen, was mit wahrem Leben nichts zu tun hatte. Ihr aber könnt und sollt um diese eure wahre Kraft bitten.

Da aber kommen wir wieder zum Zulassen, zum Erlauben. Denn manchem macht diese Kraft Angst. Weiß man doch nicht, wo sie einen hinführt und wie genau man dann sein wird. Es ist manchmal leichter, sich leid zu tun und zu jammern. Manchmal auch hat man Angst vor dieser Macht, weil man auch Machtmissbrauch gekannt hat – von beiden Seiten her. Wenn euch dieses Wort Macht nicht gut klingt oder gar Angst macht, wie wäre es dann mit „Vollmacht"? Dass ihr in Vollmacht handelt als Bevollmächtigter unserer „Firma". In Treu und Glauben, wie ihr das nennt. Aber diese Firma wurde auch schon für manches eingespannt, was nicht ihren Prinzipien entsprach.

Doch dient diese „Firma" dem Leben, immer dem Leben!
Und immer der Liebe!

Wenn ihr das verinnerlichen könnt, zulasst und einlasst, dann werden selbst steinige Wege leichter, werden Berge ebener, und ihr habt zumindest genügend Puste, um sie zu besteigen. Wie wäre es, wenn ihr jeden Morgen darum bitten würdet, geführt zu sein? In Vollmacht, als Mitarbeiter dieser neuen Erde – einer Menschheit, die sich nicht bekriegt, sondern miteinander wandert, eines Planeten, der gedeihen kann, weil ihr Sorge um ihn tragt, verbunden euren Mitwesen im Tierreich, im Pflanzenreich und auch den Engeln und Devas. Es ist ein großes Miteinander, und ihr könnt es nur stören oder eben euch die Hände reichen.

Dort, wo ihr steht, Heimat erbauen, wie wir immer sagen. Ihr, die ihr sucht und gesucht habt, habt alle einmal dieses Heimweh gespürt. Bei manchen war es verschüttet. Andere spürten es stark und sehnten sich weg. Nein, baut Heimat hier! Sehnt euch nicht nach dem Paradiesgarten! Er mag euch wohl Vorbild sein, Muster. Doch wenn ihr euch nur dorthin sehnt, verdorren eure Gärten hier, und Unkraut wuchert.

Baut nach jenem Bilde den Garten hier.
Hegt ihn, pflegt ihn, bewässert ihn.
Damit meinen wir einmal mehr den „Garten eures Herzens".
Daraus baut dann Heimat hier – wenn auch vorübergehende –
ein Abbild des Paradiesgartens.

Sagten wir schon, dass ihr Engel seid, Angelos, Boten? Ihr wollt doch wohl nicht Todesboten sein? Nein, seid Lebensboten! Boten der Freude, Boten des Miteinander! Geht behutsam – geht in Sandalen – bildlich gesprochen – und nicht in genagelten Stiefeln. Braucht eure Hände wieder zum Segnen und zum Beten und nicht zum Schlagen und Zerstören! Familie seid ihr, und ihr, die ihr hier sitzt – auch die, die jetzt nicht da sind – ihr kennt euch. Ihr wandert nicht zum ersten Mal miteinander. Viele auch, die dies lesen werden, gehören dazu.

So fühlt euch denn gewürdigt und geehrt. Daraus könnt ihr Kraft schöpfen, euer Potenzial befreien und segensreich wirken. Ihr, die ihr euch immer mehr erinnert, von wo ihr kamt und mit welcher Absicht. Die Absicht bleibt, die Details des Kontraktes können sich ändern.

Aber die Absicht ist immer: dem Leben zu dienen,
in Freude, in Hingabe und in Liebe.

Und Hingabe ist nicht Opfer – Hingabe kann auch mal nein sagen.

Hingabe ist:
mit hoch erhobenem Haupte ein freier Mitarbeiter zu sein.
Der keine größere Freude kennt,
als mitzuwirken an diesem Werk, dieser neuen Erde.
Denn sie soll ein Stern des Lichts und der Liebe werden.

So lasst euch nicht irremachen durch das, was ihr heute noch seht an Chaos, an Zerstörung und auch an Naturkatastrophen. Dankt denen, die darin umkommen, und segnet sie. Dankt für euer Bewahrt-sein. Doch wisst um die Richtung. Lasst keine Weltuntergangsphantasien zu und gebt dem nicht Nahrung. Sondern:

Tragt die Fackel, tragt die Laterne!
Poliert sie, aufdass sie leuchte!
Dann seid ihr ein Fackelzug, der über die ganze Erde geht.

Wo aber Licht ist, kann Dunkel nicht bleiben.

So seid denn gesegnet und wisst:

Ihr geht nie allein,
wenn ihr es nur erlaubt, dass wir euch begleiten!

VON GEBURTSWEHEN EINER NEUEN WELT

Aus dem Zentrum allen Seins – dem Ursprung von Liebe und Licht – begleiten wir euch segnend durch eure Umbruchszeiten – mögen sie neuen Wein in neue Schläuche gießen.

Wie sagte doch mal einer: „Das Chaos ist die Vorstufe der Ordnung." Doch in vergangener Zeit führte es oft nur dazu, dass einfach eine andere Schicht die offene oder verborgene Tyrannei ausführte oder gar die alten Drahtzieher ihr Mäntelchen einfach nach dem neuen Wind drehten. Aber eigentlich blieb doch alles beim Alten – die einen herrschen, die andern leiden und kämpfen oft ums nackte Überleben.

Das ist in eurer Zeit – die alles vergrößert – noch deutlicher geworden. Abertausende verhungern, werden umgebracht, gequält...und diejenigen, die die weltliche Macht in Händen halten – oder sollten wir sagen: die finanzielle – üben sich im Aufkleben von Trostpflastern, im Zur-Kasse-bitten derjenigen, die ohnehin schon zu wenig haben. Da ginge es eben um die Ausrichtung, die nicht stimmte und entsprechende Einrichtungen gebar. Noch immer gibt es Tyrannen, die nach altem Muster agieren – gibt es Revolutionäre, die nur ihre eigene Macht anstreben – man könnte sagen, nach dem Muster der Französischen Revolution, die ja auch etwas anderes wollte als grausame Unterdrückung. Nämlich Freiheit und Brüderlichkeit...

Und doch läuft einiges anders zurzeit. Auch wenn es immer Randerscheinungen gibt, da turbulente Zeiten das Ausagieren von Hass und Gewalt begünstigen. Die Zeit der Tyrannen ist abgelaufen, denn sie können nicht mehr im Dunkeln herrschen und morden und sich bereichern. Das Internet macht auch hier Transparenz möglich und eine weltweite Vernetzung.

Viele junge Menschen lehnen sich jetzt auf, gehen auf die Straße. Es ist dies eine effektivere Auflehnung, als sich mit Alkohol und Drogen zu betäuben – und nicht gewahr zu sein, dass sie damit nur Mafia und Drogenbosse unterstützen.

Ihr wärt übrigens erstaunt, wenn ihr wüsstet,
wer die auch sonst noch unterstützt –
es sind Menschen, die in weißen Westen durch die Welt
wandern…,
wenn auch nur gefärbten Westen.

Es ist die heutige Zeitqualität, die all' dies begünstigt – das Aufräumen und Aufbäumen nämlich. Ihr seht das ja auch in der Natur. Die Elemente erheben sich, reinigen sich, wollen sich neu ordnen. Und neu ordnen will sich auch eure Gesellschaft. Aber das geht nicht im alten Denken, auf der dualen Schiene. Das geht nur aus dem Herzen – einem mitfühlenden Herzen – nur aus einem neuen Denken, das eben den dritten Punkt mit einbezieht. Aber das braucht gewissermaßen neue Leitungen – neue Vernetzungen – im Gehirn und im Herzen. Oder sollten wir sagen: das Reaktivieren der ursprünglichen?

das Denken und Fühlen des Engels in euch?

Da könnte einen ein Blick in die Welt verzweifeln lassen. Wann endlich wird eingesehen, dass ein Krieg nur Verlierer hervorbringt? Ja selbst der „Kriegsgewinnler" verliert – verliert seine Menschlichkeit und schafft sich Karma. Ein totgeschwiegenes, versteinertes Herz verhindert jegliche Entwicklung – und der Engel, der dieser Mensch eigentlich auch wäre, zieht sich zurück. Er mag noch hie und da rufen, rütteln, doch hat ein krankes, erstarrtes und sich selbständig gemachtes Ego keine Ohren mehr. Dafür umso mehr Raum für Gier und Gewalt, Hass und verzweifeltes Töten.

Was aber könnt ihr tun, ihr, die ihr nicht so direkt betroffen seid?

Ihr könnt weiterhin den Feind im Außen sehen, *gegen* etwas kämpfen…..oder *für* etwas und euer Inneres klären. Ihr könnt eure Werte überprüfen, euern Groll auflösen, eure Glaubenssätze wandeln. Es ist nicht gleichgültig, was ihr tut, glaubt, sagt, denkt…auch das ist Energie, die in die Welt fließt und das oder jenes unterstützt. Je mehr Menschen auf einem wahrhaft spirituellen Weg wandern – *nicht nur so als Zeitvertreib und wenn grad mal nichts anderes ansteht* – desto mehr wächst das Rettende in der Welt. Desto weniger können niedrig schwingende Anteile gedeihen.

Jede auch noch so kleine Meditationsgruppe kann da mithelfen – nämlich

> *die Energie in der Welt zu Lebensförderndem zu wandeln –*
> *eben zu mehr Liebe und Licht.*

Keiner kann sagen, er könne ja nichts tun…er sei nicht mächtig.

> *Ermächtigt seid ihr als Kinder Gottes alle!*

Er kann sich im Mitgefühl üben, seinen Ärger und Groll wandeln, seine Angst, und er kann seine Lauheit überwinden. Ohne Dranbleiben, ohne Disziplin im guten Sinne wird auf Erden nichts erreicht. Und auch nicht ohne Hingabe, die ja – leider – der Terrorist besitzt…wärt ihr alle so in der Hingabe! Aber der Hingabe ans Leben! Nicht an den Tod.

Versucht, nicht in die Angst zu gehen, euch eure Macht und Kraft nicht nehmen zu lassen. Selbst wenn ihr euer Leben lassen müsst, können Macht und Kraft und eure Liebe überleben. Betet auch für die Tyrannen, für die Kriegsgewinnler – und wenn ihr den Eindruck habt, dass euer Licht dort nicht angenommen wird, so sendet es auf ein „Konto", wo sie es einst abholen können, wenn sie aufwachen werden. Denn ein schönes Aufwachen wird das nicht sein für sie…wenn sie ihre Taten als das erkennen, was sie waren: Taten gegen das Leben nämlich, gegen den Schöpfer des Lebens.

Doch mögt ihr diese selbst als Weckruf verstehen – vielleicht wart ihr ja sogar einverstanden, euch von ihnen so hart aufwecken zu lassen? Auch da gibt es Seelen, die sich dazu hergeben, euch hart anzufahren, damit ihr erkennt, damit ihr verzeihen lernt, und das ist Transformation. Doch gibt es auch die andern, die in Nacht und Dunkelheit verstrickt sind, dem Licht, dem göttlichen, abgeschworen haben und ein Schattenreich aufgebaut. Das ihnen scheinbar Macht verleiht und ein gutes Leben. Doch ist es Macht aus Angst – mehr Angst als bei einem Tyrannen ist da nicht. Darum kann er ja auch nicht abtreten, kann nichts zugeben, ist nicht zur Reue fähig. Irgendwo tief innen zuckt auch sein Seelenflämmchen noch. Weiß auch er, dass sein Tun aufgezeichnet ist, dass er das, was er gesät, einst wird erlösen müssen.

Auch über ihm waltet Gnade – doch verwechselt nicht Gnade und Nicht-Urteil mit energetischen Konsequenzen. Wenn er dann einmal zur Reue fähig sein wird, seine Ängste gewandelt hat, sein Herz wieder lebensvoll schlägt, kann er seine Macht dazu benutzen, er-mächtigt zu sein – ermächtigt als Diener des Engels, der auch in ihm schlummert. Und dann bewirkt er vielleicht mehr Gutes als mancher, der lau und mutlos durchs Leben schleicht, damit er ja auch wirklich nichts „falsch" mache. Oder im Grunde seines Herzens die Wege des Tyrannen und Hassers ebnet.

Alle seid ihr in der Verantwortung, alle –
alle antwortet ihr in jedem Moment der Schöpfung.

Nehmt eure wahre Kraft zurück – seid ermächtigt. Lasst euch euer Recht auf ein menschenwürdiges Leben nicht nehmen. Seid gewahr, wo ihr selber Tyrannen seid – vielleicht nur, indem ihr den Engel in euch unterdrückt oder nicht wahr-nehmt? Denn seine Entscheidungen sind nicht immer die Wege des Egos.

Es braucht Mut, den Engel zu leben – großen Mut.

Denn es ist der Engel in dir, den der Tyrann im Außen und der Tyrann im Innern bekämpft. Und oft bist du es selbst, dem der Engel lästig ist. Ertönt seine Stimme doch oft als Mahner, als Korrektur, erinnert dich des Weges, den du dir vorgenommen hattest.

Schenkst du ihm Gehör oder heißt du ihn schweigen?

Unterschätze deinen Beitrag nicht! Er mag dir klein erscheinen, aber ist auch ein Steinchen auf der Waagschale – vielleicht gerade *das* Steinchen, das sie zum Kippen bringt – oder in Balance. Vielleicht gerade das Quentchen Energie, das es noch braucht, um den Quantensprung zu ermöglichen.

Somit bist auch du in der Verantwortung, und keiner kann sich da heraussteblen. Aber es soll euch nicht Last sein, sondern Freude – Freude darüber, dass ihr das tun könnt, wofür ihr gekommen seid – dass ihr Lichtarbeiter an dem wirken könnt, was ihr euch vor Äonen vorgenommen hattet. Auch ihr durch viel Leid hindurch – durch viel Mutlosigkeit – durch viel Straucheln auch.

Aber die Zeit ist reif – und ihr seid reif, so ihr es nur annehmt und lebt. Dort lebt, wo ihr seid – im Kleinen oder im Großen. Und oft hat Kleines große Wirkung und Großes nicht unbedingt. Biblisch hieß das: „Arbeiter im Weinberg des Herrn". Doch sollte auch der Herr Diener sein und der Arbeiter sich seiner Würde und Wichtigkeit bewusst. Diener nämlich, Unterstützer, Sponsor, des Engels in euch.

Mitarbeiter am Projekt Erde,
die ein Stern von Liebe und Licht werden soll.

Dafür seid ihr einst gestartet – dafür habt ihr gelitten, dafür seid ihr wieder hier, nach allen Verirrungen und Verstrickungen. Dafür trefft ihr euch wieder, erkennt euch wieder, über die Kontinente hinweg. Dafür seid ihr – bewusst oder unbewusst – Mitarbeiter der großen Weißen Bruderschaft. So gewissermaßen die „Erd-Experten." Das nehmt an – das lebt – denn am glücklichsten ist der Mensch, wenn er seinen Auftrag erfüllt, den Pfad seiner Seele geht oder eben seines Engels. Selbst wenn dieser Pfad nicht immer eben verläuft, oft sogar steinig ist und steil. Aber macht ihn nicht steiler, als er sein müsste, und überseht nicht die Rosen am Wegesrand. Je mehr Menschen ihn gehen, desto ebener wird er, kann leichter begangen werden.

Und deshalb:

Begießt auch die Rose in euren Herzen,
damit ihr Duft euch leite –
pflegt die Flamme in euren Herzen,
damit sie euch den Weg erleuchte!

Und nehmt euch an der Hand,
damit ihr alle das „Gelobte Land" erreicht,
zusammen mit der Erde.

Das aber kann überall sein –
ist es doch das Land von Licht und Liebe –
ist es doch die einzige Wahrheit.

Denn alles andere ist Illusion,
ist nicht der Weg des Engels,
der ihr seid.

VOM LICHT DER WELT,
DESSEN TRÄGER IHR SEID

Wie immer grüßen wir euch aus dem Zentrum allen Seins – aus dem Alles-was-ist – und wir freuen uns so, dass wir euch an jeder Toröffnung ein bisschen näherkommen können.

Euch allen und vor allem denen unter euch, die hören und sehen – hören und sehen wollen. Denn so ein Tor kann eigentlich nur wirken, wenn die Energie, die da vermehrt hindurchfließt, in offene Hände, ja in offene Herzen kommt und dort umgesetzt wird – ins Leben nämlich. In euer ganzes Sein und Tun.

> *Gut tut ihr daran,*
> *wenn ihr den Ruf der Seele hört,*
> *zulasst und ihm folgt.*
> *Denn diesmal ist es so sehr*
> *eine Zeit der Entscheidung.*

Wie Kryon schon lange sagte: Das Sitzen auf dem Grenzzaun liegt eigentlich nicht mehr drin. Und doch sitzen sie dort noch immer in Scharen. Aber der Wind bläst, und er bläst stärker. Und so man sich nicht entschieden hat, auf welche Seite man gehen möchte, wo man mitwirken möchte, dann bläst er einen vielleicht auf die andere – nämlich die Seite der alten Energie, der Stagnation. Es gibt Länder wie das eure, wo man auf dieser Seite noch immer weich auf Daunen liegen kann. Aber man ist nicht zugeschaltet an die Zukunft. Man hat entweder noch nicht die Aufgabe, daran mitzuarbeiten, oder verweigert diese. Weil es sich eben auf Daunen immer noch so weich liegt…

So kann denn mancher froh sein, wenn er aufgeweckt wird durch irgendein Ereignis.

Wenn das Brennen in der Seele so stark wird,
dass er wählt, entscheidet,
nämlich Richtung und Weg,
und ihn in Hingabe geht.

In der Hingabe, die eben – wie wir ungern sagen – der Terrorist hat. Der dabei immerhin Hingabe lernt – wenn auch in lebensverneinender Verblendung. Aber die Hingabe ans Leben hat tausendmal mehr Kraft. Und so ist es denn eine Zeit der Entscheidung und immer wieder ein Tag der Entscheidung, wer auf diesem Pfad geht.

Herausforderungen werden euch dann nicht mehr so arg drücken, auch wenn sie noch da sind. Es wird auch viel Freude da sein – innere Freude, die euch niemand nehmen kann. Nur in Zeiten der Entscheidung, da brauche ich dann eben das Sichten auf allen Ebenen – Sichten des Materials, des materiellen, des emotionalen, des mentalen. Und darum kreisen ja eigentlich meine – unsere Texte. Damit man eben vorwärtsgehen kann, ohne den schweren Rucksack und ohne sich zu wiederholen. Denn nur dann kann ich diese neuen Energien ergreifen, ihnen zum Durchbruch verhelfen.

So lange waren da Energien der Grausamkeit, des Krieges auf eurem Planeten, der Abkehr vom wahren Leben – doch diese Energien laufen aus, auch wenn es nicht so aussehen mag. O dass doch alle Menschen einsehen könnten, dass Kriege nur Verlierer schaffen und Grausamkeit nicht nur gegen Mensch und Tier gerichtet ist, sondern gegen das Leben selbst. Sie schaffen nur Leid – Wiederholung eines Leids, das nicht mehr nötig wäre.

Karma kann – ab einem gewissen Punkt –
auch in aufbauendem Tun erlöst werden –
so Einsicht und Reue vorhanden sind
und der aufrichtige Wunsch, es zu wandeln
und dem Leben wieder zu dienen.

Doch glaubt dies: Wenn einer im Hass verstrickt ist und sich zu drehen vermag, kann er in großer Liebe sein. Während derjenige, der auf dem Zaun sitzenbleibt und sich nicht entscheidet, zwar scheinbar nichts bewirkt, aber auch die lichte Seite nicht stärkt und – ohne zu wollen – die dunkle mehrt. Ihr seid ja immer noch in der Dualität…Auch die Mitläufer geben ihre Energie auf die eine oder andere Seite. Auch die Unentschiedenen haben sich doch entschieden: das Licht zwar nicht unbedingt zu hindern, es aber auch nicht zu mehren. Und somit mehrt sich Dunkelheit…

Ihr aber wurdet gefragt, wo ihr mitmachen möchtet – doch habt ihr es wieder vergessen. Oder erinnert euch lieber nicht, da unbequem. Viele aber haben JA gesagt – haben um diese erhöhten Energien gebeten und sind jetzt zu irdischem JA aufgerufen. So seid nicht traurig, wenn ihr erst einmal nicht so viele Menschen um euch schart.

Ihr, die ihr JA gesagt habt,
ihr strahlt soviel aus, ihr bewirkt soviel,
einfach, indem ihr euch in Wandlung begeben habt,
indem ihr Wandlung erlaubt.

Indem ihr eben etwas anderes ausstrahlt, für etwas Größeres steht. Das entweder Menschen anzieht oder auch abstößt – je nach ihrer Entscheidung.

Es geht ums Prioritäten-setzen – meine Lieben. Es muss nicht der asketische Weg sein und dass man sich jede Freude missgönnt und stur wandelt, ohne nach links und rechts zu blicken. Und – wie wir immer sagen – die Rosen am Wege nicht sieht. Es geht um eine innere Entscheidung. „Was ist mir wichtig?" Es geht um die Frage: „Was habe ich mir wohl vorgenommen?" Sich zu erinnern an dieses Ja – sich zu fragen, warum man gerade jetzt in dieser Zeit – nämlich dieser Zeit der Entscheidung – inkarniert hat? Vielleicht doch nicht nur, um ins Kino zu gehen? Nichts gegen einen guten Film – ihr sollt euch auch amüsieren zwischendurch – ihr sollt wirklich leben mit allen Facetten.

Jedoch, wenn ihr euch innerlich entschieden habt und sich eure Prioritäten automatisch verändern, dann wählt ihr auch anders, und es ist kein Opfer dabei. Dann zieht ihr vielleicht wirklich einen solchen Abend (Meditation) etwas anderem vor, weil euch dieses mehr nährt. So wie es irgendwann einmal kein Opfer mehr bedeutet, gesünder zu essen und Junk Food wegzulassen. Weil ihr wieder die Signale eures Körpers hören könnt, der eben nach gesünderer Nahrung verlangt. Nach Nahrung, die ihn wirklich stärkt und aufbaut und ihm das nicht nur vorgaukelt.

Ihr habt viel Junk Food in eurer Gesellschaft heute – auf allen Ebenen. Und diese nährt euch nicht, sondern ruft nur weiteren Appetit hervor – es ist ein endloser Kreislauf. Irgendwann müsst ihr euch nicht mehr zwingen, euch um nachhaltigere und aufbauendere Dinge zu kümmern und die anderem vorzuziehen. Denn es wird ein Bedürfnis sein.

Dann nämlich, wenn ihr euren inneren Menschen wieder spürt. Wenn ihr euch wieder sehnt nach eurem göttlichen Teil. Und der braucht andere Nahrung.

Dann wird euch so ein Tag und so ein Abend glücklich machen. Und ja – ihr werdet euch vielleicht sogar privilegiert fühlen, dass ihr an diesen weltweiten Meditationen teilhaben könnt. Verbunden mit allen jenen andern, denen es auch ein brennendes, tiefes Anliegen ist, den Kurs dieses Planeten und der Menschheit zu verändern. Nämlich wieder zum Leben hin – zum großen Leben hin.

Dieser Wunsch wird dann so stark und hebt einen über das Ego hinaus und seine Sorgen. Es ist, als sähe man endlich aus dem

Fenster, was da auch noch ist, und nicht nur sein eigenes, kleines Wohnzimmer. Es wird ein Anliegen, wie es den andern geht, wie es der Schöpfung geht.

Es erwacht auch wieder die Liebe zur Schöpfung,
das Staunen über sie und die Dankbarkeit,
in diesem Garten wohnen zu dürfen.

Denn der Garten Eden ist nicht nur irgendwo und auf ewig verspielt und verloren – er könnte auch hier sein. Ihr könnt ihn zumindest anstreben. Aber das heißt wiederum, dass ihr euren Garten im Innern hegt und pflegt, und gießt. Und vielleicht erst einmal Unkraut jätet. Denn Unkraut hat die fatale Eigenschaft, dass es auf jeglichem Boden sprießt. Aber es ist an mir zu wählen, was in meinem Garten wachsen soll. Und an mir, die Pflanzen zu nähren, die eben kein Unkraut sind. Ganz abgesehen davon, dass ihr manchmal auch etwas Unkraut nennt, was vielleicht den Boden lockert oder sogar eine Heilpflanze ist. Mit Unkraut aber meinen wir: Groll, Hass, Frust. Und das, was am meisten wuchert, ist die Angst. Die überwuchert manchmal alles, und die restlichen Eigenschaften können dann nicht mehr zum Tragen kommen.

Nun – diese höher schwingenden Energien, die immer mehr und stärker durchkommen – die haben ja die Eigenschaft, die CD zu überspielen, die Angst zu neutralisieren. Zu wandeln eben. Aber dann müsst ihr eure Angst in diese Energie hineingeben, vertrauensvoll. Doch sind diese Energien erst einmal nicht so angenehm, weil sie ein Spotlight auf das noch nicht Gewandelte werfen. Und halt auch auf das Gerümpel scheinen. Da kann erst einmal etwas vergrößert aussehen – es ist dann, als wäre die Angst noch nie so groß gewesen oder die Wut, was immer.

Darum ist es gut zu wissen, worum es geht. Denn auch eure Zellen können erst einmal mit Angst und Abwehr reagieren. Weil sie diese Schwingung nicht mehr kennen, weil sie ihnen fremd ist.

So tut ihr gut daran, zu eurer Biologie zu sprechen und zu sagen: „Es ist gut, was da passiert." Auch wenn es erst unangenehm ist, weil es aufräumt, weil es Dinge vergrößert.

„Aber es ist gut –
wir sind fähig, höher zu schwingen und liebevoller.
Wir bitten darum und lassen zu,
dass unsere Körper und unsere Zellen angepasst werden
und das mittragen, das erlauben."

Denn ihr wusstet darum, als ihr inkarniertet, dass dies – vielleicht – möglich ist. Lange sah es nicht danach aus, doch ist es möglich geworden.

Ihr könnt natürlich eure Symptome unterdrücken mit chemischen Mitteln, hinter denen ja auch oft soviel Betrug, Gier und Unverantwortlichkeit stehen. Oder ihr könnt eure Körper unterstützen mit aufbauenden Maßnahmen. Und wieder weisen wir hin auf *Mineralzusätze.* Ihr mögt dann auch erkennen, dass Zeiten, wo ihr weniger zu tun habt oder gar keinen Job, zu euren Gunsten sind. Weil dann eure Körper mitkommen können. Weil sie am Integrieren dieser höheren Schwingung sind, um in anderer Frequenz arbeiten zu können. So verurteilt euch nicht, wenn ihr mal wieder müde seid, euch etwas „fehlt", etwas nicht so gut funktioniert. Es ist eine immense Aufgabe, die ihr da erledigt. Aber wenn ihr dazu auch JA sagt und darum bittet, dass euch bei diesen Umstellungen geholfen wird, desto besser könnt ihr hindurchkommen.

All diese Schwingungserhöhungen sind eben nur möglich, indem sie in jedem Einzelnen stattfinden und dieser Einzelne das dann wieder ausstrahlt und im andern erweckt. Ihr könnt viel für eure Körper tun, sollten sie ausagieren, wenn ihr sagt:

„Ich sage JA zu dieser Wandlung.
Ich trage sie mit."

Jeder Einzelne kann da etwas bewirken und ist not-wendig. So sind denn die Zusammenkünfte an heiligen Orten wichtig, aber auch in kleinem Kreise. Auch dort könnt ihr einen Kraftort schaffen, dort, wo ihr seid und zusammenkommt. Könnt ihr latente, brachliegende Kraftlinien wieder verbinden und stärken.

Es sind nicht nur die Menschen, welche die Energien, die durch diese kosmischen Tore kommen, willkommenheißen und empfangen. Es sind auch die Tiere, die Pflanzen, die Elemente. Und unzählige geistige Wesen: Engel, Helfer, Schamanen, Meister, ja, bis in die höchsten Hierarchien. Ebenso die ehemaligen Priester von Lemurien. Viele sind ja wieder da, und viele Lemurier sind wiedergekommen, um an dieser Wandlung teilzuhaben, tragen sie doch noch eine Prägung in sich einer geistigeren, spirituelleren Gesellschaft. Lange haben sie gewartet, oft verzweifelt, aber jetzt sind sie hier. Jetzt sind sie hier und haben JA gesagt und setzen sich ein. Heute seid ihr auf dem Marktplatz, in den verschiedensten Berufen, und das ist auch gut so. Die Lemurier aber finden sich wieder – über die Kontinente hinweg. Wenn es am Tag nicht möglich ist, dann eben nachts. Ihr wärt erstaunt zu sehen, was ihr nachts alles tut!

So nehmt ihr dieses Spotlight ja auch weltweit wahr. So vieles fliegt auf und kann nicht mehr im Dunkeln verborgen bleiben. Es muss die Krankheit erkannt werden, damit sie geheilt werden kann. So sieht es denn im Moment schlimm aus auf der Erde, als wäre da mehr Korruption, mehr Krieg, mehr Gewalt, mehr Elend. Es ist das Spotlight, welches das alles beleuchtet. Es sind die Geburtswehen. So segnet denn alle, die in diesem Elend sind, die sich dazu hergegeben haben, um dort vielleicht ein winziges Licht anzuzünden. Doch mag es stärker leuchten, weil es eine große Leistung ist, im Elend Lichter anzuzünden.

Ihr aber, die ihr in Sicherheit sitzt,
poliert eure Laternen und stellt sie ins Fenster,
zeigt euch!

Mit dem, was ihr seid und sein könnt. Fragt nach eurer wahren Aufgabe und lebt sie. Auch wenn das herausfordernd sein kann. Und erinnert uns immer mehr daran – uns, die wir nicht inkarniert sind –, dass ihr materielle Bedürfnisse habt und die o.k. sind, dass die abgedeckt werden müssen. Ihr sollt nicht in Sack und Asche wandeln – ihr habt das hinter euch. Ihr dürft die Fülle beanspruchen, eine harmonische, gesunde Fülle, um wirken zu können. Ihr könnt auch hier um Unterstützung bitten. Denn wir brauchen starke Mitarbeiter, und möglichst gesunde. Solltet ihr noch körperliche Symptome haben, so nennt das nicht Krankheit. Es sind Wachstumssymptome. Sie werden verschwinden. Und ihr könnt gekräftigt daraus hervorgehen und wirkungsvoller. Wenn es euch aber einmal schwer wird, so erinnert euch daran, dass ihr ja JA gesagt habt. Aber dass dieses JA immer wieder bekräftigt werden muss. Da gibt es Tage, wo dies leichterfällt oder wo es schwerer wiegt.

So limitiert euch denn nicht!
Ihr habt Fähigkeiten, die ihr noch nicht mal ahnt.

So könnt ihr auch diese erlauben. Limitiert eure Zukunft nicht, sondern versucht möglichst harmonisch in der Gegenwart zu sein. Offen dafür, dass sich Probleme lösen können und diese Lösungen eigentlich schon da sind. Auch wenn es manchmal ein bisschen dauert.

Ergeht euch also nicht in Weltuntergangs-Prophezeiungen. Stützt diese nicht! Seid klar, wohin ihr eure Energie gebt und auf welcher Seite des Zauns ihr sitzen wollt. Ihr habt soviel Verstärkung von der geistigen Welt.

Wenn ihr die Scharen sehen könntet,
die an diesen Toröffnungen beteiligt sind
und sie möglich machen.

Da feiern wir jeweils mit Tränen der Dankbarkeit –
feiert auch.

Und lasst euch stärken und aufladen, um gewandelt weiterzu-
schreiten, zusammen mit uns.

Licht ist stärker als Dunkelheit.

So öffnet euch diesem göttlichen Licht –
nehmt es auf bis in alle Zellen und gebt es weiter.
Dann kann ein Morgen dämmern
eines friedvolleren, glücklicheren Tages.

So seid denn gesegnet und stellt euer Licht nicht mehr unter den
Scheffel. Sondern tragt es mit Freude! Ihr habt auf diese Zeit
gewartet und jetzt ist sie da! Bleibt in eurer Vision – der Vision
einer heileren, durchlichteten Welt!

Einer Welt, die dem Göttlichen wieder Raum gibt
und von daher lebt, zu euer aller Wohl.

Aber es gibt jene, die es noch nicht ertragen und noch Zeit brauchen. Auch sie sind gesegnet. Aber immer weniger werden sie
eure Wege kreuzen. Sie werden ihre Illusion der Dunkelheit weiter leben, bis sie diese als solche erkannt haben.

So bleibt denn in der Liebe und nährt das Licht.
Euer Licht und das Licht der Welt.
Sagte nicht Einer:
„Ihr seid das Licht der Welt.“

VON DER NEUGEBURT

Wie immer – geliebte Freunde, Brüder, Schwestern – sind wir da für euch aus dem Zentrum allen Seins, dem Ewigen Jetzt.

Wir senden, wir lehren, wir trösten, pflegen und lieben, und unser Glück ist es, wenn ihr euch immer mehr dafür öffnet. Ist es doch eine Kraft, die hinausdrängt und andocken möchte. Die jetzt vor allem zu eurem Planeten gesendet wird, weil auf eurer Erde eine Entwicklung stattfindet, die wichtig ist für das ganze Universum, nicht nur für eure Galaxie. Ihr habt es auf euch genommen – ihr, die ihr dafür offen seid und noch sein werdet –, an diesem Dreh-und Angelpunkt euer Leben, eure Entscheidungen, euer Sehnen und Trachten wieder mehr auf euren Ursprung hin auszurichten und auf den Auftrag, dem ihr gefolgt wart und den ihr vergessen hattet in Turbulenzen und Leid. Manchmal auch, wenn euer kleines Ego überhandnahm – ja, auch in Verzweiflung und Angst. Ist Angst doch das größte Hindernis für das Licht und wird darum auch bewusst geschürt von einigen. Doch sind es immer mehr Menschen, die sich jetzt erinnern.

Man könnte sagen und fragen: „Warum diese Entwicklung denn gerade auf diesem Planeten Erde, wo soviel Leid sich angehäuft hat, soviel Dunkelheit auch, und wo es die Menschheit mehr als einmal nicht geschafft hat?"

Nämlich den Weg des Miteinander und der Liebe zu beschreiten.

Warum gerade hier? Auf diesem kleinen, im Universum versteckten Planeten?

Nun – wo viel Dunkelheit gewandelt wird, ist viel Licht. Wenn man an einem dunklen Punkt ansetzt, dann hat das Folgen und Konsequenzen. nicht nur für jene Sphäre. Ja, auch weil, seit Christus wandelte auf eurem Planeten, im Innern eurer Erde ein Lichtzentrum ist, das er dort verankert hat. Es gab immer diese

362

Lichtzentren auf Erden, ursprünglich in Pyramiden, Tempeln. Doch wurde auch das vermenschlicht – nicht im guten Sinne, da diese Orte oft entweiht wurden durch Machtspiele.

Aber dieses Christuszentrum inmitten der Erde ist da und ihr könnt auch dort andocken. Das ist nicht religionsgebunden – ist re-ligio, Rückverbindung. Doch heute sollt ihr das sein, was euch damals, vor 2000 Jahren schon aufgetragen wurde, nämlich *„das Licht der Welt zu sein"*. Nicht von ungefähr nennt ihr euch „Lichtarbeiter" – das Licht der Welt, die Lichtpunkte, die das Dunkel erhellen, der Sauerteig, der Dinge zum Aufgehen bringt, die lange geschlummert hatten, inaktiv waren. So wie jene Wüstenblumen, wo nach langer Trockenheit ein paar Tropfen Wasser genügen, um sie wieder zum Erblühen zu bringen. Ein gutes Bild, meinen wir. Auch ihr könnt wieder erblühen, auch nach langem Gelitten-haben, nach langer Verirrung auch. Ein paar Tropfen Wasser genügen.

Doch: Was ist dieses Wasser, und woher kommt es?

„Wasser des Lebens" wird es in eurer Bibel genannt. Es gibt ähnliche Metaphern in andern Religionen. Der Garten ist sehr oft eine Metapher, ein blühender Garten. Der Garten des Herzens. Doch müssen Gärten bewässert werden.

Was ist dieses Wasser, das Gedeihen bringt für alles und jeden?

Können denn Gärten erblühen, wenn jeder seinem Nachbarn das Wasser abgräbt und es nur auf seine Felder leitet? Oder wäre vielleicht ein gemeinsamer Brunnen sinnvoller? Und von dort aus eine gerechte Verteilung, damit alle Gärten blühen können?

Ihr habt schon Wasserknappheit in vielen Gegenden, habt verschmutztes Wasser, kein sauberes Trinkwasser mehr. Und es gibt Firmen, die selbst Wasser monopolisieren möchten, damit sie es nachher in Flaschen verkaufen können. Das ist mehr als nur

Wasser den andern wegnehmen zu eigenem Profit. Das ist Leben wegnehmen – eben das Wasser des Lebens. Rein physisch, aber letztlich auch geistig-seelisch. Es ist der ultimative Egoismus, denn ohne die Ressource Wasser – einem möglichst reinen – gibt es kein Leben bei euch. Wasser ist Leben! Der Wasserstand eurer Erde muss konstant sein. Auch ihr besteht zu einem großen Teil aus Wasser.

Doch fragt man sich dann, was man denn eigentlich so anspannen und verkrampfen kann im Körper? Wasser muss fließen, damit es lebendig bleiben kann und sich auch immer wieder reinigen. Wenn es zu Eis erstarrt – das Wort sagt es schon – was starr ist, bricht, sagt man. Doch Eis, wenn nicht geschmolzen und wieder Wasser, dient euch nicht zum Leben. Wie mancher aber ist zu Eis erstarrt in seinem Herzen. Wie manches Wasser fließt nicht mehr, weil Angst es hemmt. Wie töricht ist es von jenen, zu glauben, sie könnten Wasser monopolisieren und nur für sich brauchen. Es wird ihnen bald zu Gift werden.

Denn auch euer irdisches Wasser muss genährt werden,
nämlich vom himmlischen Wasser.

Vom reinen Licht des Geistes und von der Liebe, die immer fließt. Wie aber, wenn ich sie hereinlasse, wenn auch erst nur tröpfchenweise, kann ich da meinem Nachbarn dieses Wasser nicht gönnen, es ihm abgraben? Wie kurzsichtig auch. Aber Ego ist limitierte Kurzsicht.

Wenn ihr aber – erst auch nur tröpfchenweise – dieses wahre Lebenswasser des Geistes und der Liebe, der Quelle, hereinlasst in euch, kann so vieles gesunden auf allen Ebenen in euch. Eure Verletzungen können heilen, eure Wüsten können wieder grünen in euch – Ego und Angst sind Wüsten. Ego ist Wüste, und Angst ist manchmal Gestrüpp, Dickicht. All das kann heilen, alles Erlittene kann auch heilen. Ihr könnt gesunden, ihr könnt euch erinnern und besinnen, wofür ihr kamt. Ihr könnt wieder finden in euch diese unermessliche Liebe, die ihr damals spürtet, als ihr tapfer sagtet:

„Wir wagen es! Wir wagen es,
Licht zu bringen und die Laterne zu tragen."

Doch um Dunkles zu durchlichten, muss man die Laterne ins Dunkle tragen. Das ist fürwahr keine leichte Aufgabe – eine ganz schwierige sogar, die einen niederdrücken kann. Die einem sinnlos vorkommen kann

und doch auch Zeichen dieser großen Liebe,
mit der ihr gestartet wart.

Ihr stelltet es euch leichter vor. Ihr kamt mit fliegenden Fahnen, und der Schock war tief. Irgendwann einmal dachtet ihr vielleicht: „Jetzt schlage ich mich auf die Gewinnerseite – ich habe es satt, nur zu leiden und sogar umgebracht zu werden."

Doch jene Gewinnerseite ist im großen Ganzen gesehen die Verliererseite. Wenn ihr jetzt in eure kleine Welt blickt – die ja so wichtig ist, wie wir sagten, und was darauf geschieht –, dann grämt euch nicht und verliert den Mut nicht, wenn ihr den Eindruck habt, dass Dunkles sich mehre. Denn vieles wird jetzt hoch geschwemmt an Dunklem, an Verschmutzungen jeder Art. Mancher, der lange im Dunkeln gemunkelt hatte, zittert jetzt und bebt. Es ist, weil viele von euch die Laterne wieder poliert haben. Ihr habt sie vielleicht aus dem Keller geholt und sie ins Fenster gestellt, oder ihr tragt sie, damit all dies jetzt sichtbar wird.

Habt ihr schon einmal ein leuchtend gestrichenes, helles Foltergefängnis gesehen? Spricht man nicht vom dunklen Kerker? Sind Kerker je hell und von Sonnenlicht durchflutet? Nein – das hebt sich gegenseitig auf. Aber in diese dunklen Verliese – im Außen und im Innern – strahlen jetzt eure Laternen hinein, eure

Fackeln, und erleuchten jeden Winkel. Ihr aber könnt nun da sitzen und sagen: „Es kommt immer, immer wieder so, da sieht man es ja, es geht, wie es immer ging. Und diese Menschheit wird es wohl nicht schaffen – ist ja auch nicht schade um sie."

Denkt das nicht – wir bitten euch! *Wir* denken nicht, es sei nicht schade um sie. Wissen wir doch, wer ihr seid. Und *Einer,* der Schöpfer aller Dinge – denkt auch nicht so. Denn wenn man in der Liebe ist, kann man nicht so denken. So ihr eure Kinder liebt, könnt ihr sie nicht dem Untergang preisgeben. Dann wünscht ihr, dass sie aufwachen und sich erinnern und wieder auf dem Pfad der Liebe wandeln, Lichtträger sind. Ja, manchmal müssen diese Kinder aber erst einmal revoltieren und sind unangenehm. Die meisten Lichtarbeiter waren manchmal unangenehme Kinder! Denn sie sahen mehr und wussten mehr und durchschauten deshalb auch mehr, ihre Eltern und Familien nämlich. Doch hatten letztere ja auch einmal Ja gesagt zu diesen unangenehmen Kindern. Euer Geschenk aber war es, unangenehm zu sein.

Licht, das in dunkle Ecken leuchtet, ist nie sehr angenehm für denjenigen, der von diesem Schmutz in diesen dunklen Ecken lebt, der etwas vertuschen will oder sich auch nur in seiner Angst eingerichtet hat. So überlegt euch denn, wie ihr die heutigen unangenehmen Kinder führen könnt. Doch ist ohne Anbindung an und Ausrichtung auf das Ewige Zentrum all euer Bemühen nur Stückwerk. Kann Trostpflaster sein und Hilfe im Moment, aber kann nicht Wegweiser sein – schon gar nicht neuer Weg, und ist nicht gespeist vom Wasser des Lebens – kann nicht Neugeburt sein.

Und an dieser Neugeburt seid ihr jetzt alle.

Manch einer zieht es vor, nach alter Manier diesen Körper zu verlassen, um dann wieder in einem neuen zu starten. Auch das kann gut und richtig sein und ist gesegnet. Viele von euch aber

haben gewählt, diese Neugeburt in dieser ihrer Physis zu voll-
bringen. Da können wir nur den Hut ziehen, denn es ist ein
großes Stück Arbeit und auch nicht immer angenehm. Es kann
Beschwerden geben, es kann Depressionen geben, es kann dazu
führen, dass ihr einseht – hoffentlich, bevor ihr krank werdet
oder einen Unfall erleidet –, dass ihr mit der Arbeit ein bisschen
zurückstecken solltet. Ihr euch nicht mehr nur durch äußere
Arbeit definieren sollt. Das aber braucht Vertrauen, sehr viel
Vertrauen. Doch wenn ihr in euch hineinhorcht, spürt ihr doch,
wenn ihr übermäßig müde seid, wenn ihr Pause, mehr Ruhe,
mehr Bewegung braucht, mehr Zeit für diesen Prozess in und
mit euch.

Deshalb ja versuchen sich so viele Menschen ihre Nischen zu
schaffen. Sie können auch dann ihr eigener Sklavenhalter sein
– auch das ist freiwillig. Oder eben dann arbeiten, wenn ihr
Körper das kann, und dann sich Regeneration gönnen, wenn es
notwendig ist, und ihre Tage danach einteilen. Sorgt euch dann
nicht, auch wenn es mal wieder wirtschaftlich eng wird. Sagte
nicht auch Jener: „Sorget nicht für den morgigen Tag." Aber
natürlich habt ihr langfristige Verpflichtungen. Doch ist euch
schon aufgefallen, dass ihr alle, auch wenn ihr wenig habt, an
schönen Orten wohnt? Und dort eure Oasen aufbauen könnt?
Dass wir euch aus dem großen Getümmel herausgelöst haben
und es irgendwie – Gott weiß wie, und das ist ein großer Satz –
doch immer wieder geht.

So wagt es denn, hier in diesem Leben neu zu werden,
euch neu zu gebären!

Viele sind ja dran. Das heißt flexibel sein.

Es muss heute nicht sein, wie es gestern war.

Da das Wetter momentan ja nicht so stetig ist, braucht es schon
hierin Flexibilität, ihr müsst im Moment entscheiden. Ihr könnt

langfristige Pläne haben, das wohl, wenn ihr trotzdem bereit seid, euch nach dem jeweiligen Tag, der jeweiligen Stunde zu richten. Auf den inneren Kompass halt. Und zu fragen: „Kann ich da heute hin, soll ich da hin?" Wenn man einmal wirklich muss und sich gefährdet fühlt, kann man ja auch Schutzengelverstärkung anfordern.

Denkt nicht, ihr seid faul und tut nichts, wenn ihr mal nur dasitzt und die Umgebung betrachtet.

Die Blumen, die zu eurer Freude blühen
und so oft nicht gesehen werden –

die Luft, die euch streichelt,
den Vogel, der für euch singt,

das Haustier, das sein Leben mit euch teilt,
die Kinder, die ihre Fröhlichkeit für euch leben.

Und ja, das Universum, das euch trotz allem unterstützt!

Auch wenn es euch oft nicht so scheint. Aber es kann euch ja nicht unterstützen, wenn ihr dagegen lebt. Sagten wir schon: „Man kann auf Erden nur *mit* den Elementen leben, wenn es glücken soll." Man kann als Planetchen in diesem riesengroßen Universum auch nur mit diesem Universum leben. Somit ist dieser kleine Teil – eure Erde, seid ihr – jetzt so wichtig für dieses große Universum. Denn wenn dieser leidgeprüfte Planet die Kurve kriegt, wie ihr es nennt, und da mehr Licht generiert und gelebt wird und mehr Liebe – ihr könnt nicht ermessen, wie weit das ins Universum strahlt! Denn ihr seid ja – ihr, die ihr von fernher kamt – immer noch angedockt an eure früheren Stationen, an euren Heimatplaneten. Bei vielen ist das nicht die Erde. Angedockt an die Orte, wo ihr zwischendurch wart. Und dort beten sie für euch und drücken Daumen!

Ihr seid Pioniere! Ihr seid mutige Pioniere,
seid Botschafter, seid Abgesandte.
Erinnert euch wieder daran!

Was ihr hier erschafft, was hier wieder mehr sich an Göttlichkeit orientiert, das hat Wirkung, soviel mehr Wirkung hinaus ins Universum. Ihr seid und könnt ein Beispiel sein, gerade eben weil man eigentlich die Erde eher abgeschrieben hatte. Als Experiment, das nicht geglückt war. Da war soviel Trauer überall. Jetzt aber ist Hoffnung da. Ihr werdet angefeuert wie bei einem Match. Hoffnung: „Wenn die es schaffen, dann ist alles möglich. Dann glauben wir wieder daran, dass das ganze Universum aus Licht und Liebe geschaffen wurde, besteht, und nur daraus wahrhaft bestehen kann."

So sagen wir denn wieder:

„Es gibt nur Eine Wahrheit – Liebe!
Es gibt nur ein Rezept für das Leben: „Liebe".
Weil Leben, wie es gemeint ist, Liebe ist!"

So seid denn gesegnet! Seid gestärkt, seid ermutigt! Die Aufgabe soll euch nicht drücken, sondern beflügeln, aber in die Verantwortung nehmen. In die tägliche Frage:

„Was und wie antworte ich der Schöpfung
als Teil dieser Schöpfung?"

So sei es!

FACKELTRÄGER

Lichtarbeiter sind Wanderer mit der Fackel in der Hand.
Sie können mit dieser Fackel nur Wege beleuchten –
sie können nicht für den andern wandern.

Sie können Türen öffnen,
aber sie können nicht für den andern
durch diese Türen gehen.

Ihr seid jetzt alle wie Schmetterlinge, die sich entpuppen.
Lange wart ihr gefangen als Raupe.
Und die Winde waren so kalt,
dass ihr nicht schlüpfen konntet.

Es gibt auch heute noch viele raue und kalte Winde,
aber ihr seid stärker geworden.
Und wir sind euch näher, denn ihr habt gerufen.
Ihr habt so sehr gerufen, dass uns dies half, näher zu kommen.

So leuchtet denn mit eurer Fackel, zusammen mit uns.
Geht voran und beleuchtet die Pfade,
damit jeder den Heimweg finden kann
und ihr Heimat hier erbaut.

DAS LIED DER SCHÖPFUNG

Die erste Ursache aber
ist Liebe – Leben – Licht,

ein Licht,
das den erlösten Schatten in sich trägt.
Nicht der Ur-Knall…

wiewohl Liebe in ihrer ganzen Kraft,
wenn gelebt und erlaubt,
durchaus explosiv sein kann.

Doch ist es eine Explosion,
die Neues gebiert aus dieser Urliebe,
eine Neu-Geburt.

Eine Geburt nämlich zu dem Menschen,
wie er gemeint war:
als ein Bildnis des Schöpfers.

Und wenn ihr daraus kreativ seid,
baut ihr auf und reißt nicht nieder,

singt ihr das Lied der Schöpfung.

Und das wird das Lied der Liebe sein
aus dem Ewigen Jetzt!

– bitte umblättern –

LESEN SIE AUCH DAS ERSTE BUCH
DER AUTORIN:

Djwahl Khul

Nur ein Schleier
trennt euch vom Licht

erschienen im Smaragd Verlag
ISBN 978-3-941363-23-6

Über die Autorin

Marianna Kehrwecker lebt in der Schweiz. Sie war Dozentin für Klavier am Konservatorium Zürich und klassische Liedbegleiterin. Wegen Rückenbeschwerden gab sie das auf.

Daneben hatte sie schon lange therapeutische Ausbildungen abgeschlossen. Unter anderem ist sie Aura-Soma Lehrerin. In eigener Praxis macht sie Energiearbeit, arbeitet mit feinstofflichem Heilen und hat eine Meditationsgruppe. Sie meditiert seit Jahren – erst war es Zen-Meditation nach Dürckheim, später reiste sie zu Daskalos, dem zypriotischen Meister. Übungen aufgrund des Lebensbaumes kamen dazu.

Vor ein paar Jahren kam der Meister Djwhal Khul durch (Weiße Bruderschaft), der seither durch sie spricht. Sie channelt ihn in Einzelsitzungen und live vor Gruppen. Djwhal Khul (auch der Tibeter genannt; er gab die „Abhandlungen über die 7 Strahlen" durch Alice Bailey heraus) hilft uns, unsere Themen zu klären, und gibt uns weise und liebevolle Ratschläge, wie wir, frei von alten Lasten, in die neue Zeit schreiten können.

Die Botschaften knüpfen an sein erstes Buch an: Nur ein Schleier trennt uns vom Licht. (Restexemplare erhältlich bei der Autorin) Sie können dich durch diese Umbruchszeiten begleiten und unterstützen dich in deiner Entwicklung. Spür die Kraft in des Meisters Worten und nimm seine große Liebe in dein Herz auf!

Kontakt:
Marianna Kehrwecker
Kreuzstr.11 • CH-8634 Hombrechtikon
0041-(0) 55/244 14 56
email: info@light-bridge.ch
www.light-bridge.ch

Bücher
für die
Neue Zeit

Ursula Frenzel
Aannathas - der Erste Engel
ISBN 978-3-89568-255-1

Ursula Frenzel
Die 5. Dimension und ihre Geschenke
ISBN 978-3-89568-259-9

Shantima Petra Sollgruber
Babajis Anleitungen für die Neue Zeit, Bd. 1 & 2
ISBN 978-3-89568-215-5 u. 254-4

Petronella Tiller
Einssein und grenzenlose Weite
ISBN 978-3-89568-234-6

Sibylle Weizenhöfer
Das Tor zum Goldenen Zeitalter
ISBN 978-3-89568-135-6

Sibylle Weizenhöfer
Die Schlüssel fürs Tor zum Goldenen Zeitalter
ISBN 978-3-89568-177-6

im
ch.falk-verlag

Petronella Tiller
Lemuria - die Tränen der Götter
ISBN 978-3-89568-257-5

Petronella Tiller
Atlantis
ISBN 978-3-89568-227-8

Ursula Allemann
Die neuen Lehren über die ICH BIN-Gegenwart
ISBN 978-3-89568-245-2

Peter Mt. Shasta
ICH BIN die offene Tür
ISBN 978-3-89568-240-7

Sabine Joy Sophia Neie
In die Neue Zeit. Liebe in Bewegung
ISBN 978-3-89568-228-5

Gerold Voß
Von Herz zu Herz auf der neuen Erde
ISBN 978-3-89568-226-1

Barbara Vödisch
Die Weisheit des Saturn
ISBN 978-3-89568-235-3

im
ch.falk-verlag

Christine Stella Woydt
Hand in Hand mit einem Engel
ISBN 978-3-89568-171-4

Solara
Grenzenlos leben auf einem begrenzten Planeten
ISBN 978-3-89568-031-1

Petronella Tiller
Die vergessene Weisheit
ISBN 978-3-89568-244-5

Christine H. Warcup
Herzensbildung, Bd. 1 & 2
ISBN 978-3-89568-146-2 u. 179-0

Beate Bock
Aufbruch in das neue Jahrtausend
ISBN 978-3-89568-073-1

Ursula Scheit
Meister Hilarion beantwortet Lebensfragen
ISBN 978-3-89568-161-5

im
ch.falk-verlag